史之阙文

出土简牍
与战国秦汉社会

杨博 著

上海古籍出版社

本书得到

国家社科基金冷门绝学研究专项学者个人项目

"出土文物与文献视野下的六博传统游戏研究"

（22VJXG006）的资助

前 言

出土文献是近年来人文社科领域最引人瞩目的学术增长点之一,甲骨、金文与战国、秦汉简帛的大发现,为其成为国际显学奠定了坚实的材料基础。出土战国秦汉简帛典籍,是指20世纪40年代以来,在战国至汉代的墓葬里出土的先秦典籍(有些是已无传本的佚书)的抄本,其中既有关于思想文化和数术的珍贵典籍,又有对古典学研究大有裨益的"六艺"类典籍,甚至还有专门的史著。由于它们没有经过后人辗转传抄,而较多地保留了古代典籍的原貌,使尘封多年的古代文明得以重现,成为通往古代世界的时空锁钥,出土典籍的研究价值得以凸显。[1]

自孔壁竹书、汲冢竹书发现以来,整理、利用出土典籍文献以校读古书、研治史事的传统即长盛不衰。近代以来,王国维《简牍检署考》[2]、陈梦家《由实物所见汉代简册制度》等讨论简册的形制与使用,[3]但是前辈学者的研究基础皆本于文书简,这些文章亦似只能

---

[1] 杨博:《新出简帛文献与"书"类文献的历史书写》,《东岳论丛》2019年第1期,第62—71页。
[2] 王国维:《简牍检署考》,(京都)《艺文》第三年第3、4、5、6号,1912年初刊,《云窗丛刻》1914年中译,后收入《王国维全集》第2卷,杭州:浙江教育出版社,2010年,第477—511页。
[3] 陈梦家:《由实物所见汉代简册制度》,《武威汉简》,北京:文物出版社,1964年。后收入《汉简缀述》,北京:中华书局,1980年,第291—315页。

反映 20 世纪 70 年代以前的认识水平。自 1973 年马王堆汉墓简帛的发现以降，随着银雀山汉墓竹书、郭店楚墓竹书、慈利楚简、阜阳汉简等简牍典籍的陆续出土，上海博物馆、清华大学、北京大学等单位所收藏竹简的不断公布，李零《简帛古书与学术源流》、①骈宇骞《简帛文献纲要》等系统对简帛典籍的形制、名称、编连、缮写、削改、题记、符号、文字、内容等基础问题，②从文献学和学术史的角度进行梳理。他们主张将出土典籍纳入《汉书·艺文志》的图书分类当中，依此认识出土典籍的文献性质，这种认识逐渐成为学界主流。但是，这种文献分类是否适应先秦秦汉时期的典籍分类，仍是需要解决的问题。

在古文献学方面，李学勤《简帛佚籍与学术史》指出了新出简帛对于学术史、古书成书流传等方面的重要影响。③裘锡圭《中国出土古文献十讲》针对新出土文献与古史传说、出土简牍对文献学等相关方面的重大问题，作出了高屋建瓴、提纲挈领的解答。④李均明等《当代中国简帛学研究（1949—2019）》，分简牍典籍、简牍文书、帛书三方面对 2019 年以前发现的简牍帛书的研究状况进行了总结。⑤

在判定文献性质与分类的基础上，谢维扬的系列文章探讨在研究古书作者、真伪、成书年代、流传情况暨古史史料学学科建设方面需要注意的问题。作为古史史料的古书内容，对其来源的分析和认定，需要充分考虑到古书流传情况的极端复杂性，因此古书真伪的问题并不能作为确定其史料学价值的全部和唯一依

---

① 李零：《简帛古书与学术源流（修订本）》，北京：生活·读书·新知三联书店，2008 年。
② 骈宇骞：《简帛文献纲要》，北京：北京大学出版社，2015 年。
③ 李学勤：《简帛佚籍与学术史》，南昌：江西教育出版社，2001 年。
④ 裘锡圭：《中国出土古文献十讲》，上海：复旦大学出版社，2004 年。
⑤ 李均明等：《当代中国简帛学研究（1949—2019）》，北京：中国社会科学出版社，2019 年。

据。① 与之同时，盛行于魏晋南北朝史研究领域的"史料批判研究"亦被引入出土简牍典籍的研究中来。②

西方学者则更多关注典籍传承的讨论，如夏含夷着重讨论了先秦时期"书"类文献的形成与传授过程。③ 艾兰对"书"的概念、性质等问题有所阐发。④ 以柯马丁为代表的西方学者，提出中国早期的文本并非以书面形式传播，而应是以口头文化和仪式来表达流传，⑤ 在国内外学界引起很大的关注与反响。⑥

以上介绍均立足于简牍文献性质与史料价值本身，这既是本书所要关注的重点，同样也是以之解决重要古史问题的前提性问题。在此基础上，学界对出土简牍典籍所涉先秦、秦汉史事展开了深入研究。一大批"书"类文献和《楚居》《系年》等史书类文献相继进入学者视野，如史著清华简《系年》记述的两周之际与战国早期这两段传世文献失载时期的史事，即尤引人注意，相关研究之繁盛，不胜枚举。

出土战国秦汉简牍典籍的研究是近年学术界的一大热点，但是由于出土资料的限制，学界以往关注的焦点主要集中在古文字学、文献学以及与诸子类文献关系密切的学术思想史等方面。近年来由

---

① 谢维扬：《古书成书和流传情况研究的进展与古史史料学概念——为纪念〈古史辨〉第一册出版八十周年而作》，《文史哲》2007年2月，第47—54页；《"层累说"与古史史料学合理概念的建立》，《社会科学》2010年第11期，第140—148页；《古书成书的复杂情况与传说时期史料的品质》，《学术月刊》2014年第9期，第127—136页。
② 孙正军：《魏晋南北朝史研究中的史料批判研究》，《文史哲》2016年第1期，第21—37页。
③ ［美］夏含夷（Edward L. Shaughnessy）：《重写中国古代文献》，周博群等译，上海：上海古籍出版社，2012年。
④ ［美］艾兰（Sarah Allan）：《论〈书〉与〈尚书〉的起源——基于新近出土文献的视角》，袁青译，复旦大学出土文献与古文字研究中心编：《出土文献与古文字研究》第6辑，上海：上海古籍出版社，2015年，第643—652页。
⑤ ［美］柯马丁（Martin Kern）：*Text and Ritual in Early China*, University of Washington Press, 2005.
⑥ 徐建委：《文本革命：刘向、〈汉书·艺文志〉与早期文本研究》，北京：中国社会科学出版社，2017年；程苏东：《从六艺到十三经：以经目演变为中心》，北京：北京大学出版社，2018年。

于清华简等新材料的公布,出土简牍所见战国秦汉社会、政治、学术与思想诸方面的研究日渐受到学界重视。

相较而言,学界对以清华简、上博简、郭店简等为代表的战国楚竹书的关注更重,而对秦汉简牍典籍及其所见战国秦汉社会的讨论则尚嫌不足。这当然与材料稀少等客观原因有极大关系。幸赖地不爱宝,近年来江西南昌西汉海昏侯刘贺墓出土简牍典籍、四川成都天回汉墓简牍医书及荆州胡家草场墓地 M12 出土西汉简牍等新出土材料的不断涌现,北京大学藏西汉竹书、秦简牍的渐次公布,加之长沙马王堆汉墓简帛的修订再版,银雀山汉墓竹书整理的重新启动,将之与甘肃武威汉代《仪礼》简、河北定县八角廊《论语》等儒家典籍、安徽阜阳双古堆《诗经》残简等结合,为出土简牍典籍所见战国秦汉史事等相关问题的综合探讨提供了良好的契机。

本书计划在疏通出土简牍典籍文字与文本基础上,从出土简牍典籍所见战国秦汉史事的角度,整合历史学、考古学、文献学与古文字学等多学科的知识,梳理简牍典籍所述文献稀缺的战国早期史事,辨析秦汉时人对战国早、中期史事的"整齐化"处理;探讨简牍典籍抄本所见秦、汉时期学术图景及西汉诸王、列侯制度等相关史事;分析简牍农业经济、养生之道等多种记录,所体现的秦汉时期社会生活中丰富多彩的面貌;从而进一步揭示简牍典籍在战国秦汉史研究方面的重要价值。

本研究所取得的主要收获有以下四个方面:

一、形制、区位等考古学因素与简帛典籍的史料分类

对出土战国秦汉简牍典籍史料特点的认识,是开展史学研究的必要前提。出土战国秦汉简牍不仅为古史研究提供了由古史传说时期至战国中期大致确定的历史发展脉络,亦提供了战国至西汉前期

历史大事的准确年表。而在古史传说、重要历史人物、事件与评价等多方面，也有新的关照视角，这提醒研究者注重对古史叙述多元性的再思考。对于记述多元引发的抵牾，做出合理的解释，亦是史学研究需要正视的问题。出土战国秦汉简帛的区位关系与简册制度的综合考察，不仅可用于简册复原，而且对于探求纸张发明以前书籍制度的发展与演进，了解战国秦汉典籍聚合、分类的演变，进而判断不同分类文献蕴含的史料暨史学价值，都具有重要的学术意义。

二、简牍典籍所述战国社会与学术、思想图景的梳理与探讨

文献史料匮乏是战国史研究的一大难点，清华竹书《系年》的发现，填补了战国早期传世文献记载的空白，而《系年》与相关楚竹书记述的战国早期战事与领土的争夺，揭示了战国早期"领土国家"的成形。通过楚竹书儒道文献，我们得窥早期诸子学说在同一政治目标下，通过相近或共同的"治世"言说"母题"，同根互济，旨趣贯通，但又借别家理论以张扬己说，"言公"与"私意"互摄的复杂面貌。在此基础上，战国诸国地域文化间的交流与楚文化的区域学术与思想中心地位同时得以建立。

三、简牍典籍所见秦汉政治与学术的探究

出土简牍典籍所见"六艺"经典、诗赋、数术与方技文献并重的情形，为了解秦、汉时期的思想学术图景提供了绝佳的资料，也同时为汉代诸侯王教育、文学、修养以及思想信仰等方面的研究提供了良好的契机。海昏简牍更首次发现有关列侯封国废除的"诏书"实物，不仅提供了刘贺与其家族的史实、昌邑王国与海昏侯国的基本状况，此外如刘贺"九月乙巳死"、昌邑王国"合六县以为国"、海昏侯国"数水旱，多灾害"等事，均为史之未载，可补《汉书》

记载缺佚。诏书中印证了《汉书》《后汉书》中关于班固作《汉书》时担任"兰台令史""迁为郎,典校秘书",能够参阅朝廷秘藏公文的史实,亦有助于加深对《汉书》撰述史料来源的理解。

四、简牍典籍所见战国秦汉时期社会生活的丰富

秦简《田书》从形式上看,应该是为方便田亩、租税计算而编写的参考书或教材,应与地方官吏征收田租的"取程"簿书有关。十二分一的税田面积可与里耶秦简印证,更为研究秦代田租、田亩制度提供了可贵材料。海昏简牍《六博》棋谱,披露了久已失传的"六博"游戏规则,为了解这一秦汉时期最为盛行的博戏提供了宝贵的契机。"容成阴道"等"房中"养生书和大量有关的民间记录,让我们看到了当时基层社会丰富多彩的一面,在整体上加深了对中国古代社会面貌的认识。

目 录

前言 *001*

第一章 出土简牍的考古与史料认知 *001*

第一节 出土战国秦汉简牍典籍的史料特点 *005*

一、"系统性"之时代接续与记述多元 *005*

二、简册文物本身的考古学特性 *011*

第二节 区位关系、简册形制与出土战国秦汉简帛典籍的史料认知 *015*

一、北大藏秦简牍的区位关系与《汉志》分类 *018*

二、区位关系与出土秦汉简帛的文献性质 *026*

三、简册形制与战国竹书的文献性质 *030*

小结 *041*

第二章 简牍典籍所述战国社会、学术与思想 *043*

第一节 清华竹书《系年》与战国早期史事 *046*

一、清华竹书《系年》与战国早期战事之频繁 *046*

二、《系年》与战国早期的"四战之地" *050*

三、战国早期地域文化间的交流　054

第二节　简牍典籍所见战国时人的史地认知　060

一、《周驯》"六王五伯"所见战国时期古史圣王认知　060

二、《容成氏》"九州"所见战国时期华夏地理认同　072

三、战国诸子历史记忆下的上古史地　083

第三节　楚竹书所见战国时期的古史撰述　087

一、楚竹书《容成氏》与楚国"语"类文献的古史叙述模式　087

二、清华竹书郑国"世系"所见两周时势与"尚贤"史观　093

第四节　楚竹书所见早期儒道"治世"学说的相互关系　101

一、儒家、道家讲述宇宙生成模式的目的　102

二、儒道"治世"学说的相互关系　106

三、楚竹书所提示的先秦诸子学派的判定标准　111

第五节　楚竹书所见战国以降政治思想与现实社会的互动　116

一、社会变迁对政治思想的影响　118

二、政治思想承传对社会变革的影响　124

小结　128

第三章　简牍典籍所见秦汉时期的政治与学术　131

第一节　《海昏侯国除诏书》初探　134

一、《海昏侯国除诏书》的初步整理复原　135

二、《海昏侯国除诏书》与西汉官文书　152

三、刘贺、刘充国父子的死期与下葬　157

第二节　海昏侯刘贺与儒家"六艺"典籍的承传　167

一、刘贺对《诗》与"孝经"的传习　167

二、《易》《春秋》"礼"及刘贺对朝仪的熟谙　175
第三节　出土简牍与西汉中期以前的"礼"书形态　182
　　　一、"礼记"的单篇并行　183
　　　二、"仪礼"的多种形态　187
　　　三、"周礼"的历史渊源　190
第四节　出土简牍视野下的《论语》文本形态演进　194
　　　一、战国楚地的前《论语》形态　194
　　　二、西汉时期的单篇流传　197
　　　三、西北所见今本定本前后的文本演变　201
小结　204

第四章　简牍所见战国秦汉时期的社会生活　207
第一节　北大秦简《田书》与秦代田亩、田租问题新释　209
　　　一、《田书》中的秦人田亩计量标准　211
　　　二、《田书》中的"税田"　219
　　　三、《田书》中的"取程"　223
第二节　出土简牍所见《齐民要术》成书的现实渊源　226
　　　一、粮食作物的耕作、贮存与农田水利建设　230
　　　二、蔬果与蚕桑、林木等经济作物　232
　　　三、马政、禽畜与兽医　235
　　　四、货殖、酿造与博物　238
第三节　海昏竹书"容成阴道"与房中养生　241
　　　一、海昏"房中"书的篇章结构　242
　　　二、"八益""七损""十势""十修"与"十道"　249
　　　三、"容成阴道"与房中养生　254
　　　四、"蛊"与"房中"　256

第四节　海昏竹书与六博棋游戏　261

　　一、海昏竹书《六博》的博道　263

　　二、海昏竹书《六博》的棋局排布　271

　　三、海昏竹书《六博》的行棋步法　274

小结　277

后记　279

第一章 出土简牍的考古与史料认知

第一节　出土战国秦汉简牍典籍的史料特点　005
第二节　区位关系、简册形制与出土战国秦汉简
　　　　帛典籍的史料认知　015
小结　041

随着战国秦汉简牍的井喷式发现,简帛学已成为国际性的"显学"。简帛学学科体系与相关理论的构建,亦日益引起学界重视。择其要者,如对"国际简帛学体系的构建"①"简帛学理论的总结与创新"②"出土简帛整理的理论与实践"③等重大理论问题的研究,均取得了显著进展。单就材质和内容本身来说,卜宪群先生即明确主张将简牍学"包括在简帛学的学科范围之内"。④李学勤先生则指出"历年出土的大量简牍帛书,依其本身性质,可划分为典籍和文书两大类"。⑤

自河南信阳长台关楚墓发现以来,在战国楚国故地,出土了大量的战国秦汉时期的简牍典籍,这其中既有关于思想文化和数术的珍贵典籍,又有对先秦史研究大有裨益的"书"类典籍,甚至还有专门的史著。综言之,简牍典籍的发现有助于还原古史记述内容,有助于厘清各种记述资料发生的真实情况,有助于理解记述资料形

---

① 发表在《河南师范大学学报(哲学社会科学版)》的一组笔谈即以此为主题,涉及"中国简帛学体系构建""简帛学的知识系统与交叉学科属性""东亚简牍文化圈""日本古代木简"和"边境出土简牍研究"等诸多论题,参见杨振红:《简帛学的知识系统与交叉学科属性》、[韩]尹在硕:《东亚简牍文化圈的形成及发展》、蔡万进:《中国简帛学体系构建新论》、王元林:《国际简帛学视野下的日本古代木简》及[韩]金秉骏:《秦汉帝国的边境:来自周边的帝国观——国际简帛学视野下的边境出土简牍研究》,均载《河南师范大学学报(哲学社会科学版)》2016年第5期,第98—117页。
② 讨论内容涉及"简帛学理论构建""简帛学的学科分支"以及"简帛学的史料辨析"等诸多重要理论问题,参见胡平生:《中国简帛学理论的构建》、刘国忠:《对于简帛学建设的几点思考》、蔡万进:《.简帛学的学科分支新论》及孙闻博:《简帛学的史料辨析与理论探求》等,均载《中国史研究动态》2016年第2期,第33—48页。
③ 《郑州大学学报(哲学社会科学版)》亦曾发表一组笔谈,主题即为"出土简帛整理的理论与实践",参见蔡万进:《出土简帛整理的若干理论问题》、刘国忠:《流散简帛资料的整理及其学术价值》、刘国胜、王谷:《楚地出土战国秦汉简牍再整理的学术反思》、张德芳:《西北汉简整理的历史回顾及启示》及宋少华:《关于长沙走马楼吴简前期整理方法的观察与思考》,均载《郑州大学学报(哲学社会科学版)》2017年第5期,第83—103页。
④ 卜宪群:《简帛学刍议》,《中国社会科学报》2006年11月2日第3版。
⑤ 李学勤:《当代中国简帛学研究(1949—2009)序》,李均明等:《当代中国简帛学研究(1949—2019)》,序第2页。

成传世文献和其他文本的过程。①

值得注意的是，出土文献长期以来被看作是完全可以征信的材料。近年来随着简帛文献的大发现以及学界研究的深入，学者开始意识到，简牍文献存在文献性质的差异，对其中蕴含的史料价值不可一概而论。如清华简《保训》中的"惟王五十年"，该篇称武王"发"，据文意可知此处的王是指周文王。或以为此即是文王称王的坚实依据，印证了周文王在即位之初就已经称王；② 或认为文王受命是文王接受商王室的册命，"册周方伯""惟王五十年"是后人的追记。③ 双方争讼的焦点，其实正是目前学界需要厘清的问题。清华简《保训》的抄写时代约在公元前 305±30 年，④ 相当于战国中期偏晚，上距殷周之际至少已逾六百年，所记为实录或后人追记的可能性都是存在的，在研究过程中确实存在主观倾向取舍的可能。

从古史史料学的眼光看，简帛文献作为历史记载的一部分，属于文献史料的范畴。⑤ 出土资料也好，传世文献也罢，都需要进行史料批判。出土文献和传世文献一样，也需要接受严格的审查，它并不具有无需证明的可信性。这种认识也就为古史研究者提出了一个新的问题，即按照现行的简帛分类方法，对于文字校勘、文本流传等基础性研究尚无大碍，但是在运用简帛文献资料进行古史考证上面，就不得不面对这一大批史料的鉴别、辨析、分类、考证等属于史料学范畴的基本问题。笔者曾从史学角度将楚竹书文献主要分类为"世""书""史""语""子"等五种，继而考察诸类文献的史学

---

① 杨博：《楚简帛史学价值浅议》，《中原文化研究》2014 年第 1 期，第 122—125 页；《战国楚竹书史学价值探研》，上海：上海古籍出版社，2019 年，第 1—2 页。

② 刘国忠：《周文王称王史事辨》，《中国史研究》2009 年第 3 期，第 25—30 页；《清华简〈保训〉与周文王事商》，《清华大学学报（哲学社会科学版）》2009 年第 5 期，第 7—11 页。

③ 刘光胜：《清华大学藏战国竹简（壹）整理研究》，上海：上海古籍出版社，2016 年，第 122—125、159—170 页。

④ 李学勤：《论清华简〈保训〉的几个问题》，《文物》2009 年第 6 期，第 76—78 页。

⑤ 沈颂金：《二十世纪简帛学研究》，北京：学苑出版社，2003 年，第 331 页。

价值,①而简牍帛书的出土信息及书写载体的形制特征,或亦可成为解决此问题的有益途径。下文专就简牍典籍的史料特点做些初步讨论,以为后文之讨论基础。

第一节　出土战国秦汉简牍典籍的史料特点

一、"系统性"之时代接续与记述多元

出土简牍典籍的史料特点,主要考虑的原是其上所附着的文字内容。史料价值是"简帛文献学"研究的重要领域之一,目前所见战国秦汉简牍典籍,在"系统性"之时代接续与记述多元两个层面表现出显著特点。

其一,纵向:时代的连续性。李学勤、裘锡圭等先生曾引陈寅恪先生的说法,大意是如果得到一幅古画的很多残片,要想复原它,想把每个残片放到应有的位置上去,那就需要这幅古画传下来的摹本作依据。出土文献与传世文献的关系,跟古画残片和古画摹本的关系有点相似。传世文献是经过两三千年的传承、淘汰,大浪淘沙后而存留下来的。虽然某些不为后人所重视的文献,如房中术、日书和某些数术、方技等,大部分都佚失了,但是比较根本的、作为我们民族思想基础的东西,保留得还是比较多的。出土文献在完整性与丰富性上与传世文献是无法相比的。②在此意义上就出土文献研究而言,传世典籍以及历代学者对传世典籍的注释、研究仍是基础。

我们也应该承认出土典籍的发现存在不完善、偶然性等局限。郭店简、上博简、清华简等文本有些可能是流传有年,相对定型

---

① 杨博:《战国楚竹书史学价值探研》,第46—114页。
② 裘锡圭、曹峰:《"古史辨"派、"二重证据法"及其相关问题——裘锡圭先生访谈录》,《文史哲》2007年第4期,第5—16页。

作品，有些则是文章的草稿、讲习材料等，可能是墓主为了某一目的收集起来的，这就使得我们在利用过程中，难以把握文本整体。埋藏、保存、出土都有很大的偶然性，这些文本能否反映当时的时代思想主流，是否可以代表当时中国的普遍认知，都是不得不认真考虑的问题。反之，将其作为具有楚地特征或者反映楚地之人有关历史认知的资料是否合适呢？同样是值得考虑的问题。①

同时更值得注意的是，随着新发现日增，目前所见的战国秦汉简牍典籍，在所记述内容的时间上，脉络已逐渐清晰。出土战国简牍典籍在先秦史事研究上的史料特点，最明显的一个表现就是年代上的可接续性。上博简《容成氏》的叙述时代跨度从容成氏等上古帝王开始，依序叙及尧、舜、禹、夏桀与商汤、商纣及周文王、武王，直至武王克商后。清华简《系年》则从武王克商等史事继续讲起，直到战国前期的"楚声桓王立四年"。这样从《容成氏》到《系年》，便确立了战国楚简牍典籍中有关先秦史事的时代脉络。虽然上述二书于某些年代的史事记事未免疏阔，如以"汤王天下三十又一世而受作"等对编纂者不太关注的夏商史事予以略述，但是"书"类文献如清华简《厚父》《尹至》《尹诰》《傅说之命》等对这段历史又有不少补益，众多"语"类文献更丰富了历史细节。②

史事梗概与细节的集合亦见于安大简楚史类文献。根据竹简形制与字体风格，整理者将楚史类竹简暂时分为两组，第一组300多枚，似是一部较为完整的楚国官修史书，简文从"颛顼生老童"起到楚（献）惠王"白公起祸"止，记载了楚先祖及熊丽以下至惠王时期各王的终立更替和重大历史事件。第二组140余枚，则是对细节的增益，简文内容为辑录楚国之重要史事，如"陈子鱼内（人）

---

① 曹峰：《价值与局限：思想史视野下的出土文献研究》，刘笑敢主编：《中国哲学与文化》第6辑"简帛文献与新启示"，桂林：广西师范大学出版社，2009年，第69—100页。
② 杨博：《战国楚竹书史学价值探研》，第188页。

陈，驿告棠，棠公见。春秋商（適）三百岁"，涉及楚国与相关国家许多重大事件。①

王震中先生曾指出，将《系年》战国初年的年代资料与睡虎地秦简《编年记》合观，加以传世文献的参证，亦可基本构成一个衔接战国早、中、晚的史料年代序列，由此可在已有认识基础上，就战国年代问题展开新的探索。②

荆州龙会河北岸墓地 M324 出土的 324 枚战国楚简可分两类，其中有一类简中出现楚文王、成王、穆王、庄王、共王、康王、灵王、平王、昭王、惠王、简王至楚声王共 12 位楚王的谥号，不仅与《史记·楚世家》所载楚王世系相符，③而且是继清华简《楚居》、安大简楚史之外，又一份可靠的春秋战国时期楚王世系与年代谱系。

荆州胡家草场墓地 M12 出土的西汉简牍主要内容包括历谱和编年记。历谱简有两种，分别在其首简的简背上书写有篇题《历》和《日至》。《历》简 100 余枚，记载了从汉文帝后元四年（前 160）起，下推至公元前 64 年之间的每月朔日干支。《日至》简 102 枚，记载了从汉武帝建元元年（前 140）起，下推至公元前 41 年之间的冬至、立春、春分、立夏、夏至、立秋、秋分、立冬之日的干支。编年记简 70 枚，记载秦昭王至汉文帝时期的国家大事，每年一简。所记内容与传世文献记载基本相符，仅有少量歧异，如 19 号简"卅二年，行在楬石"，《史记·秦始皇本纪》作"三十二年，始皇之碣石"，简文"楬"，《史记》作"碣"等。④

---

① 黄德宽：《安徽大学藏战国竹简概述》，《文物》2017 年第 9 期，第 54—59 页。
② 王震中：《战国王年问题研究序》，熊贤品：《战国王年问题研究》，北京：中国社会科学出版社，2017 年，第 3 页。
③ 翟群：《"考古中国"发布四项重要成果·荆州龙会河北岸墓地出土 324 枚战国楚简——为西周初年重大史实提供佐证》，《中国文化报》2019 年 5 月 13 日第 8 版。
④ 李志芳、蒋鲁敬：《湖北荆州市胡家草场西汉墓 M12 出土简牍概述》，《考古》2020 年第 2 期，第 21—33 页。

睡虎地秦简整理者曾提到，睡虎地秦简《编年记》，与《史记·秦本纪》《六国年表》多有重合，而后者依据的是秦国史《秦记》。① 学者从《秦记》"一年一事"的面貌推想，楚国可能也有一份类似的"楚记"，每年选择一件最具代表性的大事记录下来，格式或如"王七年，大司马昭阳败晋师于襄陵"。② 这样看来，简册所记的"一年一事"似应为战国秦汉时期的较普遍的政府行为，亦提供了战国秦汉时期历史大事的准确年表。

其二，横向：内容的多元性。出土战国秦汉简牍典籍构建了较完备的从古史传说时期至西汉年间的年代谱系，体现出史料"系统性"的纵向即时代的连续性特点。在这漫长的时间跨度中，所记述史事内容的多元性，亦不容忽视。

由新出简牍典籍所见，"语"类文献在春秋战国时期非常流行。关于同一人物、同一事件记述不同的版本可能很多。前述上博竹简《容成氏》叙述古史传说时期的内容可以大致分为三部分：一是讲容成氏等最古的帝王，二是讲尧之前的一位古帝王，三是讲尧、舜、禹的事迹。其重要意义首先在于体现了战国时期古史传说中古帝王系统的多样性。

传世文献中常见的可与夏商周三代相比较的"古代社会"大致有两种模式：一种认为夏商周三代是直接由"大道为公"的"至德之世"发展而来的；另一种则认为夏商周三代是由尧舜时代发展而来的。《容成氏》简文中的模式则是综合二者而来的，容成氏……→尧舜→夏商周三代，与《淮南子·本经训》中叙述上古时期的模式类似。可见，一方面这是有别于炎黄古史传说体系的另一类体系。另一方面，《庄子》与《淮南子》虽然成书年代不同，但从地域上来

---

① 睡虎地秦墓竹简整理小组：《睡虎地秦墓竹简》，北京：文物出版社，1990年，第3页。
② 薛梦潇：《早期中国的纪时法与时间大一统》，《社会科学战线》2018年第2期，第91—105页。

看，都属于楚地，而《容成氏》也是楚地出土的文献，这些恐怕不能说是巧合，似乎暗示着古史传说系统的地域性。①《容成氏》简文再次证明大一统的五帝系统实非史实。裘锡圭先生即曾指出，《容成氏》的部分简文，虽然竹简残损较严重，但可以看出并不存在《五帝德》所说的那种五帝系统，这对顾颉刚先生的说法是有利的。顾先生当年提出的这一说法是根据对传世文献的分析得出的，现在得到了出土战国文献的印证；②而且也为我们了解更早的古帝王系统（或是同五帝系统并存的另一套系统）的传说，以及推知五帝系统的形成年代和渊源都提供了新资料。③

北大汉简《赵正书》的部分记载与《史记·李斯列传》《蒙恬列传》同源，但另一些记载却与《史记》迥异，尤值得注意的是《赵正书》以胡亥继位为秦始皇临终钦定，而非赵高、李斯密谋后矫诏诈立。④湖南益阳兔子山遗址9号古井发现的简牍，记录的秦二世胡亥即位后的文告，其意亦在强调继位的合法性。⑤两种叙述的异同，不仅反映出汉初对秦代历史存在不同的认识，⑥而且反映出历史记述的多元特点。这种记述的多元特点，日益引起学界对出土文献可信性的鉴定与思考。⑦

---

① 此外如"禅让""九州""三楚先""楚王形象"等，出土典籍均启发了其各自存在不同系统的新思考。《容成氏》中所见"九州"亦有助于了解"九州"记述的系统多元性，反映了当时不同地域对"天下"格局的具体认知。参见杨博：《战国楚竹书史学价值探研》，第188—201页。
② 参见裘锡圭：《新出土先秦文献与古史传说》，《中国出土古文献十讲》，第30页。
③ 朱凤瀚：《新发现古文字资料对先秦史研究的推进》，《中国社会科学报》2009年9月24日第5版。
④ 北京大学出土文献研究所编：《北京大学藏西汉竹书（叁）》，上海：上海古籍出版社，2015年，第190页。
⑤ 湖南省文物考古研究所、益阳市文物处：《湖南益阳兔子山遗址九号井发掘简报》，《文物》2016年第5期，第32—48页。
⑥ 陈侃理：《〈史记〉与〈赵正书〉——历史记忆的战争》，日本中国史学会编集《中国史学》第26卷，京都：朋友书店，2016年，第25—38页。
⑦ 陈伟：《试说简牍文献的年代梯次》，李宗焜主编：《第四届国际汉学会议论文集——出土材料与新视野》，台北："中研院"历史语言研究所，2013年，第493—500页；孙家洲：《兔子山遗址出土〈秦二世元年文书〉与〈史记〉纪事抵牾释解》，《湖南大学学报（社会科学版）》2015年第3期，第17—20页。

不惟胡亥即位的合法性，李斯是秦代兴亡的亲历者和见证者，《赵正书》通过李斯的三次奏言塑造了李斯的忠臣形象，而司马迁却以李斯的五叹六说为线索，记述了李斯一生际遇，在肯定李斯辅佐秦始皇成就帝业的同时，也对李斯提出了严苛的批评，否定了李斯的忠臣形象。①

在孔门弟子数量问题上，"七十子之徒"最为常见。由于"七十"只是一个概数，又有七十二、七十七两种不同的说法，它们并存于《史记》之中。在《孔子世家》中作"七十二"，在《仲尼弟子列传》中则为"七十七"。海昏侯墓所出孔子衣镜文，亦为"七十七"之数，论者或指出，七十七人的数字是靠《弟子籍》统计出来的，七十二则只是一种官方认可的流行数字。②以上种种似均可反映出新出简牍典籍所引发对古史叙述多元性的再思考。

对古史记述多元性的再思考，近年来已成为学界热点话题。其荦荦大端有二。其一关注战国秦汉时期文献的流传方式，其二则是关注文本的书写。

前者可以《诗经》为例。阜阳汉简《诗经》多通假字、假借字的特点，既不与今本《毛诗》相类，亦与鲁、齐、韩三家有别，似乎是流传在楚地的另一诗学流派。安大简《诗经》是目前所能见到的《诗经》最早版本。与《毛诗》相比，简本《诗经》出现了"侯六"，所属六篇诗《毛诗》中则归《魏风》。学者或推测"侯六"为晋诗，原本可能是晋国的一个抄本或摘编本，流传到楚国后，由楚人将其重新抄写。③

后者则启发学界对有关史事记述之文本生成的研究。如前述

---

① 曾磊：《试谈〈史记·李斯列传〉与〈赵正书〉对李斯形象的塑造》，《古代文明》2018年第1期，第89—94页。
② 王刚：《海昏侯墓"孔子衣镜"所见孔门弟子问题初探》，《江西师范大学学报（哲学社会科学版）》2019年第4期，第96—102页。
③ 夏大兆：《安大简〈诗经〉"侯六"续考》，《北方论丛》2020年第1期，第5—15页。

古史系统，学者曾提出周人的古史系统有三次建构，在历次建构过程中周人逐步将祖先的时代提前，终以黄帝为祖，形成了一个以炎黄为中心的复杂的古史系统。此后战国时期的诸侯国与诸子在此基础上进一步发展，从而使黄帝一元的古史系统影响最大。① 而新见"语"类文献同一人物、事件的版本有好多种，又可推广为与新出"语"类有关涉的史事记载存在同一主题、同一事件、同一人物的重复情况，且这些重复情况之间还存在不小的差异。这就需要考虑"语"类史书单篇与整体的撰述背景、写作意图等方面因素的影响。如上博简楚"语"，《郑子家丧》为楚庄王没有在郑子家弑君当年就发兵讨郑寻找理由、《昭王毁室》赞扬昭王德政、《申公臣灵王》表彰楚灵王的政治风度等，都会作为彰显"先王之明德"的材料为贵族子弟所学习，正合乎申叔时所论"教之语，使明其德，而知先王之务用明德于民也"。②

二、简册文物本身的考古学特性

当然，在实际研究中，对于不同记述与不同问题的认识，往往见仁见智。杨华先生即曾认为墓葬中之所以出土大量的典籍，原因实在于"书"的性质，其大多是举丧时临时抄写的文本，丧家可能并不在意入葬文本的性质和完整性，这也是出现重复文本、摘抄选编、补缀书写、空白简等现象的原因。③ 所论并非毫无根据，但是换一种视角来看，简册文物本身体现出的简帛在长期的使用过程中形成的各项制度与习俗，即体现出简牍典籍"文物性"的史料特点。

---

① 李锐：《上古史新研——试论两周古史系统的四阶段变化》，《清华大学学报（哲学社会科学版）》2016年第4期，第99—114页。
② 杨博：《试论新出"语"类文献的史学价值——借鉴史料批判研究模式的讨论》，《图书馆理论与实践》2016年第2期，第101—107页。
③ 杨华：《中国古墓为何随葬书籍》，徐刚主编：《出土文献：语言、古史与思想》（《岭南学报》复刊第10辑），上海：上海古籍出版社，2018年，第187—209页。

据上引蔡万进先生有关简帛学学科分支的论断，有简帛文化学、简帛文献学和简帛文物学。因为出土简帛本身既是一种古代文化遗物，同时又是一种宝贵的历史文献和考古发掘出土的珍贵文物，这种划分"更符合当下出土简帛研究实际和出土简帛自身属性内在逻辑"。① 这种由简册文物本身所体现出的考古学特性，似应是史学研究的前提。

第一，简册的形制。郭店楚墓竹简所出《老子》三种，其中《老子》甲本抄写用简的形制，从简长、编绳数量与间距看，更与《缁衣》《五行》相近，照后世理解，此两篇文献似应为儒家基本典籍，较之同墓所出其他儒道典籍更为重要。故周凤五先生指出《老子》甲本是一部经过战国儒家学者改编过的，淡化了宇宙论与形而上色彩，是一个儒家化甚至子思学派化了的道家经典。②

前述清华简《保训》中有"惟王五十年"，该篇中称武王"发"，或以为此即是文王即位之初称王的坚实依据，或认为"惟王五十年"是后人的追记。其实，解决双方争讼的关键，清华简简册本身的形制，已经给出了可能的答案。《保训》28.5厘米的简长与《金縢》《皇门》等典型"书"类文献45厘米上下本身即存在显著差异，暗示出其并非"书"类，故对其所记内容需要辩证考虑。

肖芸晓先生亦曾根据背划线、竹节等形制信息，指出清华简《赤鹄之集汤之屋》与《尹至》《尹诰》应原本编连为一册，从而进一步解释《赤鹄之集汤之屋》简12"芬芬徇徇"、《尹至》简1"越今昀昀"与《吕氏春秋·慎大》篇"纷纷分分"等应互为异文，均为恐惧之意。③ 故刘光胜先生据之讨论《赤鹄之集汤之屋》为"书"

---

① 蔡万进：《简帛学的学科分支新论》，《中国史研究动态》2016年第2期，第41—44页。
② 周凤五：《郭店竹简的形式特征及其分类意义》，武汉大学中国文化研究院编：《郭店楚简国际学术研讨会论文集》，武汉：湖北人民出版社，2000年，第54页。
③ 肖芸晓：《清华简简册制度考察》，硕士学位论文，武汉：武汉大学历史学院，2015年，第58—64页。

类文献的可能,并由此对清华简"书"类文献与儒家《尚书》分属不同传流系统展开论证。①

北大秦简《祠祝之道》的内容是祭祀的操作方法与祝祷之辞,牍一言明此为"祠祝之道"。该篇简、牍合编的情况,尚未见于其他秦简,且祠祝书单独分出一类,在秦简中也是比较特别的现象。这一信息不仅增进了我们对不同类型简、牍之间关系和用途分工的了解,而且由不同形制简牍编连在一起的情况,提出不同形制和材质简牍与其所书内容的性质是否有特定的组合关系等新问题。对上述问题的清醒认识,似应是研究简册所记载文献内容的前提。

第二,简册的区位与叠压关系。陈侃理先生认为出土简册复原的目的,是恢复随葬时的编连顺序。复原时除考虑竹简本身的形制外,编绳和出土位置关系等客观因素亦不容忽视。形制相同、编痕契口对应、出土位置相邻的两组简册,即使未发现内容上的关联性,也应复原为同一卷册;如果两组简册形制迥异,编痕契口不能对应,出土位置相隔甚远,即便内容密切相关,仍不可能属于同一卷简册。

过去对睡虎地秦简《语书》的复原,主要是基于其与《南郡守腾文书》在内容上相似相关,而忽视了客观因素上的诸多反证,误将本不相连的两者合为一篇。同时《为吏之道》分栏抄写的特殊形式也产生误导,使整理者将这部分独立为一篇。故《语书》与《南郡守腾文书》原来并非同篇,而应编连在所谓《为吏之道》后。简背的"语书"二字,应涵盖《为吏之道》在内,是全篇的自题。由此来看,过去所谓的《为吏之道》实际上应该是《语书》的一部分。由此对《语书》(包括原《为吏之道》)及王家台《政事之常》、岳麓秦简《为吏治官及黔首》、北大秦简《从政之经》等篇的讨论,方能

---

① 刘光胜:《同源异途:清华简〈书〉类文献与儒家〈尚书〉系统的学术分野》,《中国高校社会科学》2017年第2期,第116—128页。

奠定科学的史料基础。①

北大秦简、海昏汉简等保存良好的简牍典籍，存在丰富的分卷共存与叠压关系。由此似可发现简册的分卷叠压关系与其所书写之内容存在密切联系。海昏汉墓简牍中，如医书、数术"易占""六博"等在同一竹笥内相邻放置，《论语》《大戴礼记》《礼记》等与孔子有关的典籍也存在叠压关系。由于海昏侯墓简牍正处在修复保护进程之中，②下面简要以北大秦简为例具体说明。

根据实验室考古发掘简报，北大秦简在入藏时基本保持了出土时的原始状态，在室内揭剥清理时简册还保存着成卷的状态，共清理出十卷竹简。其中卷七、卷八两卷"田书"简册，与卷〇、卷二、卷三、卷四、卷五等卷存在叠压关系。上述文献内容，卷〇为《秦始皇三十一年质日》，卷二为《日书杂抄》，卷三为《算书丙种》，卷四为《算书甲种》、《日书甲种》《制衣》《病方》《道里书》与《禹九策》等篇的集合，卷五为《秦始皇三十三年质日》，相邻文献皆为方术类文献。③特别是与卷七、卷八都存在叠压关系的卷五以及与卷七相邻的卷〇均为"质日"文献。虽然"质日"简强调的是记事，而非选择，若将其视为古书，还是应当归入《汉志》历谱类的。④有趣的是《汉志·数术略》所记之十八种历谱书中，有算术书两种，即《许商算术》二十六卷、《杜忠算术》十六卷。⑤诸家注释均以此二书与东汉时期的《九章算术》有关。历谱类所记之"算术书"与《九

---

① 陈侃理：《睡虎地秦简"为吏之道"应更名"语书"——兼谈"语书"名义及秦简中类似文献的性质》，李学勤主编：《出土文献》第6辑，上海：中西书局，2015年，第246—257页。
② 杨博：《给海昏简牍"治病"》，《人民日报》2019年12月28日第5版。
③ 北京大学出土文献研究所：《北京大学藏秦简牍室内发掘清理简报》，《文物》2012年第6期，第32—44页；胡东波、常怀颖：《简牍发掘方法浅说——以北京大学藏秦简牍室内发掘为例》，《文物》2012年第6期，第57—64页。
④ 李零：《兰台万卷：读〈汉书·艺文志〉（修订版）》，北京：生活·读书·新知三联书店，2013年，第182页。
⑤ 李零：《兰台万卷：读〈汉书·艺文志〉（修订版）》，第179—181页。

章算术》的联系紧密。"田书"的文献性质亦近于《汉志·数术略》之历谱类"算术书"。① 由是可推知，当时似乎存在依据简册所记述之文献内容而将简册分类放置的情况，值得下文进一步深入探究。

第二节 区位关系、简册形制与出土战国秦汉简帛典籍的史料认知

随着简牍材料的积累，简文内容之外，简册制度亦逐渐受到学界关注。20世纪之初，沙畹《纸发明前之中国书》、②王国维《简牍检署考》发其端，③余嘉锡、④黄盛璋等踵其后，⑤钱存训《书于竹帛》、⑥陈梦家《由实物所见汉代简册制度》继为简牍制度研究树立典范。⑦李均明先生等《简牍文书学》、⑧李零先生《简帛古书与学术源流》、⑨胡平生先生《简牍制度新探》等使这一领域的研究逐步

---

① 杨博：《北大藏秦简〈田书〉初识》，《北京大学学报（哲学社会科学版）》2017年第5期，第63—68页。
② [法] 爱德华·沙畹（Emmanuel-Édouard Chavannes）：*Les livres chinois avant l'invention du papier*, Journal Asiatique（《亚洲学报》），1905，中译本《纸未发明前之中国书》，冯承钧译，《图书馆学季刊》第五卷第一期，1931年，第47—152页。
③ 王国维：《简牍检署考》，（京都）《艺文》第三年第3、4、5、6号，1912年初刊，《云窗丛刻》1914年中译，后收入《王国维全集》第2卷，第477—511页。
④ 余嘉锡：《书册制度补考》，《文献特刊》1935年初刊，后收入《余嘉锡论学杂著》，北京：中华书局，1963年，第539—559页。
⑤ 黄盛璋：《简牍以长短别尊卑考》，《东南日报》1948年4月7日第7版。
⑥ [美] 钱存训（Tsien Tsuen-hsuin）：*Written on Bamboo and Silk: The Beginnings of Chinese Books and Inscriptions*, Chicago: The University of Chicago Press, 1962，中译本《书于竹帛：中国古代的文字记录》，上海：上海书店出版社，2004年。
⑦ 陈梦家：《由实物所见汉代简册制度》，《武威汉简》，北京：文物出版社，1964年，后收入《汉简缀述》，第291—315页。
⑧ 李均明、刘军：《简牍文书学》，南宁：广西教育出版社，1999年，另可参见李均明等：《当代中国简帛学研究（1949—2019）》，北京：中国社会科学出版社，2019年。
⑨ 李零：《简帛古书与学术源流（修订本）》，北京：生活·读书·新知三联书店，2008年。

深入。① 应当说,对简册制度研究的重视,对于更好地整理与复原出土竹书,不仅是对缺失明确考古信息的入藏竹书,即便是对带有明确出土信息的简册,亦不可或缺。近来较成熟的研究,如陈侃理先生据简册形制、出土位置等信息,指出睡虎地秦简《语书》与《南郡守腾文书》原来并非同篇,而应编连在所谓《为吏之道》后,"语书"是涵盖《为吏之道》部分在内的全篇自题。② 此外,形制上的关联对于理解竹书记述的内容也关涉重大。如肖芸晓先生根据背划线、竹节等形制信息,指出清华竹书《赤鹄之集汤之屋》与《尹至》《尹诰》应原本编连为一册。③ 贾连翔先生提出需注意竹简的长、宽及简背竹节形态和划痕,竹简的契口和编痕,竹书的次序编号,书手的字迹特征及反印墨迹等可能影响理解竹书记述内容的多种要素。④ 可以看出,学界对简册制度的关注层面集中在简长、字迹、划痕等单篇的物理形态方面。日本学者籾山明近来也提出"简牍形态学"的概念,认为目前简牍研究存在两大不足:一是简牍形态的研究欠缺,无法理解简牍的不同形态与其内容及功能上的关联;二是对简牍的理解十分静态,一味急于追问简文内容,却忽视简牍本身的制作、流传、保存、再利用、废弃等动态侧面。⑤ 这本身即昭示着学界对出土简帛的研究,由简帛的文字开始覆盖简帛本身,但关注的视角还是集中在篇,涉及篇与篇之间的关系即卷的研究本就不多,由此上溯到简帛分卷、古书分类等文献性质认定与分

---

① 胡平生:《简牍制度新探》,《文物》2000 年第 3 期,第 66—74 页。
② 陈侃理:《睡虎地秦简"为吏之道"应更名"语书"——兼谈"语书"名义及秦简中类似文献的性质》,李学勤主编:《出土文献》第 6 辑,第 246—257 页。
③ 肖芸晓:《试论清华竹书伊尹三篇的关联》,武汉大学简帛研究中心主办:《简帛》第 8 辑,上海:上海古籍出版社,2013 年,第 471—476 页。
④ 贾连翔:《战国竹书形制及相关问题研究——以清华大学藏战国竹简为中心》,上海:中西书局,2015 年,第 231—239 页。
⑤ [日] 籾山明、佐藤信编:《文献と遗物の境界——中国出土简牍史料の生态的研究》(文献与遗物的境界——中国出土简述史料的生态研究),东京:六一书房,2011 年,第 63—67 页。

类层面上的研究则更是稀见。①

出土器物在特定情境下具有特殊的意义。考古地层学即通过对地层堆积和遗迹之间相互关系的研究，判明地层和遗迹的相对年代关系。利用出土器物之间的位置关系，曾经解决过很多仅凭单件（类）器物研究而误解的问题。比如钺曾被看作是石斧或石铲，但以它在墓葬中相对人体的摆放方式可知其为武器，可以成为某种社会权力的象征而非简单工具。②各种出土器物组合及其意义可借由这些器物在墓葬等遗迹中与墓主、葬具等的空间位置关系，即区位关系中得窥端倪。③笔者亦曾以上述认识为基础探讨铜礼器在墓葬中的区位关系及其所反映之器用特征。④对区位关系的重视与准确把握，在出土文献研究领域也能发挥重要作用。如林沄先生等曾留意田野考古发掘出土的甲骨所能提供的层位及共存关系，对卜辞断代进行尝试，并利用地层关系提供的甲骨年代下限来检验卜辞本身研究所得各组年代的正确性。⑤

笔者近年来有幸参与了北京大学藏秦简牍的整理工作，期间留

---

① 关于古书成书，学界多赞同李学勤、李零两位先生的看法：古书多单篇流行，篇卷内容分合不定，不同传本往往有着不同的面貌；古人没有著作权的概念，著者不署作者姓名；古书的成书每每要经历一个长期的过程，最初只有篇名，书名是后起的；古代子书多是某一学派传习的资料汇编，先秦时期某一思想的作者，不一定是将同一思想书于竹帛传于后世的编者；先秦古书多不是伪书，不同古书之间存在着"重文"现象等。参见李学勤：《简帛佚籍与学术史》，第3—14、28—34页；李零：《出土发现与古书年代的再认识》，《李零自选集》，桂林：广西师范大学出版社，1998年，第22—57页。本文的"篇""卷""类"的提法，即借用两位李先生的看法。
② 傅宪国：《试论中国新石器时代的石钺》，《考古》1985年第9期，第820—833页。
③ 张弛：《社会权力的起源——中国史前葬仪中的社会与观念》，北京：文物出版社，2015年，第6—7页。
④ 杨博：《西周初期墓葬铜礼器器用区位研究——以随州叶家山为中心》，《江汉考古》2020年第2期，第91—102页；《殷墟青铜容礼器的器用组合与区位特征》，《中国历史研究院集刊》2020年第2辑，第1—56页。
⑤ 林沄：《关于前辞有"贞"的无名组卜辞》、李先登：《考古地层学与历组卜辞断代》，王宇信、宋镇豪主编：《纪念殷墟甲骨文发现一百周年国际学术研讨会论文集》，北京：社会科学文献出版社，2003年，第319—334页。

意到简册分卷间的区位信息等,于简册复原之外,有关简书分类、文献聚合等情况亦可由此一窥端倪。① 2015 年 7 月以降,笔者更带着上述思索参与了南昌西汉海昏侯墓出土简牍的实验室考古工作,也留意到与北大秦简近似的简书区位关系情况。诚然,由于埋藏环境等原因,部分竹简在墓葬之中,会被挤压、变形,也会随墓葬中的液体四处漂移,所以即便是科学考古发掘的墓葬,其所发现的竹简区位关系,也未必是竹简下葬时的原貌。然而正如海昏简牍发掘所见,竹简在下葬时是分别装入不同的漆笥中的,在现场提取时仍可见漆笥间有明确间隔。② 这一方面说明简牍在下葬时按漆笥存有分类之别,另一方面,漆笥等容器对于笥内简牍的位置关系也会起到一定的承托等保护作用。马王堆汉墓简帛的位置关系,亦可由承装的不同漆笥来更好地说明。另需说明的是简书分卷区位,即出土时简书的位置摆放与叠压关系,情理上讲或与墓主际遇、喜好等个体差异有关,如不同出土地域,不同时代的简册内容存在着差别;但亦不能忽视环境、礼俗等对个体的影响,这似可由《日书》类简册的多地、多次发现得到旁证。因海昏简牍尚需整理,故下文计划以北大藏秦简及郭店楚简、睡虎地秦简、马王堆汉墓简帛等简册出土情况为捉手,将目前所见出土战国秦汉竹书分类排列,同类比较与纵向观察,试述近期之不成熟思考。③

一、北大藏秦简牍的区位关系与《汉志》分类

不同"卷"之间明确的共存及堆积关系,给文献性质的判断

---

① 杨博:《北大藏秦简〈田书〉初识》,《北京大学学报(哲学社会科学版)》2017 年第 5 期,第 63—68 页。
② 管理、胡胜、杨博:《出土简牍的现场及室内清理保护》,朱凤瀚主编,柯中华副主编:《海昏简牍初论》,北京:北京大学出版社,2020 年,第 43—59 页。
③ 杨博:《由篇及卷:区位关系、简册制制与出土简帛的史料认知》,《史学月刊》2021 年第 4 期,第 5—17 页。

提供了良好参照。2010年初,北京大学接受冯桑均国学基金会捐赠,获得了一批从海外回归的秦简牍。这批简牍虽然脱离了原始保存环境,无法通过其他共存的物质文化遗存判断其所有者的身份,但由于保存状况较好,通过遗物本身的共存关系,了解这批简牍所有者的知识背景、等级身份,还是饶有趣味的问题。据发掘者初步推断,北大藏秦简牍的抄写年代大约在秦始皇时期,从竹简中《从政之经》及《道里书》之类的文献来看,这批简牍的主人应是秦的地方官吏。室内揭剥清理时,简册还保存着成卷的状态,共清理出十卷竹简,竹简下发现有竹笥、椁板等承托。在其最初装入竹笥时,应即是分左右两部分层垒摆放,亦即室内发掘固定后的东、西两组。结合东西两侧面可知,竹、木简册以卷为单位,保存情况较好,大体成卷,不同卷间、同卷的不同枚间,都有较为复杂的叠压关系。利用两端面与两侧面进行观察,可将竹简分东西两组、四个大层,每个大层内包含有多卷(枚)简牍。① 为便利讨论,可将北大藏秦简牍诸分卷的区位、叠压关系列为表1,并根据诸分卷简册之主要内容,② 参照《汉书·艺文志》之分类,将其简单归类。

由表1可见,北大藏秦简牍的内容涉及秦代政治、地理、社会经济、文学、数学、医学、历法、方术、民间信仰等诸多领域,内涵之丰富在出土秦简中实属罕见。其中并没有发现成篇的"六艺""诸子"等经典文献,亦符合秦代社会文化的普遍状况,但其内容与以往发现的秦简牍相比则更为丰富多样,而且具有鲜明的特色。尤其是文学作品和大量反映社会生活、民间信仰的文献,展示出当

---

① 北京大学出土文献研究所:《北京大学藏秦简牍室内发掘清理简报》,《文物》2012年第6期,第32—44页。
② 北京大学出土文献研究所:《北京大学藏秦简牍概述》,《文物》2012年第6期,第65—73页。这批简牍已于2023年5月全部公布(《北京大学藏秦简牍》,上海:上海古籍出版社,2023年),各卷简数、文献的定名和此表已有不同,详细情况请参看该书,但是并未改变各卷间的区位关系,故此表一仍其旧。

表1：北大藏秦简牍区位关系

分卷	篇名/内容	简数	长（厘米）	宽（厘米）	编绳	分组分层	区位 上	区位 下	汉志类分类
卷〇	三十一年质日	77	27.1～27.5	0.6～0.8	3	西组第四大层	木牍M-009《秦原有死者》；卷一《公子从军》；卷七《田书》	木简乙（M-017～M-024）《隐书》东侧，木牍M-025《九九术》、M-026"歌诗"北端	数术略·历谱类
卷一	公子从军	22	22.9～23.1	0.7～0.9	3	西组第三大层	木牍M-009《秦原有死者》；木简甲（M-001）《白囊》M-002南侧下	西端叠压卷〇《三十一年质日》与卷九《从政之经》《教女》中部与东部	诗赋略·杂赋类
卷二	日书	55	36.5～37	0.5～0.7	3	西组第三大层	卷一《公子从军》西端；卷三《算书》	卷一《公子从军》东端北侧；卷六《祠祝之道》北部；卷七《田书》北部；卷九《从政之经》《教女》中部与东部	数术略·五行杂占类
卷三	算书	82	22.9～23.1	0.5～0.7	3	东组第一二大层	木简甲（M-001～M-005）《白囊》东端	西侧卷六《祠祝之道》；木牍M-009《秦原有死者》、东侧下端《田书》；卷七《田书》	数术略·历谱类

续　表

分卷	篇名/内容	简数	长（厘米）	宽（厘米）	编绳	分组分层	区位 上	区位 下	汉志分类
卷四	算书、日书、道里书、制衣、医方、禹九策等	318	22.6~23.1	0.5~0.7	3	东组第四大层	卷七《田书》东端	竹牍 Z-011 "记账"	数术略·方技略等
卷五	三十三年质日	60	30~30.2	0.6~0.8	3	西组第三大层	木牍 M-009《祟》原有死者	卷七《田书》南部；卷八《田书》大部	数术略·历谱类
卷六（含竹牍 K-001）	祠祝之道	6+1	27~27.3	0.6	3	横跨东西、第二大层	卷二《日书》下北侧；卷三《算书》下西侧	竹牍 K-001 西端 压木牍 M-009《祟》木简有死者；木简（M-010~M-013）《白橐》	数术略·五行杂占类
卷七	田书	24	23.7~24	0.5~0.7	3	西组第三大层	卷二《日书》；卷三《算书》东侧《三十三年质日》东端与中北部	卷○《三十一年质日》；卷四《田书》	数术略·历谱类
卷八	田书	50	27.2~27.9	0.5~0.8	3	西组第三大层	卷五《三十三年质日》；卷七《田书》	木觚 M-015 "记账"；木牍 M-016 "记账" 算等	数术略·历谱类

续 表

分卷	篇名/内容	简数	长（厘米）	宽（厘米）	编绳	分组分层	区 位 上	区 位 下	汉志分类
卷九	从政之经、教女	62	27.5～27.9	0.5～0.6	3	西组第四大层	卷一《公子从军》；卷二《日书》	木简乙（M-017～M-024）《隐书》	诗赋略·杂赋类
木简甲（M-001～M-008, M-010～M-013）	白囊	12	22.9～23.1	0.9～1.1	2	西组第一大层、第三大层	卷二《日书》；竹牍K-001《祠祝之道》	木牍M-009《秦原有死者》；卷一《公子从军》	数术略·五行杂占类
木简乙（M-014, M-017～M-024）	隐书	9	23～23.1	0.8～1.2	2	西组第四大层	卷〇《三十一年质日》；卷九《从政之经》《教女》		诗赋略·杂赋类
木牍M-009	秦原有死者		23	4.7		西组第一大层	木简甲（M-001～M-002）《白囊》；竹牍K-001《祠祝之道》	卷〇《三十一年质日》；卷一《公子从军》	诗赋略·杂赋类
木牍M-016	记账		23.1	2.2		西组第四大层	卷八《田书》		数学文书

续 表

分 卷	篇名/内容	简数	长（厘米）	宽（厘米）	编绳	分组分层	区 位 上	区 位 下	汉志分类
木牍 M-025	九九术		23	7		西组第四大层	卷〇《三十一年质日》；M-026"歌诗"	算筹；竹牍 Z-010 "记账"	数术略·历谱类
木牍 M-026	歌诗		23	2.4		西组第四大层	卷〇《三十一年质日》	竹牍 Z-002 "歌诗"	诗赋略·诗类
竹牍 Z-002	歌诗		23	2.4		西组第四大层	木牍 M-026 "歌诗"		诗赋略·诗类
竹牍 Z-010	记账		23.5	1.3		西组第四大层	木牍 M-025《九九术》		数学文书
竹牍 Z-011	记账		23	1.7		东组第四大层	卷四		数学文书
木觚 M-015	记账		20.5	1~1.3		西组第四大层	卷八《田书》		数学文书

时基层社会丰富多彩的一面,使我们对战国晚期至秦代社会文化的认识大为丰富和扩展。①

在根据《汉志》所作分类之基础上回溯简册形制与分卷区位关系,似可发现以下几点特征:

第一,简册形制作为判断文献分类的标准似并不可一概而论。因为同种文献之简册形制似并非相同,如卷〇《三十一年质日》与卷五《三十三年质日》的简长存在差异。卷七与卷八《田书》的简长同样存在差异。而不同分类之文献,简册形制可能相同。特别是包含有数术、方技等多项内容的卷四,318枚竹简共抄有九段不同的文献。正面依次抄写《算书》甲篇、日书甲组、《制衣》和《算书》乙篇的开头,背面接抄《算书》乙篇,然后是医方、《道里书》、《禹九策》、《祓除》、日书乙组。

第二,区位关系的判定有助于出土简书的文献认知。北大秦简中这一现象体现得尤为明显。下文不避烦琐,详细讨论。

其一,诗赋略下诸分类文献相邻。秦简牍中有卷一《公子从军》、卷九《从政之经》《教女》、木牍M-009《泰原有死者》及木简乙《隐书》等五篇不同物理载体的属《汉志》诗赋略·杂赋类文献,其各自区位叠压关系为《泰原有死者》在最上,其下叠压卷一《公子从军》,卷一《公子从军》与卷九《从政之经》《教女》可依次提取,木简乙《隐书》叠压在卷九之下。两篇诗赋略·歌诗类文献,木牍M-026"歌诗"整齐地压在竹牍Z-002"歌诗"之上。

其二,数术略·五行杂占类文献相邻。卷二《日书》叠压卷六《祠祝之道》北侧,木简甲《白囊》被卷二《日书》及竹牍K-001《祠祝之道》叠压。需要说明的是,卷二从内容看都属于

---

① 北京大学出土文献研究所:《北京大学藏秦简牍概述》,《文物》2012年第6期,第65—73页。

日书，其中主要包括《占雨》《见人》《行》《占闻》等篇章。卷六共有竹简 6 枚，内容有"祠道旁"，祠道旁是秦汉时期最普遍的祭祀之一，其名亦曾见于睡虎地秦简日书。木简卷甲亦是一种祠祝书。①

其三，数术略·历谱类文献相邻。《汉志》数术略·历谱类中有质日与算术书。②东组的主体卷三、卷四即为算数书。西组卷〇《三十一年质日》、卷七、卷八《田书》与卷五《三十三年质日》放置于一处。卷七下部东侧即为卷四算术书，《汉志》数术略所记之十八种历谱书中，亦有算术书两种，即《许商算术》二十六卷、《杜忠算术》十六卷。③卷〇《三十一年质日》之下即木牍 M-025《九九术》。

其四，数术略文献整体亦是相邻放置的，且与诗赋类文献存在间隔。单篇文献及各自关系以外，数术略·历谱类与五行杂占类亦是相邻的，如卷六《祠祝之道》北侧部分为卷二《日书》叠压，卷七《田书》北部亦为卷二所叠压。由此，数术略文献应是整体相邻地放置在竹笥中的。结合入藏时竹简上层及北侧竹简受挤压较严重，变形与扭曲尤甚，似可大胆拟测诗赋类文献原是整体置于竹笥北侧一处的，中部及南侧为数术略文献，分别以竹、木觚、牍垫底。

最后需要留意的是，几篇数学竹、木觚、牍记账文书亦是与同类文献相邻。卷四下竹牍 Z-011，卷八《田书》下木牍 M-016、木觚 M-015，木牍 M-025《九九术》下竹牍 Z-010 等均是为工作和收入的记录记账文书。由是，似提示《田书》等算术书的文献性质近似于《汉志·数术略》之历谱类文献但又带有

---

① 陈侃理：《北大秦简中的方术书》，《文物》2012 年第 6 期，第 90—94 页。
② 李零：《视日、日书和叶书——三种简帛文献的区别和定名》，《文物》2008 年第 12 期，第 73—80 页。
③ 李零：《兰台万卷：读〈汉书·艺文志〉》（修订版），第 179—182 页。

简牍文书的实用性质。①

因此，可试将同一竹笥之简册区位摆放关系蠡测如下：竹笥内一侧为文学类文献，其上为木简，木牍隔开了竹、木两种材质的同类文献，两片歌诗木牍垫底；其余部分均为方术类文献，其中数术类文献占主体。与文学类文献相邻的是五行杂占类，或可推测因为五行杂占类带有一定的文学特色，五行杂占类的一侧为历谱类。数术类文献，均各以记录工作和收入的竹、木觚、牍（即"记账文书"）垫底。

综上所述，北大藏秦简牍揭示出一种可能，即同类文献可使用不同材质、不同形制的载体抄写，而明确的出土区位关系对于判断同类文献的性质具有积极意义。

二、区位关系与出土秦汉简帛的文献性质

上揭区位关系与简册文献认知之间关系应非个例。或由于简书编绳腐朽而散乱无序，简书分卷区位见诸报道者较罕见，笔者目力所及仅有睡虎地秦墓及马王堆汉墓帛书两例，下文分别试着讨论。

睡虎地秦墓竹简出于棺内，简册内容以文书为主，属于典籍的内容较少，但似仍可以区位关系讨论其与文本内容的关系。根据简文，这批简牍的抄写时间亦在秦始皇时期，是可以与北大秦简相比较的良好资料。据发掘报告《云梦睡虎地秦墓》，出土简册原是成卷分别放置于墓主身体周围的。依据在棺中的位置，发掘者将其分为甲、乙、丙、丁、戊、己、庚、辛八组。② 各组文献内容与相对关系

---

① 杨博：《北大藏秦简〈田书〉初识》，《北京大学学报（哲学社会科学版）》2017年第5期，第63—68页；《"簿籍"与"取程"：北大藏秦简〈田书〉性质再探》，《农业考古》2018年第4期，第47—52页。
② 《云梦睡虎地秦墓》编写组：《云梦睡虎地秦墓》，北京：文物出版社，1981年，第12—26页。

可列表如下：

表2：睡虎地秦墓出土简牍情况

组别	内　容	位　置	简长（厘米）	简宽（厘米）	简厚（厘米）
甲组	编年纪	墓主头下	23.2	0.6	0.1
乙组1	封诊式	墓主头部右侧	25.4	0.5	0.1
乙组2	日书甲	墓主头部右侧	25	0.5	0.1
丙组	法律答问	墓主颈部右侧	25.5	0.6	0.1
丁戊	秦律十八种	墓主右侧	27.5	0.6	0.1
己庚	日书乙	墓主足部	23	0.6	0.1
辛组1	效律	墓主腹部	27	0.6	0.1
辛组2	秦律杂抄	墓主腹部	27.5	0.6	0.1
辛组3	语书	腹下右手下	27.8	0.6	0.1
辛组4	南郡守腾文书	腹下右手下	27.6	0.6	0.1

首先，上列简册可以称之为简书的有《编年纪》（可视作纪年类史书）、《语书》及《日书》。[①] 由于该墓所出以文书为主，《编年纪》似乎亦偏纪实，大事之外，还兼及"喜"的生平，有类似后世年谱之性质。《日书》本身带有实用之选择术性质，是故均可以简牍文书的性质加以讨论。

其次，墓中所出简册，似乎是以实用性为原则加以排序的。下

[①] 《语书》的文献性质正在讨论，全篇基本语句整齐，多呈现韵文的形式，可以说是一个与为吏有关的格言警句之汇编。

面可析分为法律文书、《日书》等类具体讨论。

《编年纪》记述了墓主一生履历，墓主担任的是安陆乡史、安陆令史、鄢令史、治狱鄢等与刑名有关的秦代低级官吏，所以记述"治狱"过程中下级官吏向上级所传达爰书辞例的指南，即《封诊式》对他而言极为重要，就很容易理解了。墓中所出《封诊式》较为规整，每条简文开头均有小标题，该卷简册另有"封诊式"的标题。墓中所出的法律文书是相邻放置的，墓主右侧的丙、丁、戊三组，及与丁、戊稍平行置于墓主腹下的辛组均为法律文书，丙组《法律答问》的内容对秦律的条文、术语或者意图做出解释，同样是法律文书里实用性最强的。丁、戊组的《秦律十八种》，辛组的《效律》《秦律杂抄》等作为律文，对墓主而言，其实用性较《法律答问》稍弱。

《语书》作为为吏治官守则，与《南郡守腾文书》出自一处，似是郡守编辑整理当时流行为吏治官的格言韵语，并截取这篇有关申饬律令、整顿吏治文告附于其后，作为所属官员的教材下发地方的，因而随葬。

尚需讨论的是两种《日书》的问题，从内容看，乙本的内容均见于甲本，且更为详尽，而甲本的内容不少不见于乙本。可见，乙本时代似早于甲本，甲本是更成熟的本子。[①]甲本更是附有"秦楚月名对照表"，其实用性较乙本更强，因而作为实用选择术，甲本的位置也就更加重要了。

综上所述，睡虎地秦墓所出简册文书的区位关系是依其各自对墓主本人的实用性高低有序置放的，《编年纪》《封诊式》《日书》甲本及《法律答问》似是昭示墓主身份及墓主使用最为频繁之文献。

上举睡虎地秦墓竹简以简牍文书类文献为主，此亦是秦代出土

[①] 郑刚：《论睡虎地秦简日书的结构特征》，《中山大学学报（社会科学版）》1993年第3期，第95—102页。

简牍文献的重要特征。另一报道相关出土简册区位信息的是马王堆三号汉墓简帛。① 三号汉墓随葬简帛区位基本有迹可循。文书与帛书分开放置。文书类有6件木牍和402枚竹简，置于东、西椁箱。其中1枚告地策在东椁箱，剩余5件木牍及竹简均为遣策，一道出于西椁箱北端。帛书则均出自东椁箱内编号57的长方形黑色漆奁中，漆奁上下两层，内有5个长短大小不一的方格，长条形方格放置《导引图》《老子》甲本及卷后古佚书、《春秋事语》和竹简"医书"四种，其余帛书则呈长方形叠在一起放在一个大方格中。两处放置的存放状态亦不同，前者以木片为轴心成卷，后者则折合成16开大小的长方形叠放在一起。

由此，马王堆汉墓简帛的区位关系亦是较为明确的。文书与典籍分别摆放，告地策文书与遣策亦区别置用。放置帛书的漆奁，长条形方格放置的《导引图》、"医书"为同类文献，均属《汉志》方技略。《老子》甲本及卷后古佚书《伊尹·九主》则与"黄老"学说有关。《五行》《明君》《德圣》特别是后两者则带有融合儒道法之论。大方格中放置的帛书亦有迹可循，如《周易·二三子问》与《系辞 衷 要 缪和 昭力》两卷帛书形制相同，内容相近；《刑德》甲、乙、丙放置在一起，《阴阳五行》甲、乙篇均放置在一处。医书类《足臂十一脉灸经》《阴阳十一脉灸经》甲本、《脉法》《阴阳脉死候》《五十二病方》等五种医书合抄在两卷帛书上。《阴阳十一脉灸经》乙本、《导引图》《去谷食气》亦合抄在一卷帛书上。

由上述分析讨论，可知区位关系于秦汉简帛文献的分类与认知

---

① 湖南省博物馆、湖南省文物考古研究所：《长沙马王堆二、三号汉墓》第1卷《田野考古发掘报告》，北京：文物出版社，2004年，第42—116页；湖南省博物馆、复旦大学出土文献与古文字研究中心编，裘锡圭主编：《长沙马王堆汉墓简帛集成》，北京：中华书局，2014年；陈剑：《马王堆帛书的"印文"、空白页和衬页及折叠情况综述》，湖南省博物馆编：《纪念马王堆汉墓发掘四十周年国际学术研讨会论文集》，长沙：岳麓书社，2016年，第270—319页。

存在着密切之联系，而由于年代久远、盗扰等诸多因素，战国简书的出土区位关系尚未有明确之资料报道。因此在现有条件下，简书内容、文献性质与简册形制关系的讨论，亦是目前值得重视的研究方向。①

三、简册形制与战国竹书的文献性质

出土战国竹书中，以战国楚竹书最多，其中可以主要讨论简册形制的有郭店楚墓竹简、上博竹书与清华竹书。此外慈利石板村、江陵九店与信阳长台关所出竹书或种类较少，或资料尚未刊布，因而只可参照。由于区位关系的信息缺失，简册形制与文献性质的关系值得注意。

郭店楚墓竹简的讨论，早已为学界关注，相关成果不胜枚举，如周凤五先生曾就简册形制与文献分类发表卓见。②这里单就简册形制略为补充。简册集中出于墓室头厢，由于编绳腐朽而散乱无序，其中有部分竹简被盗，现存简册之具体分卷区位尚未报道，惟可据发掘报告等，③将简册形制总结为下表：

表3：郭店一号楚墓竹书简册形制

篇 名	形 制	简长（厘米）	编绳	编绳间距（厘米）	完简字数	合编
五行	两端梯形	32.5	2	12.9～13	23～26	同
缁衣	两端梯形	32.5	2	12.8～13	23～25	

---

① 陶安先生即在重视出土信息的基础上对岳麓书院藏秦简的复原进行了积极的探索。参见［德］陶安：《岳麓秦简复原研究》，上海：上海古籍出版社，2016年。
② 周凤五：《郭店竹简的形式特征及其分类意义》，《郭店楚简国际学术研讨会论文集》，第53—63页。
③ 荆门市博物馆：《荆门郭店一号楚墓》，《文物》1997年第7期，第35—48页；荆门市博物馆：《郭店楚墓竹简》，北京：文物出版社，1998年。

续　表

篇　名	形　制	简长（厘米）	编绳	编绳间距（厘米）	完简字数	合编
成之闻之	两端梯形	32.5	2	17.5	23～25	同
尊德义	两端梯形	32.5	2	17.5	22～25	
性自命出	两端梯形	32.5	2	17.5	22～25	
六德	两端梯形	32.5	2	17.5	20～22	
老子甲	两端梯形	32.3	2	13	27～29	
穷达以时	两端梯形	26.4	2	9.4～9.6	20～23	同
鲁穆公问子思	两端梯形	26.4	2	9.6	19～22	
老子乙	两端平齐	30.6	2	13	23～25	
忠信之道	两端平齐	28.2～28.3	2	13.5	29～32	
唐虞之道	两端平齐	28.1～28.3	2	14.3	24～27	
老子丙	两端平齐	26.5	2	10.8	19～23	同
太一生水	两端平齐	26.5	2	10.8	23	
语丛四	两端平齐	15.1～15.2	2	6～6.1	13～16	
语丛三	两端平齐	17.6～17.7	3		8～10	
语丛一	两端平齐	17.2～17.4	3		8	
语丛二	两端平齐	15.1～15.2	3		8	

　　由上表似可看出，郭店楚墓竹书的简册形制亦有一定之规可循。首先，两端梯形的简册形制较为规整，可大致分为四组，其中《五行》《缁衣》为一组，《成之闻之》《尊德义》《性自命出》《六德》为一组，《老子》甲本为一组，《穷达以时》《鲁穆公问子思》为一组。

　　联系简册所述之内容，李学勤先生提出其中的《缁衣》《五行》《六德》《成之闻之》《性自命出》《尊德义》六篇是子思所作《子思子》的佚篇。郭店竹书《鲁穆公问子思》与《缁衣》同时出土，可证文献记载子思作《缁衣》《中庸》是有所根据的。① 如是，则本组儒家典籍有很大可能均为儒家子思学派之经典，对此学界亦有不同看法。② 由于并无更多儒家文献参照，所以目前并不能从文献内容上断定郭店儒简究竟属于哪家学派。有鉴于此，一些学者提出将其整体看作孔子及其后学的思想资料，③ 不失为明智的做法。

尚需提出讨论的是《老子》甲本，其抄写用简的形制更与《缁衣》《五行》相近，照后世理解，此两篇文献似应为儒家基本典籍，较之同墓所出其他儒道典籍更为重要。《老子》甲本在简册形制上与其并驾而驱，一方面与同墓所出道家典籍以《老子》甲本体量、内容最重的地位相称，另一方面亦体现出儒家、道家学派基本典籍的并重情况。

第二，两端平齐的简册，形制、内容则较前者丰富。《忠信之道》《唐虞之道》的简册形制相近，但编绳间距存在不小差异，是故两篇并不能合作一篇。有关《唐虞之道》的学派归属，学界认识也存在分歧。李学勤先生指出或许与纵横家有关，④ 由简册形制上来说，或许与儒家有关。⑤《老子》丙本与《太一生水》两篇的合编，显示出其时存在着按照文献内容将不同文献分类聚集在一处的情况，这

---

① 李学勤：《先秦儒家著作的重大发现》，《中国哲学》编辑部、国际儒联学术委员会编：《郭店楚简研究》（《中国哲学》第20辑），沈阳：辽宁教育出版社，1999年，第13—17页。
② 李存山先生即否定郭店儒简和子思的关系，认为《穷达以时》的思想与《中庸》"大德者必受命"矛盾，《六德》"为父绝君"与《礼记·曾子问》"有君丧服于身，不敢私服"矛盾，同时郭店儒简内部也有出入之处。参见李存山："郭店竹简与思孟学派"复议，梁涛主编：《中国思想史前沿：经典·诠释·方法》，西安：陕西师范大学出版社，2008年，第212—216页。
③ 李均明等：《当代中国简帛学研究（1949—2019）》，第159页。
④ 李学勤：《先秦儒家著作的重大发现》，《郭店楚简研究》（《中国哲学》第20辑），第13页。
⑤ 廖名春：《荆门郭店楚墓与先秦儒家》，《郭店楚简研究》（《中国哲学》第20辑），第69页；周凤五：《郭店楚墓竹简〈唐虞之道〉新释》，《"中研院"史语所集刊》第70本第3分册，1999年，第739—759页。

种情况在上面两端梯形的简牍中更为多见，如《五行》与《缁衣》、《穷达以时》与《鲁穆公问子思》等所显示的情况。

根据上述讨论，可将郭店竹书简册形制体现之文献分类、典籍聚合情况简要总结如下：

其一，较明确为儒家学派的竹书，均采用相同或相近的简册抄写在一起。如使用两端梯形的简册抄写《缁衣》《五行》《鲁穆公问子思》等子思学派的典籍。①

其二，相同学派的竹书，较明显地汇集在一处。如《老子》丙本与《太一生水》可合编，《穷达以时》形制、书体均与《鲁穆公问子思》相同。

其三，不同思想内容之竹书共存一处，同墓所出儒家、道家学派之最重要典籍，所使用之简册形制亦最重。②

与郭店楚墓简书近似，上博馆藏战国楚竹书的简册形制亦与文献性质存在密切联系。上博竹书目前公布有六十余篇。学界在整理者释读的基础上，对简序编连、释读提出了不少有益的看法。③ 根据整理报告公布的简册形制等有关情况，④ 亦可将上博竹书的简册形制先行列表总结如下：

---

① 因而周凤五先生以为郭店竹简有经典与传注之分，简策长者为经，短者为传。简端梯形者为经，平齐者为传注。参见周凤五：《郭店竹简的形式特征及其分类意义》，《郭店楚简国际学术研讨会论文集》，第59页。
② 根据用途和重要性，钱存训先生指出简牍长度有一定规律：长简常用于较为重要的典籍，短者用于次要之书。参见［美］钱存训：《书于竹帛：中国古代的文字记录》，第83页。此后，随着越来越多的简牍材料出土，胡平生先生以战国至秦汉遣册、文书、书籍简为例，比较不同种类材料时又强调了这一点。参见胡平生：《简牍制度新探》，《文物》2000年第3期，第66—74页。
③ 如《从政》，整理者以竹简长短不同，又分为甲乙两篇，经过陈剑先生重新编连，两篇实为一篇。《竞建内之》与《鲍叔牙与隰朋之谏》可编为一篇"鲍叔牙与隰朋之谏"；《命》与《王居》《志书乃言》亦可编为一篇"王居"等。可参见陈剑：《战国竹书论集》，上海：上海古籍出版社，2013年，第24—31、168—182页。
④ 马承源主编：《上海博物馆藏战国楚竹书》（一）至（九），上海：上海古籍出版社，2001—2012年。

表4：上博竹书简册形制举例

篇 名	形 制	简长（厘米）	编绳	编绳间距（厘米）	完简字数	合编
缁衣	两端梯形	54.3	3	9−18.1−18.1−9	57	
孔子诗论	两端弧形	55.5	3	8.7−8	54〜57	同
子羔	两端弧形	55.5	3	8.6−19.4−19.5−7.9	54〜57	
鲁邦大旱	两端弧形	55.4	3	8.6−19.4−19.5−7.9	50〜51	
性情论	两端平齐	57	3		36	
竞公疟	两端平齐	55	3	8.4−19−19−8.4	55	
孔子见季桓子	两端平齐	54.6	3	1.1−25.5−26.5−1.5	41	
君子为礼	两端平齐	54.1〜54.5	3	10.5−13.2−19.5−10.3	44〜42	
兰赋	两端平齐	53	3	11−15.5−15.5−10.5	48	同
李颂	两端平齐	53	3	10.8−15.5−15.5−10.5	57	
鬼神之明·融师有成氏	两端平齐	53	3	10.7−15.4−15.4−10.6	39〜46	
吴命	两端平齐	52	3	10.6−16.5−16.7−8.2	64〜66	
仲弓	两端平齐	47	3	0.8−23−21.7/23−1.6	34〜37	

续 表

篇 名	形 制	简长（厘米）	编绳	编绳间距（厘米）	完简字数	合编
颜渊问于孔子	两端平齐	46.2	3	2.6−20.5−20.5−2.6	31	近
民之父母	两端平齐	46.2	3	2.2−20.6−20.9−2.5	34	
举治王天下五篇	两端平齐	46	3	1.4/1.5−22.3/22.5−22.5−1.4/1.5	27～33/39	近
成王既邦	两端平齐	45.9	3	1.4−22−21−1.4	35	
容成氏	两端平齐	44.5	3		42～45	
内豊	两端平齐	44.2	3	1.2−21−21−1	37～50	同
昔者君老	两端平齐	44.2	3	1.2−21−21−1	50	
姑成家父	两端平齐	44.2	3	1.1−21−21−1.1	51～59	
陈公治兵	两端平齐	44	3	1.3−21−20.7−20.7−1.3	35～37	
子道饿	两端平齐	44	3	1.2−21−21−1.2	35	
周易	两端平齐	44	3	1.2−21−20.5−1.2	44	同
卜书	两端平齐	43.4	3	1.3−20.5−20.5−1.1	33	
昭王毁室·昭王与龚之脽	两端平齐	43.7～44.2	3	1.2−20.5−21−1.2	41～47	

续 表

篇 名	形 制	简长（厘米）	编绳	编绳间距（厘米）	完简字数	合编
武王践阼	两端平齐	41.6~43.7	3	残-18.1/20.3-20.4/21.3-2.5/2.7	28~38	
竞建内之	两端平齐	42.8~43.3	3	1.8-19.5/19.8-19.6/19.9-1.8	32~36	同
鲍叔牙与隰朋之谏	两端平齐	40.4~43.2	3	1.8-19.5/19.8-19.6/19.9-1.8	41~51	
从政	两端平齐	42.6	3		35~40	
有皇将起	两端平齐	42	3	1.3-23-16-1.7	39	近
鹠鷅	两端平齐	39	3	1.2-23.4-1.4	37	
凡物流形乙	两端平齐	40	3	1.1-19.2-18.8-1	37	
恒先	两端平齐	39.4	3	1.1-19.2-18.8-1.1	37~49	近
季庚子问于孔子	两端平齐	39	3	1.3-18-18.2-1.3	34~39	
郑子家丧乙	两端平齐	34~47.5	2	13-22.5-11.9	31~36	
凡物流形甲	两端平齐	33.6	2	10-14.7-8.4	27~30	
灵王遂申	两端平齐	33.3	2	9.5-15-8.8	29~36	同
平王问郑寿	两端平齐	33~33.2	2	9.5-15-8.5/8.7	28	

续　表

篇　名	形　制	简长（厘米）	编绳	编绳间距（厘米）	完简字数	合编
君人者何必安哉乙	两端平齐	33.5～33.7	2	9.1-16.4-8.2	26～31	
君人者何必安哉甲	两端平齐	33.2～33.9	2	8.6-16.8-8.5	24～31	
庄王既成·申公臣灵王	两端平齐	33.1～33.8	2	8.9/9.5-15-9.2/9.3	26	
成王为城濮之行乙	两端平齐	33.1～33.3	2	9-16.2-8.1	22～33	同
成王为城濮之行甲	两端平齐	33.1～33.3	2	9-16.2-7.9/8.1	22～33	
郑子家丧甲	两端平齐	33.1～33.2	2	9.5-15.7-8	31～36	
命	两端平齐	33.1～33.4	2	9.5-15-8.6/8.9	25～29	
王居	两端平齐	33.1～33.2	2	9.3/9.6-14.8/15-8.7/8.8	23～25	
志书乃言	两端平齐	33.1～33.2	2	9.3/9.5-14.8/15-8.7/8.8	23～25	
平王与王子木	两端平齐	33	2	9.5-15-8.5	22～27	
邦人不称	两端平齐	33	2	9.4-15-8.6	32～34	
柬大王泊旱	两端平齐	24	2	7.5-9-7.5	24～27	

由于上博竹书是入藏简册，保存情况较差，是故并非所有分篇简册均能采集到可供讨论之资料。就现有资料而言，由上述简册形制表可知，首先，两端梯形的简册只有《缁衣》一篇，《子羔》《孔子诗论》《鲁邦大旱》三篇据说是抄写在一处的，简册两端圆弧，余多两端平齐。

其次，两端平齐的简册仍以儒家经典为最长，如《性情论》简长57厘米。《孔子见季桓子》《君子为礼》简长54厘米以上。但应该注意的是就简长而言，儒家简、道家简，与"语"类故事简长并未拉开明显等次。

第三，按照后世文献分类来看，上博竹书的简册形制情况较为复杂，如儒家简既有三道编，又有两道编。即便是"语"类故事的简册形制亦同样复杂。但是细究简册形制，似仍可发现部分同类简牍在形制上的联系。此种联系基本涵盖上博竹书可见文献分类的大部分，如诗赋类《李颂》《兰赋》为双面书写于一篇；易类《周易》《卜书》形制相近；《灵王遂申》《平王问郑寿》等十四篇楚国故事形制相近；《颜渊问于孔子》《民之父母》等两篇儒家文献、《凡物流形》乙本与《恒先》等两篇道家文献形制相近。形制相近的简册似显示出时人汇集相关文献的现象。

第四，"语"类故事文献还有需要留意处。一是楚国之外的齐、吴等国文献较为正式，如《竞公疟》《吴命》简长较楚国故事更长。二是记述古史的简册，如《举治王天下》《成王既邦》等亦相较楚国故事为长。三来，两道编绳的楚国故事简册中，时代最晚的《柬大王泊旱》简长亦最短。

第五，上博竹书有不同版本的同篇文献出于一处的情况，如《天子建州》《凡物流形》《郑子家丧》《君人者何必安哉》《成王为城濮之行》等均有甲、乙本，其中《凡物流形》的差异较大，似可与上述郭店竹书《老子》的情况合观。

根据上述情况，似可将上博竹书所见之文献特色简要总结为文献杂出、小类聚置、以儒家简为重。

清华大学藏战国竹简以经、史类文献为主,目前已出版十辑。整理报告公布了长度、编绳等信息,①限于篇幅,此处不再一一列举。据原大图版可知清华竹书的简册均采用两端平齐的竹简。就简长而言,整批清华竹书的差别并不明显,以45厘米上下为主。这样看来"书"类文献《程寤》《金縢》《皇门》等多篇、"诗"类《周公之琴舞》《芮良夫毖》、"语"类三代故事《汤在啻门》《汤处于汤丘》《殷高宗问于三寿》等及春秋战国故事《郑文公问太伯》《郑武夫人规孺子》等均存在近似之处,这是清华竹书的鲜明特色。②

另需提出的有以下几点,其一是依《保训》28.5厘米的简长看,与其他"书"类文献存在着显著差异。其二,《祝辞》《筮法》《别卦》等方术类文献简长较短,但数学文献《算表》的简长与清华竹书45厘米上下的主体接近。其三,《郑文公问太伯》的甲、乙本为同一书手抄写,与上博竹书所见甲、乙本不同的是,本篇甲、乙本虽为同一抄手所书,但抄写的是两个底本;而上博竹书目前所见的甲、乙本基本为两名抄手对同一个底本进行的抄写,或者其中一本是另一本的底本。其四,不同形制、书手的竹简原可编为一卷。《治政之道》《治邦之道》两篇,竹简修治与书手均有显著不同,却被证明原是编为一卷的,前述上博简《竞建内之》与《鲍叔牙与隰朋之谏》也是书手不同的情况。③这种"同篇异制"亦可与北大秦简《祠

---

① 清华大学出土文献研究与保护中心编,李学勤主编:《清华大学藏战国竹简》(壹)至(捌),上海:中西书局,2010—2018年;清华大学出土文献研究与保护中心编,黄德宽主编:《清华大学藏战国竹简》(玖)至(拾),上海:中西书局,2019—2020年。
② 是故不能单以简册形制作为判断清华竹书文献性质的唯一要素,参见刘光胜:《同源异途:清华简〈书〉类文献与儒家〈尚书〉系统的学术分野》,《中国高校社会科学》2017年第2期,第116—128页。
③ 贾连翔:《从〈治邦之道〉〈治政之道〉看战国竹书"同篇异制"现象》,《清华大学学报(哲学社会科学版)》2020年第1期,第43—47页。

祝之道》竹简、竹牍合编的情况系联。①

根据上述情况，似亦可将清华竹书的文献特色简要归结为文献大类相近，分类聚置。

郭店、上博与清华之外，江陵九店 M56 所出《日书》简长在 46.6～48.2 厘米之间，信阳长台关《墨子》佚篇、慈利楚简"吴语"等简长推测均在 45 厘米左右，慈利楚简"宁越子"简长约 26～27 厘米，九店 M621《日书》长度约在 22.2 厘米。② 以目前所发现战国竹书情况来观察，可简要推知战国楚地文献的流传状况：

第一，文献种类丰富。出土战国竹书不仅基本涵盖申叔时所论的"九艺"，③ 于数学、方术等文献亦有不少发现，"九艺"与数术同出的清华竹书中，大传统的"九艺"比小传统之数术更重。

第二，简册形制，如简长、编绳等物理要素与简书文献性质存在密切关联，似乎存在着按照简册形制分别文献门类的情形，郭店简中两端梯形简册与两端平齐简册之区别，上博竹书中多数的楚国故事简册形制近似，即是此种情况之反映。

第三，简册长度在 43～45 厘米上下、33～35 厘米上下为战国竹书的主流。学者亦曾统计战国竹书中 111 篇计 2 224 枚竹简，简长在 45 厘米的有 46 篇 826 枚，33 厘米的有 26 篇 563 枚。④ 45 厘米约合战国楚尺二尺上下，胡平生先生曾指出竹书长二尺是常制，但并非惟一之制。⑤ 就目前情况来看，是较为允当的看法。

---

① 田天：《北大藏秦简〈祠祝之道〉初探》，《北京大学学报（哲学社会科学版）》2015 年第 2 期，第 37—42 页。
② 杨博：《战国楚竹书史学价值探研》，第 5—7 页。
③ 徐元诰：《国语集解（修订本）》卷一七《楚语上》，王树民、沈长云点校，北京：中华书局，2002 年，第 485—486 页。
④ 贾连翔：《战国竹书形制及相关问题研究——以清华大学藏战国竹简为中心》，第 119 页。
⑤ 胡平生：《简牍制度新探》，《文物》2000 年第 3 期，第 66—74 页。

小　结

　　日渐丰富的出土战国秦汉简牍典籍，成为我们认识古代世界的重要抓手，对其史料特点的把握，似应是开展史学研究的必要前提。出土战国秦汉简牍不仅为古史研究提供了由古史传说时期至战国中期大致确定的历史发展脉络，亦提供了战国至西汉前期历史大事的准确年表。而在古史传说、重要历史人物、事件与评价等多方面，也有新的关照视角，这提醒研究者注重对古史叙述多元性的再思考。如何对于记述多元引发的抵牾做出合理的解释，亦是史学研究需要正视的问题。

　　出土战国秦汉简帛的区位关系与简册制度的综合考察，不仅可用于简册复原，对于探求纸张发明以前书籍制度的发展与演进，了解战国秦汉典籍聚合、分类之演变，进而判断不同分类文献蕴含之史料暨史学价值，都具有重要的学术意义。这种研究视角是建立在"主位分类"的基础之上的，即以当时人为主、现代人为客，试图利用当时人的视角来考察简册分卷区位与简册制度所体现之文献分类与典籍聚合关系。这亦提醒笔者在研究中摆脱现代人之视角，寻求古人对文献与文物的看法。是故应常怀"因古人之法，而审其用法之时，斯得古人立法之心"来以"古人之心师古人之迹"。[①]据上述讨论，似可将上论观点简要归纳以为小结：

　　第一，出土简册的研究是篇→卷→类的整体研究，正确认识分卷关系，对于理解简文单篇内容、此类文献的性质判定均具有重要意义，而对上述问题的清晰认知，是进行科学的史料批判的前提。

---

① ［明］孙一奎：《医旨绪余》下卷，《赤水玄珠全集》，凌天翼点校，北京：人民卫生出版社，1986年，第1233页。

第二，对分卷的出土区位关系、简册形制与文献内容的综合考察，似可作为出土战国秦汉简帛文献性质判定的重要手段。

第三，文献数量、种类较丰富的战国竹书，简册形制之间的关联似可用于考察此类文献的性质。而战国以降，特别是秦代，较前代大为减少的文献种类，可以有竹、木、缣帛等诸多材质的牍、觚、简册等多种载体，明确的区位关系与堆叠次序或可成为分辨文献性质的首要考虑因素，其次也要考虑简册形制的作用。

第四，区位关系表明堆叠次序存在按照文献类别集中置放的情况，特别是北大秦简的区位关系似昭示《汉书·艺文志》及由其上溯之《别录》《七略》等文献分类方法并非空中楼阁，而应存在着深刻的社会现实因素。

第五，理论层面的探讨，揭示出的理想化模式是区位关系代表着时人对文献类别、性质，至少是墓主或其后人对文献性质的第一手认知，简册形制亦是如此。区位关系的堆叠次序会按照文献分类，亦可能按照对墓主之重要程度；简册形制更是常见甲、乙本的抄写物质载体存在差别。因而尚需留意的是，区位关系与简册形制均应结合具体情形分别讨论。

最后附带一提，笔者关注的简背划痕之于简册编连的作用，在探讨初始序连的背划线和最终序连的文字内容顺序之间的相应关系时，需要看到二者之间的距离，给予背划线"同情之理解"，即既不把这二种序连之间作必然的等同，也不能认为二者毫无关系。笔者以为，此"同情之理解"亦可作为以区位关系、简册形制判定文献性质、史料价值的基本原则。

第二章 简牍典籍所述战国社会、学术与思想

第一节　清华竹书《系年》与战国早期史事　046
第二节　简牍典籍所见战国时人的史地认知　060
第三节　楚竹书所见战国时期的古史撰述　087
第四节　楚竹书所见早期儒道"治世"学说的相互关系　101
第五节　楚竹书所见战国以降政治思想与现实社会的互动　116
小结　128

文献资料匮乏、零散是先秦史学之史料的重要特点，其中东周时期最缺乏的是两段时间，其一是春秋早期，其二是春秋末与战国早期。对春秋末与战国早期来说，《春秋》止于哀公十四年（前481），《左传》记事稍晚，终于哀公二十七年，即周贞定王元年（前468）。专记战国史事之《战国策》，其书记事则始于赵、韩、魏三家分晋前二年"知伯索地于魏"（即前455年），但《战国策》涉及的史事在"魏君驱十二诸侯朝天子"（即前342年）之前所记稀少，其中更有如前450至前433年、前424至前397年等四十余年史事基本是空白，①且其书多为策士纵横捭阖之辞的汇编，并非专主记事，加以其中不实之处甚多，故远非系统全面。此外有专主述史之《史记》，为有关战国史的最主要著作，其于战国初年的一段历史亦记载甚略。②1973年长沙马王堆汉墓出土有帛书《春秋事语》和《战国纵横家书》，其中《战国纵横家书》记事集中在前299年以后，已进入战国中后期。《春秋事语》有《韩魏章》记"三家反知伯"事，约当周贞定王十六年（前453），③惟此事亦见载于《史记》《战国策》，并非以往未见之新史料。

　　春秋战国之际本为历史转变之重要时期，然传世文献资料恰恰于此段最为粗疏，故历代史家深以为憾，正如顾炎武所言："自《左传》之终以至此，凡一百三十三年，史文阙轶，考古者为之茫昧。"④如此，清华竹书《系年》有关战国初期的记事即显得弥足珍贵。⑤因

---

① ［清］于鬯：《战国策年表》，［汉］刘向集录：《战国策》，附录，上海：上海古籍出版社，1998年，第1221—1234页。
② 朱凤瀚、徐勇：《先秦史研究概要》，天津：天津教育出版社，1996年，第9—10页。
③ 马王堆汉墓帛书整理小组编：《战国纵横家书》，北京：文物出版社，1976年，第173页；马王堆汉墓帛书整理小组编：《马王堆汉墓帛书（叁）》，北京：文物出版社，1983年，第5页；《春秋事语》《战国纵横家书》修订本可参见湖南省博物馆、复旦大学出土文献与古文字研究中心编，裘锡圭主编：《长沙马王堆汉墓简帛集成》第3册，北京：中华书局，2014年，第167—266页。
④ ［清］顾炎武撰，黄汝成集释：《日知录集释》卷一三《周末风俗》，上海：上海古籍出版社，2006年，第749页。
⑤ 清华大学出土文献研究与保护中心编，李学勤主编：《清华大学藏战国竹简（贰）》，第184—200页。本书用宽式释文以便利行文，且下文引用《系年》释文不再一一出注。

记载奇缺，故反映这一时期学术发展状况的传世文献资料亦几近无存，楚竹书文献同样给这段湮没不闻或残缺不全的学术史、思想史以重光的可能。故而，简牍典籍为了解战国早期史事、年代、地域、学术、思想等诸历史与社会层面均提供了宝贵的契机。

第一节　清华竹书《系年》与战国早期史事

一、清华竹书《系年》与战国早期战事之频繁

《系年》战国叙事补充了传世文献有关战国初年记事的缺环。《系年》记述的战国早期战事虽主要有四次，但却是《系年》后四章叙事之主题。

其一，记晋赵氏联合越、宋伐齐的战事。自晋敬公十一年（前441）三晋赵氏与越伐齐，齐人始建长城，一直到晋幽公四年（前430），赵氏、越与宋败齐师于襄平止。

其二，记楚简王七年（前422），楚应宋悼公请，城黄池、雍丘，三晋率师围黄池；次年楚人夺宜阳，围赤岸，三晋救赤岸，楚人舍围与三晋战于楚长城，楚师宵遁。

其三，记著名的三晋伐齐之役。现藏日本泉屋博古馆及加拿大多伦多安大略博物馆的驫羌钟铭文对此事亦有所记录，此事发生在周威烈王二十二年（前404），由温庭敬先生首倡，唐兰先生补充，方诗铭先生再论，基本可以视为定论。[①]

最后一章，历述自楚声王四年（前404）以降楚郑、楚晋间的数次冲突，目的是接续"三晋伐齐"事叙述三晋与楚的关系。

---

① 董珊：《读清华简〈系年〉》，《简帛文献考释论丛》，上海：上海古籍出版社，2014年，第102—110页。

根据《系年》的记载，结合相关文献和学者研究，① 可将战国早期重要史事的背景、次第大致勾勒：

战国初期，三晋以武力称雄，东面与齐、南面与楚展开征伐、会盟。《系年》第二十章记"晋简公会诸侯，以与夫秦（差）王相见于黄池""越公勾践克吴，越人因袭吴之与晋为好"。杨伯峻《春秋左传注》："黄池当在今河南封丘县南，济水故道南岸。"② "黄池之会"应是当时代表晋国的晋正卿赵鞅（赵简子）与吴，或者说赵氏与吴约定"好恶同之"，③ 故《左传》哀公二十年记载：

> 十一月，越围吴。赵孟降于丧食。楚隆曰："三年之丧，亲昵之极也。主又降之，无乃有故乎？"赵孟曰："黄池之役，先主与吴王有质，曰：'好恶同之。'今越围吴，嗣子不废旧业，而敌之，非晋之所能及也。吾是以为降。"④

这样，越人因袭"黄池之盟"即是与赵氏之盟。勾践灭吴之后，越

---

① 李学勤：《清华简〈系年〉及有关古史问题》，《文物》2011 年第 3 期，第 70—74 页；陈颖飞：《楚悼王初期的大战与楚封君——清华简〈系年〉札记之一》，《文史知识》2012 年第 5 期，第 105—107 页；罗恭：《从清华简〈系年〉看齐长城的修建》，《文史知识》2012 年第 7 期，第 104—107 页；马卫东：《清华简〈系年〉项子牛之祸考》，《华夏文化论坛》2013 年第 1 期，第 163—166 页；李锐：《由清华简〈系年〉谈战国初楚史年代的问题》，《史学史研究》2013 年第 2 期，第 100—104 页；刘全志：《清华简〈系年〉"王子定"及相关史事》，《文史知识》2013 年第 6 期，第 24—30 页；王红亮：《清华简〈系年〉中的驫羌钟相关史实发覆》，《古代文明》2013 年第 3 期，第 64—68 页；陈民镇：《齐长城新研：从清华简〈系年〉看齐长城的若干问题》，《中国史研究》2013 年第 3 期，第 5—19 页；张树国：《驫羌钟铭与楚竹书〈系年〉所记战国初年史实考论》，《中华文史论丛》2016 年第 2 期，第 191—218 页。
② 杨伯峻：《春秋左传注（修订本）》，北京：中华书局，2009 年，第 1674 页。
③ 杨博：《邢台葛家庄玄鏐戈考略》，《河北青年管理干部学院学报》2010 年第 2 期，第 48—49 页。
④ 《春秋左传正义》卷六〇哀公二十年，[晋] 杜预注，[唐] 孔颖达疏：《春秋左传正义》，[清] 阮元校刻：《十三经注疏（清嘉庆刊本）》，北京：中华书局，2009 年，第 4736 页。

国亦同吴国一样北上争霸，有文献俗称的"徙都琅邪"之说，① 其势力范围进入传统上齐国的地域之内。春秋战国之际，晋赵鞅、知瑶亦曾多次率师东向击齐，如《左传》哀公十年"夏，赵鞅帅师伐齐……取犁及辕，毁高唐之郭，侵及赖而还。"② 杨伯峻先生注云，犁即二十三年传之犁丘，在今山东德州临邑县西；辕在今山东德州禹城县西北，一云在禹城县南百里。③ 哀公二十三年（前472）"夏六月，晋荀瑶伐齐……战于犁丘。齐师败绩"，④ 其时已进入战国，此片区域应该由晋知氏或赵氏领有。"三分知氏之地"，《战国策》记载赵氏多分得十城，⑤ 如此太行山以东原属知氏占有的土地，多数应当为赵氏继承。由是，正如沈长云先生所指出，赵氏所领在今卫河及大运河一带地区与齐国犬牙交错。⑥ 以上当是越国与赵氏联合伐齐的背景。为应对这种渐包围的攻势，齐国开始修筑齐长城，《系年》记云："齐人焉始为长城于济，自南山属之北海。"由谭其骧先生等《战国齐鲁宋图》可知，⑦ 齐长城确实东起于海，将越之琅邪防御在外，西抵平阴，驫羌钟铭所谓"会平阴"应即指此地。

楚人利用宋国公室内乱的机会，北上城黄池、雍丘。黄池、雍丘在郑、宋之间，是韩、魏欲扩张之地。楚人筑城于黄池，占据要

---

① 说见今本《竹书纪年》《吴越春秋》及《越绝书》等，以上三书的史料可靠性向来有异议，辛德勇先生曾撰文对勾践徙都琅邪事展开缜密论述，分析了勾践迁都琅邪的政治地理背景，肯定了今本《竹书纪年》所载周贞定王元年（前468）勾践徙都琅邪说可信，论证了琅邪所在正是传统说法所谓山东省胶南市（今青岛市黄岛区），参见辛德勇：《越王勾践徙都琅邪事析义》，《文史》2010年第1辑，后收入《旧史舆地文录》，北京：中华书局，2015年，第1—78页。
② 《春秋左传正义》卷五八哀公十年，[清] 阮元校刻：《十三经注疏（清嘉庆刊本）》，第4703页。
③ 杨伯峻：《春秋左传注（修订本）》，第1656页。
④ 《春秋左传正义》卷六○哀公二十三年，[清] 阮元校刻：《十三经注疏（清嘉庆刊本）》，第4737页。
⑤ 《战国策》卷一八《赵策一》，第596页。
⑥ 沈长云主编：《赵国史稿》，北京：中华书局，2000年，第125页。
⑦ 谭其骧主编：《中国历史地图集》第1册《战国齐鲁宋图》，北京：中国地图出版社，1982年，第39—40页。

津，必不为三晋所容，故有周威烈王元年（前425）的三晋率师围黄池，并将黄池"遹迵"（意当为破坏）之举。楚人为"复黄池之师"，北上夺取韩的宜阳，"围赤岸"，三晋救赤岸，大败楚师于楚长城。

《史记·田敬仲完世家》云："庄子卒，子太公和立。……宣公五十一年卒，田会自廪丘反。"①《六国年表》："（周威烈王二十一年，前405）田会以廪丘反。"②事亦见《水经·瓠子水注》引古本《竹书纪年》云："晋烈公十一年，田悼子卒。田布杀其大夫公孙孙，公孙会以廪丘叛于赵。田布围廪丘，翟角、赵孔屑、韩师救廪丘，及田布战于龙泽，田布败逋。"③田会即公孙会，齐大夫。三晋解救廪丘，齐军大败。此事作为"三晋伐齐"事件的导火索，从而使战国历史出现了第一个关键性的时间与事件节点。

按《系年》与骉羌钟铭文，齐伐廪丘的次年，即周威烈王二十二年（前404），三晋之师在魏文侯斯的率领下，联合越公翳伐齐。齐先与越成，避免了双线作战的不利局面。但是西来的三晋之师仍然"征秦、入长城、会平阴、夺楚京"，"大败齐师，逐之，入至汧水"。齐国最终请成，双方约定"毋修长城，毋伐廪丘"。继而三晋挟胜利之势"献齐俘馘于周王"，并驱"齐侯贷、鲁侯羴（显）、宋公田、卫侯虔、郑伯骀朝周王"，此即是"赏于韩宗，令于晋公，昭于天子"的由来。第二年，即周威烈王二十三年（前403），"魏、韩、赵始列为诸侯"，④是为著名的"三家分晋"之事。故《吕氏春秋·下贤》云："（魏）文侯……南胜荆于连堤，东胜齐于长城，虏齐侯，献诸天子，天子赏文侯以上闻。"⑤

---

① ［汉］司马迁撰，［南朝宋］裴骃集解，［唐］司马贞索隐，张守节正义：《史记》卷四六《田敬仲完世家》，北京：中华书局，1959年，第1886页。
② 《史记》卷一五《六国年表》，第709页。
③ 方诗铭、王修龄：《古本竹书纪年辑证（修订本）》，上海：上海古籍出版社，2005年，第100页。
④ 《史记》卷一五《六国年表》，第709页。
⑤ 许维遹：《吕氏春秋集释》卷一五《慎大览·下贤》，梁运华整理，北京：中华书局，2009年，第372页。

利用三晋忙于与齐的战事，主力无暇南顾，楚国使宋、郑朝于楚，以榆关为武阳城，并引秦为援败晋师。此后，三晋与楚以郑国为中心展开交锋。楚悼王即位，郑国入侵榆关，与楚战于桂陵，楚师无功。继而楚国破坏了晋郑谋划的"入王子定"事，并在周安王二年（前400）侵郑，"尽降郑师与其四将军，以归于郢"。第二年，晋人攻占津、长陵。楚平夜悼武君"降郜……复长陵之师"，周安王五年（前397）"韩取、魏击率师围武阳，以复郜之师"，楚国一方面命鲁阳公率师救武阳，一方面使平夜悼武君入齐求师，齐"陈疾目率车千乘，以从楚师于武阳"，未及而反。甲戌，楚人与韩、魏战于武阳城下，楚师大败"犬逸而还""三执珪之君与右尹昭之竢死焉"，"陈人焉反，而入王子定于陈，楚邦以多亡城"。值得注意的是周安王五年的战事，赵并未参加，或与"三家分晋"后赵之势力范围不再与楚直接接壤有关。

由《系年》可知三晋在战国初期的军事斗争中，基本处在优势地位，东面压制住了田齐，南向两次大败楚国，一直将楚国的北上势头遏制在黄池、榆关至宜阳一带。为对抗三晋的攻势，有齐长城、楚长城的修建。战国时期赵、魏、韩虽由原晋国一分为三而来，但由于晋国版图实力远超各国，因而三国都还保持了相当的政治经济实力，尤其是战国初年，三家还沿袭过去在晋国对待内外对手的传统，采取一致对外的结盟手段，所以强大的实力保证了它们在军事外交行动中一直占有优势地位，这一优势地位不仅仅在上列《系年》所涉战国早期的战事中可以体现，战国早中期魏国势力的强盛亦是承其余绪。①

二、《系年》与战国早期的"四战之地"

虽然《史记》叙事于战国早期记载简略，但《六国年表》序有言：

---

① 杨博：《清华竹书〈系年〉所记战国早期战事之勾勒》，《宁波大学学报（人文科学版）》2018年第3期，第58—61页。

> 六卿擅晋权，征伐会盟，威重于诸侯……海内争于战功矣。三国终之卒分晋，田和亦灭齐而有之，六国之盛自此始。务在强兵并敌。……①

《系年》战国早期部分记事同样体现出鲜明的"战"的特点。《系年》后四章主要记载了三晋与齐、楚的连年冲突，兼及其中越、郑、宋等国的活动。《左传》襄公二十九年记吴公子季札历聘上国，"适晋，说赵文子、韩宣子、魏献子，曰：'晋国其萃于三族乎！'"②1973年山东临沂银雀山汉墓出土竹书《吴问》所载孙武与阖闾的问答，由晋六卿所行田亩与税制推测六卿衰亡的先后次序，赵、韩、魏三家之盛，亦在孙武的意料之中，以上两段文字，学者多认为成于战国以后，③三家之强在春秋末期已现端倪当是战国时人的通识，《系年》的记述正与其若合符节。

《系年》所记战事的主要发生地可粗略分为两类，其一是以齐、楚长城为中心，其二是以黄池、雍丘、宜阳和武阳为中心。二者之区别在于长城修建于本国（如齐、楚）边境，而黄池、武阳等城址则不尽然。换言之，长城之修建目的在于防御，诸城址则是几方势力此消彼长的晴雨表，是三晋、楚、齐等国争霸中原的枢纽所在。《史记·乐毅列传》曾经形容战国赵都邯郸为"四战之国"："赵，四战之国也，其民习兵，伐之不可。"④《后汉书·荀彧传》则称："颍川，四战之地也，天下有变，常为兵冲。"⑤此所谓"天下有变"亦当包括王夫之所称举的

---

① 《史记》卷一五《六国年表》，第685页。
② 《春秋左传正义》卷三九襄公二十九年，[清]阮元校刻：《十三经注疏（清嘉庆刊本）》，第4361页。
③ 李零：《关于银雀山简本〈孙子〉研究的商榷——〈孙子〉著作时代和作者的重议》，《文史》第7辑，北京：中华书局，1979年，第23—34页；王晖：《试论〈吴问〉的成文年代及其相关问题》，《东南文化》1993年第2期，第135—140页。
④ 《史记》卷八〇《乐毅列传》，第2435页。
⑤ [南朝宋]范晔撰，[唐]李贤等注：《后汉书》卷七〇《荀彧传》，北京：中华书局，1965年，第2281页。

"古今一大变革之会"的战国时期,①而《系年》所涉之黄池、雍丘、宜阳等多地也是"常为兵冲",故似均可名之为"四战之地"。

如黄池一地,杨伯峻先生注《左传》哀公十三年"黄池之会"曰:"黄池当在今河南封丘县南,济水故道南岸。"②春秋初为卫地,其时应是宋地,战国时则数易其主。《系年》记载以外,如《史记·韩世家》:"(昭侯)二年(前357),宋取我黄池。"③

雍丘则本属郑地,后属韩,其地在今河南杞县。《韩世家》有"景侯虔元年(前408),伐郑,取雍丘"。④

宜阳,韩地,在今河南西部。《韩世家》:"(昭侯)二十四年(前335),秦来拔我宜阳。"⑤《战国策·东周策》:"秦攻宜阳。……秦拔宜阳。"⑥

洛(雒)阴,在今陕西大荔西。其地据《史记》记载是魏武侯击在四年前的文侯十七年时所筑。《魏世家》:"十七年,伐中山,使子击守之,赵仓唐傅之。……西攻秦,至郑而还,筑雒阴、合阳。"⑦

上述这些在《系年》战国叙事记述时间之后,但与《系年》记述的"四战之地"相同的战略要地,体现了战国时期战事一脉相承的连续性。

按《系年》所述自"(楚声)王率宋公以城榆关,置武阳"之后,有"郑人侵榆关……与之战于桂陵""韩取、魏击率师围武阳""鲁阳公率师救武阳,与晋师战于武阳之城下"等数次与之有关的战事。《楚世家》亦载:"(悼王)十一年,三晋伐楚,败我大梁、榆关。"⑧杨宽先生曾指出榆关在新郑与大梁之间,原为郑地,为出入

---

① [清]王夫之:《读通鉴论》卷末《叙论四》,舒士彦点校,北京:中华书局,1975年,第2549—2550页。
② 杨伯峻:《春秋左传注(修订本)》,第1674页。
③ 《史记》卷四五《韩世家》,第1868页。
④ 《史记》卷四五《韩世家》,第1867页。
⑤ 《史记》卷四五《韩世家》,第1869页。
⑥ 《战国策》卷一《东周策》,第5—7页。
⑦ 《史记》卷四四《魏世家》,第1838页。
⑧ 《史记》卷四〇《楚世家》,第1720页。

中原之重要门户,因而成为此后魏与楚争夺之要地。① 由《系年》可知,榆关早在楚声王四年已为楚国所领有。

桂陵,在今河南长垣北。《水经·济水注》引古本《竹书纪年》:"梁惠成王十七年,齐田期伐我东鄙,战于桂阳,我师败逋。"② 桂阳亦称桂陵。《田敬仲完世家》:"齐因起兵击魏,大败之桂陵。于是齐最强于诸侯,自称为王,以令天下。"③

"鲁阳公率师救武阳",武阳一地似可与包山楚简"鲁阳公率楚师后城郑之岁"相系联。鲁阳公亦于此年兵败身亡,故以往将此年系于前320年是有问题的。文献记载有多处武阳,学者亦曾统计出战国时期赵、楚、齐均有武阳地名。④ 整理者疑此武阳在今山东阳谷县西的可能性较大,亦认为有在今河南舞阳县西的可能。据《系年》简文可知,郑国附近的武阳,即《张家山汉简·秩律》中称为"东武阳"的,似与楚声王置武阳有关。⑤

即便是目前尚无定论之赤岸一地,整理者已指出《楚辞·七谏·哀命》"哀高丘之赤岸兮,遂没身而不反"、⑥《文选·七发》"凌赤岸,篲扶桑,横奔似雷行"等当与此地无关。⑦ 文献记载另有两处"赤岸",即《吴越春秋·越王无余外传》:"(禹)于是周行宇内,东造绝迹,西延积石,南逾赤岸,北过寒谷。"⑧《三国志·魏书·任城陈萧王传》:"臣昔从先武皇帝南极赤岸,东临沧海,西望玉门,北

---

① 杨宽:《战国史料编年辑证》,上海:上海人民出版社,2001年,第206页。
② 方诗铭、王修龄:《古本竹书纪年辑证(修订本)》,第130页。
③《史记》卷四六《田敬仲完世家》,第1892页。
④ 后晓荣:《战国政区地理》,北京:文物出版社,2013年,第294—295页。
⑤ 苏建洲、吴雯雯、赖怡璇:《清华二〈系年〉集解》,台北:万卷楼图书股份有限公司,2013年,第877页。
⑥ [宋]洪兴祖注:《楚辞补注》卷一三《七谏·哀命》,白化文、许德楠、李如鸾、方进点校,北京:中华书局,1983年,第252页。
⑦ [梁]萧统编,[唐]李善等注:《六臣注文选》卷三四《七发》,北京:中华书局,2012年,第642页。
⑧ [汉]赵晔撰,[元]徐天祜音注:《吴越春秋》卷六《越王无余外传》,苗麓校点,辛正审订,南京:江苏古籍出版社,1999年,第98页。

出玄塞。"① 上述两处"赤岸"似均形容疆域四至之极远之地,但在地理方位上已指出"赤岸"在南部,②或与楚有关。其具体地望尚待进一步的发现与研究来证明。

上述"四战之地"的讨论,其价值之要似在于:

第一,《系年》记载印证了"地"之古史叙事的主干因素,在史书记载中的重要地位。《系年》所涉之战国早期"四战之地",由上述亦可知黄池、雍丘、宜阳等地,其对于诸国势力消长和战国时期天下大势的影响并不仅在战国早期发挥作用。

第二,由《系年》简文联系相关文献记载,亦证明了《六国年表》"海内争于战功矣……务在强兵并敌"之说的确定性。战国之称"战"国,在此意义上得到了很好的体现。

第三,长城的修建和对这些"四战之地"的城池的反复争夺,既承担了诸侯争霸的枢纽作用,也显示出其时"领土国家"概念的最终成形。③

三、战国早期地域文化间的交流

在"领土国家"的基础上,战国诸国、诸地域文化间的交流亦得以成立。从楚竹书文献来看,商周王官之学是楚文化的根柢,以

---

① [晋]陈寿撰,[南朝宋]裴松之注:《三国志》卷一九《魏书·任城陈萧王传》,北京:中华书局,1959年,第567页。
② 《七发》李善注:"赤岸,盖地名也。曹子建表曰:'南至赤岸。'山谦之《南徐州记》曰:'京江,禹贡北江。春秋分朔,辄有大涛,至江乘,北激赤岸,尤更迅猛。'然并以赤岸在广陵。而此文势似在远方,非广陵也。"由之看来,李善认为"赤岸"为长江沿岸之地名,但并不认为在广陵。《三国志·魏书·武帝纪》记建安十七年冬,曹操征孙权,"十八年春正月,进军濡须口,攻破权江西营"。由此看来,此次征伐曹军确实已经南至江边,曹植可能随行。其地或以为在今南京市以西的长江边上。参见曹道衡:《庾信〈哀江南赋〉四解》,《中华文史论丛》1980年第3辑,第49—54页。
③ 杨博:《战国早期的"四战之地":清华简〈系年〉所记战国史事》,《文史知识》2015年第3期,第67—70页。

齐鲁文化为代表的地域文化亦对楚文化产生重要影响，楚文化兼收并蓄的特征使其至迟在战国中期一跃成为南方的学术与思想中心。

（一）商周文化对楚文化的影响

楚竹书发现以前的楚文化研究，学者多关注于楚文化与中原文化的差异所在，而对楚文化对中原文化的继承和接受关注不多。仅就传世文献与考古资料来看，这种关注与侧重是有其道理的。据《史记·楚世家》记载，西周时楚君熊渠曰："我蛮夷也，不与中国之号谥。"春秋时楚武王三十五年，"楚伐随。随曰：'我无罪。'楚曰：'我蛮夷也。'"[1] 而出土的春秋中期以后的楚国器物确实也显示出了其已有别于中原文化的地域文化特征。但是从楚竹书反映的情况来看，楚国学术的主流则并非"蛮夷之学"，而是与中原学术相互关联，一脉相承的。[2]

清华竹书《楚居》记载了楚人自述其先祖季连娶妻的故事：

> 季繨（连）初降于騩（騩）山……逆上汌水，见盘庚之子，尻（处）于方山。女曰妣隹【1】……季繨（连）闻其有聘（聘），从，及之盘（泮），爰生䇂伯、远仲。【2】

简文是说季连在方山见到了"盘庚之子妣隹"，在"闻其有聘"的情形下，"从，及之盘"，最后生下了䇂伯和远仲，楚人自此繁衍下来。这一楚人自述，似提供给我们楚人与商人交往的新信息。据此记载，在"有聘"的情况下，季连仍能娶得"盘庚之子"，似显示出其时楚人应具有一定的实力，更为重要的是季连与商人的姻亲关系，提示我们楚先人受到过商文化的影响。

---

[1] 《史记》卷四〇《楚世家》，第 1692、1695 页。
[2] 徐文武：《楚国思想与学术研究》，武汉：湖北教育出版社，2012 年，第 7 页。

楚竹书中明确显示楚人受到中原文化影响的，应是西周以降的周王室王官之学。西周王官之学所以会对楚国产生如此大的影响，一个标志性的事件是"王子朝之乱"，即《左传》昭公二十六年所记"王子朝及召氏之族、毛伯得、尹氏固、南宫嚚奉周之典籍以奔楚"事。清人惠栋曾评价道："周之典籍，尽在楚矣。"① 范文澜先生甚至认为，从此"楚国代替东周王国，成为文化中心，与宋、鲁同为文化中心"。② 事实是否如此，或可商榷，但由此可见，此事对推动南北文化交流和楚文化的发展应均产生了十分重要的影响。此外，春秋时列国亦会用各种方式寻觅周王朝文献以为贵族子弟教材。春秋晚期以后诸子学派兴起，所传授讲学内容，也多有本自西周王朝史官记录之"书""语"类文献，而且列国各派间亦必多有交流。这些论断同样适用于楚国。可为上述论断之佐证的是清华竹书"书""诗"类文献的发现。这些与西周王官之学有关的"书""诗"类文献，表明周人治国思想对楚文化有着极大的影响，将楚竹书与传世文献结合起来，不难发现，楚文化的根柢与商、周中原文化紧密相连。

（二）齐鲁文化与楚文化的交流

李学勤先生曾据郭店竹书和上博竹书指出齐鲁文化对楚文化的影响：

> 前不久公布的郭店楚简和上海博物馆藏战国楚简，为我们展示了战国时代更广泛的学术文化面貌。特别是这两批竹简的主要内容是儒家的东西，具有更加重要的意义。儒学的源头在齐鲁，儒学的创始人孔子是鲁国人，儒学的主要承传者孟子的

---

① ［清］洪亮吉：《春秋左传诂》卷一八《传昭公四》引惠栋语，北京：中华书局，1987年，第777页。
② 范文澜：《中国通史》第1册，北京：人民出版社，1978年，第116页。

主要活动地点在齐国,而他们相关的著作内容在楚国的墓葬中发现了,从中正可了解齐鲁学术文化的传播与影响。①

齐鲁文化对楚文化的影响,我们似可从三个角度来补充。首先是李先生所指出的儒学角度。从楚竹书的文献组成来看,儒家文献占有绝对的优势。如前述郭店楚墓中儒家著作出土 11 种 14 篇,有《缁衣》《五行》《鲁穆公问子思》《穷达以时》《性自命出》《成之闻之》《尊德义》《六德》《唐虞之道》《忠信之道》和《语丛》等,道家著作只有《老子》(甲、乙、丙)和《太一生水》等两种四篇。上博竹书仍未全部公布,但从目前的九册来看,儒家著作至少 20 种,而道家著作只有《凡物流形》《恒先》《三德》等数篇。上举清华竹书,以"经""史"类为主,亦可视为与儒家关系密切。从楚竹书的文献数量上,即可看出儒家、道家文献存在着不小的差距,这与过去认识中道家哲学作为楚人学术思想领域的最高成就不符,②反而从侧面显示出儒家思想在楚国主流思想中所占据的地位似并不低。这一方面说明儒家文化亦应归入楚文化的核心要素之中,另一方面证明了齐鲁文化对楚文化的学术影响。

其次是古文字学的角度。以郭店竹书《语丛三》为例,该篇是具有齐系文字特点的抄本。简文中读为"必"的字凡三见,其中简 16、60 两例写作"丯(北)",用字习惯与楚文字有别而与郭店竹书《唐虞之道》《忠信之道》及上博竹书《缁衣》等篇相同。但仍有一例即简 65 壹写作"弋(必)",可看作在具有齐系文字特点的抄本中包含有楚文字因素。"以郭店竹书和已公布的上博竹书为例,没有

---

① 李学勤:《从新出楚简看齐鲁文化的影响》,王志民主编:《齐鲁文化研究》第 2 辑,济南:齐鲁书社,2003 年,第 1 页。
② 20 世纪 80 年代,张正明先生曾将楚文化的构成归纳为"六大要素",其四是老子和庄子的哲学。以当时所能见到的文献与考古资料而言,"六大要素"较为全面地概括了楚文化的构成特点,因而被学界广泛接受。参见张正明:《楚文化史》,上海:上海人民出版社,1987 年,"导言"第 3 页。

哪一篇简文是完全不包含楚文字因素的其他国家的抄本，应该都是楚人的转录本。"① 清华竹书《良臣》篇，整理者亦已指出，简上的文字有的属于三晋一系的写法，如将简10王子百之"百"字写作"全（全）"等。② 从这方面当能看出楚文化与其他诸侯国文化的交流状况。

最后，从楚竹书篇章中蕴含的思想内容等亦可说明这一问题。上博竹书《竞建内之》《鲍叔牙与隰朋之谏》与《竞公疟》的故事本身即直接来自齐国；《鲁邦大旱》与《曹沫之陈》的故事直接来自鲁国。此外，上博竹书《凡物流形》和《管子》四篇亦有相似之处。上博竹书《彭祖》第六简"心白身怿"四字，其用语、思想亦明显与《管子》书中的"白心"之说有关。还有郭店竹书《性自命出》第十四简"凡道，心术为主"的"心术"、第五十四简"独处而乐，有内业者也"的"内业"等也是见于《管子》篇名的用语。③ 这些虽不能确知其为稷下学派的产物，但至少也应该受到了稷下学派的影响。凡此均可说明楚文化受到齐、鲁等国的学术影响。

（三）楚文化的区域学术与思想中心地位

先秦时期各诸侯国发展程度不一，并且形成了自己鲜明的文化特色，这在《史记·货殖列传》中有过很好的总结，已为学界熟知，兹不赘引。南朝梁刘勰在《文心雕龙·时序》中说：

---

① 冯胜君：《有关战国竹简国别问题的一些前提性讨论》，《古文字研究》第26辑，北京：中华书局，2006年，第314—319页。
② 学者对此亦有较深入的补充研究，参见刘刚：《清华叁〈良臣〉为具有晋系文字风格的抄本补证》，复旦网，2013年1月10日。此外，亦有学者据此考证《良臣》所见战国三晋《书》学的发展情况，参见马楠：《清华简〈良臣〉所见三晋〈书〉学》，《中国高校社会科学》2013年第3期，第93—96页。
③ 周凤五：《上博楚竹书〈彭祖〉重探》，《传统中国研究集刊》第1辑，上海：上海人民出版社，2006年，第275—276页。

> 春秋以后，角战英雄，六经泥蟠，百家飙骇。方是时也，韩魏力政，燕赵任权，五蠹六虱，严于秦令，唯齐、楚两国，颇有文学。齐开庄衢之第，楚广兰台之宫，孟轲宾馆，荀卿宰邑，故稷下扇其清风，兰陵郁其茂俗，邹子以谈天飞誉，驺奭以雕龙驰响，屈平联藻于日月，宋玉交彩于风云。观其艳说，则笼罩《雅》《颂》，故知炜烨之奇意，出乎纵横之诡俗也。[①]

刘勰虽然没有明确提出"学术中心"的说法，但其认为"唯齐、楚两国，颇有文学"，这里的"文学"，从其所列举的稷下与兰台的代表人物孟子、荀子、邹子等及其思想来看，并非指今天的"文学创作"，而应是包括思想与学术在内的近通于今天所称"文化"的广义"文学"概念。刘勰在描述春秋以后的学术发展情况时称重齐、楚两国，在谈到楚国"文学"时列举了战国晚期以荀子为代表的兰陵学派，还列举了屈原、宋玉等人的辞赋创作，可见刘勰以楚为春秋以后的"学术中心"之一。

楚文化在战国时代是否确如刘勰所言，已经是堪与齐稷下学宫比肩的南方思想与学术中心，传世文献并无明确的记载，在其他方面可以找到的佐证也并不是很多，而楚竹书对此提供了新的佐证。楚文化以商周王官之学为根柢，受到齐鲁、三晋等区域文化影响，体现在楚竹书诸子文献的组成上，就是信阳长台关有墨子佚篇，郭店竹书中儒道著作同出一墓，上博竹书中可以同时见到儒、道、墨、法、兵、阴阳等诸子学说并存的局面。清华竹书中还发现有大量西周王朝的"书""诗"类文献，这似可说明楚国在当时不仅是王官之学与诸子思想的汇聚之地，也是诸家思想与学术交流的中心之一。刘勰以楚文化为战国时期的南部"学术中心"，确实有其道理。

---

① [南朝梁]刘勰著，詹锳义证：《文心雕龙义证》卷九《时序》，上海：上海古籍出版社，1989年，第535—536页。

综上所述，无论从楚竹书的文献构成，还是从各具体文献的思想内容等方面来看，楚竹书均提示我们楚文化与中原王官文化、齐鲁区域文化都有交融的状况，先秦时期不同地域之间文化的交流与融合透过楚竹书文献，再次展现在世人面前。

第二节　简牍典籍所见战国时人的史地认知

一、《周驯》"六王五伯"所见战国时期古史圣王认知

（一）《周驯》中的"六王五伯"

2009年初，北京大学接受捐赠，获得了一批从海外回归的西汉竹简，其中《周驯》篇现存竹简220余枚，约5 000字，主要记载战国后期东周昭文公对共太子的训诫。昭文公的训诫包含上起尧舜，下至战国中期的众多史事，以及大段关于治国为君之道的议论。这些史事和议论不仅能补充传世文献之不足，而且是了解战国时期统治者政治思想的新资料。[1]

值得留意的是，《周驯》篇中有一些特殊的章节，其章首不以"维岁某月更旦之日"开头，而是直接叙事，章末也不用"汝勉毋忘岁某月更旦之训"结尾。属于这些章节的竹简现有26枚，估计还有相当数量的竹简遗失。整理者对照简背划痕反复排比之后，最终将这些章节连续排列在"闰月"章和"岁终"章之间。这些章节的内容均为历代明主对其后嗣的训诫，大致按时代先后排列，现存各章可依次移录如下：

---

[1] 北京大学出土文献研究所：《北京大学藏西汉竹书概说》，《文物》2011年第6期，第49—56页；阎步克：《北大竹书〈周驯〉简介》，《文物》2011年第6期，第71—74页；韩巍：《西汉竹书〈周驯〉若干问题的探讨》，北京大学出土文献研究所编：《北京大学藏西汉竹书（叁）》，上海：上海古籍出版社，2015年，第249—298页。

第二章　简牍典籍所述战国社会、学术与思想

......
舜放逐商均，为篇训诫之
禹谓启
汤谓太甲
昌（周文王）谓发（周武王）
发（周武王）谓庸（通"诵"，周成王）
秦穆公贰其后嗣
......
越王勾践贰其后嗣
齐桓公贰其后嗣
......

"舜"之前的一章仅存末句，推测其内容应为尧训诫其后嗣。《周驯》的最末一章"岁终享贺之日"章，其末句称"太子以六王五柏（伯）之念"，与其他章作"太子用兹念"者不同。此章内容虽然大多残缺，但首尾尚存；开始是尧废黜其爱子丹朱而"吴（虞）舜是置"，结尾一句作"则齐侯之生（姓），岂必为吕"，推测可能与齐桓公训诫后嗣有关。本章的形式与之前的十三章明显不同，既不是围绕一两个故事展开，也不是纯粹的议论文，而是按照时代先后叙述历代明主的训诫之辞，其末句的"以六王五伯之念"，正是对全章内容的总括。将上述内容联系起来，似可将《周驯》所称之"六王五伯"明确为尧、舜、禹、汤、文、武六王和秦穆、齐桓与勾践等五伯。整理者由《周驯》全篇认为"五伯"至少包括齐桓公、晋文公、秦穆公、越王勾践，可能还有吴王阖庐。[①]

按以古史圣王、明主等典型人物以为论说楷模之行为，战国以

[①] 韩巍：《西汉竹书〈周驯〉若干问题的探讨》，北京大学出土文献研究所编：《北京大学藏西汉竹书（叁）》，第252—253页。

降的传世文献习见,如《吕氏春秋·当务》即有"六王五伯"之说:

> 备说非六王、五伯,以为"尧有不慈之名,舜有不孝之行,禹有淫湎之意,汤、武有放杀之事,五伯有暴乱之谋。世皆誉之,人皆讳之,惑也"。故死而操金椎以葬曰:"下见六王、五伯,将敲其头矣。"①

是亦明确以尧、舜、禹、汤、文、武等为六王。但是传世文献中亦有不同于"六王五伯"的其他说法,如《荀子·议兵》篇有"四帝两王"之说,"四帝"指尧、舜、禹、汤,"两王"指周文王、武王,与"六王"大同小异。②而《左传》昭公四年楚椒举语"六王二公之事":

> 臣闻诸侯无归,礼以为归。今君始得诸侯,其慎礼矣,霸之济否,在此会也。夏启有钧台之享,商汤有景亳之命,周武有孟津之誓,成有岐阳之蒐,康有酆宫之朝,穆有涂山之会,齐桓有召陵之师,晋文有践土之盟。……夫六王二公之事,皆所以示诸侯,礼也,诸侯所由用命也。③

"六王"指夏启、商汤、周武、成、康、穆,"二公"指齐桓、晋文,其"事"皆为朝见会盟诸侯之事,与上述"六王"之说明显不同。

---

① 《吕氏春秋·举难》:"人伤尧以不慈之名,舜以卑父之号,禹以贪位之意,汤、武以放弑之谋,五伯以侵夺之事。"与上文意近。分见许维遹:《吕氏春秋集释》卷一一《当务》、卷一九《举难》,第250—251、539页。
② [清]王先谦:《荀子集解》卷一○《议兵》,沈啸寰、王星贤点校,北京:中华书局,1988年,第280页。
③ 《春秋左传正义》卷四二昭公四年,[清]阮元校刻:《十三经注疏(清嘉庆刊本)》,第4418—4419页。

（二）战国文献所见古史圣王、明主的组合类型

目前可见战国时期流传的文献中古史圣王、明主等典型人物论说可以按圣王人数多少和组合情况简要分为以下四种类型：

1. 二王

（1）二王单独出现。有两种情况：

其一是以文、武为二王。如《逸周书·祭公》，祭公曰："皇天改大殷之命，维文王受之，惟武王大克之。……汝无以戾反罪疾，丧时二王大功。"①《国语·晋语四》"文公在狄十二年"有负羁言于曹伯曰："先君叔振，出自文王，晋祖唐叔，出自武王，文、武之功，实建诸姬。故二王之嗣，世不废亲。"②

其二是以禹、盘庚为二王。如《说苑·反质》中有《墨子》佚文记禽滑厘问于墨子，墨子曰：

> 古有无文者得之矣，夏禹是也。卑小宫室，损薄饮食，土阶三等，衣裳细布。……殷之盘庚，大其先王之室，而改迁于殷，茅茨不剪，采椽不斫，以变天下之视……二王者，以身先于天下，故化隆于其时，成名于今世也。③

2. 三王

（1）与五伯组合出现。如《战国纵横家书》十九《秦客卿造谓穰侯章》："五伯之事也……舜虽贤，非适禹（遇）尧，不王也。汤武虽贤，不当桀纣，不王天下。三王者皆贤矣，不曹（遭）时不王。"④《战国策·秦策四·顷襄王二十年》楚黄歇说秦王有"三王不

---

① 黄怀信、张懋镕、田旭东撰，黄怀信修订，李学勤审定：《逸周书汇校集注（修订本）》卷八《祭公解》，上海：上海古籍出版社，2007年，第932—936页。
② 徐元诰：《国语集解》卷一〇《晋语四》，第328页。
③ ［汉］刘向撰，向宗鲁校证：《说苑校证》卷二〇《反质》，北京：中华书局，1987年，第515页。
④ 马王堆汉墓帛书整理小组编：《战国纵横家书》，第81—82页。

足四,五伯不足六"。①《吕氏春秋·谕大》曰:

> 昔舜欲旗古今而不成,既足以成帝矣。禹欲帝而不成,既足以正殊俗矣。汤欲继禹而不成,既足以服四荒矣。武王欲及汤而不成,既足以王道矣。五伯欲继三王而不成,既足以为诸侯长矣。②

这里的三王是指禹、汤、武,与《战国纵横家书》以舜、汤、武为三王不同。此外,三王五伯之说尚见于《管子·形势》:"古者三王五伯,皆人主之利天下者也。"③《慎子·威德》:"夫三王五伯之德,参于天地,通于鬼神。"④《越绝书·越绝外传记范伯第八》范蠡谓大夫种曰:"三王则三皇之苗裔也,五伯乃五帝之末世也。"⑤

(2)与五帝组合出现。如《淮南子·氾论训》"自古及今,五帝三王,未有能全其行者也。"⑥

(3)与五帝和五伯一同组合出现。如《战国策·秦策一·苏秦始将连横》苏秦曰:

---

① 《战国策·赵策二·武灵王平昼间居》赵文进谏曰:"三代不同服而王,五伯不同教而政。"《战国策·燕策一·苏代谓燕昭王》苏代对曰:"三王代位,五伯改政,皆以不自忧故也。"分见《战国策》卷六《秦策四》、卷一九《赵策二》、卷二九《燕策一》,第 242、661、1072 页。
② 《吕氏春秋·务大》云:"昔有舜欲服海外而不成,既足以成帝矣。禹欲帝而不成,既足以王海内矣。汤、武欲继禹而不成,既足以王通矣。五伯欲继汤、武而不成,既足以为诸侯长矣。"与《谕大》类似。分见许维遹:《吕氏春秋集释》卷一三《有始览·谕大》、卷二六《士容论·务大》,第 302、682 页。
③ 黎翔凤:《管子校注》卷二〇《形势解》,梁运华整理,北京:中华书局,2004 年,第 1183 页。
④ 许富宏:《慎子集注集校》,北京:中华书局,2013 年,第 10 页。
⑤ [汉]袁康撰,李步嘉校释:《越绝书校释》卷七《越绝外传记范伯第八》,北京:中华书局,2013 年,第 173 页。
⑥ 何宁:《淮南子集释》卷一三《氾论训》,北京:中华书局,1998 年,第 965 页。

> 臣固疑大王之不能用也。昔者神农伐补遂，黄帝伐涿鹿而禽蚩尤，尧伐驩兜，舜伐三苗，禹伐共工，汤伐有夏，文王伐崇，武王伐纣，齐桓任战而伯天下。……虽古五帝、三王、五伯，明主贤君，常欲坐而致之，其势不能，故以战续之。①

这里的五帝是指神农、黄帝、尧、舜、禹，三王指汤、文、武，五伯则指以齐桓为始的战国时期的五伯之说。《吕氏春秋·先己》还有"五帝先道而后德，故德莫盛焉。三王先教而后杀，故事莫功焉。五伯先事而后兵，故兵莫强焉"。②《荀子·大略》尚有"诰誓不及五帝，盟诅不及三王，交质子不及五伯"。③

3. 四王

（1）四王与其他称呼组合出现。如《左传》成公二年记宾媚人语："四王之王也，树德而济同欲焉。五伯之霸也，勤而抚之，以役王命。"杨伯峻先生注曰：

> 据庄三十二年、成十三年《传》皆云"虞、夏、商、周"，则四王当为舜、禹、汤、武（或文）。杜以为"禹、汤、文、武"，则三代而四王也，未必合《传》意。……五伯，杜《注》以为"夏伯昆吾，商伯大彭、豕韦，周伯齐桓、晋文"，与《毛诗正义》引服虔及应劭《风俗通》说同。《释文》引或说则以为

---

① 《战国策·齐策一·秦伐魏》陈轸有"古之五帝、三王、五伯之伐也"，姚宏注曰："五帝，黄帝、颛顼、高辛、帝喾、尧帝、舜也。三王，夏、殷、周也。五伯，昆吾、大彭、豕韦、齐桓、晋文者也。"与上文对比并联系《战国策·齐策六·燕攻齐取七十余城》鲁连有齐桓"据齐国之政，一匡天下，九合诸侯，为五伯首"句，疑姚注理解或有误。分见《战国策》卷三《秦策一》、卷八《齐策一》、卷一三《齐策六》，第81、333—334、456页。
② 《吕氏春秋·禁塞》："上称三皇五帝之业以愉其意，下称五伯名士之谋以信其事。"分见许维遹：《吕氏春秋集释》卷三《季春纪·先己》、卷七《孟秋纪·禁塞》，第71、166页。
③ [清]王先谦：《荀子集解》卷一九《大略》，第519页。

"齐桓、晋文、宋襄、秦穆、楚庄"。杜《注》是。说详刘文淇《疏证》。后说至战国始有,如《孟子·告子下》:"五霸桓公为盛"是其例。①

可见,这里的"四王"为舜、禹、汤、武(或文),与上述"六王"的叙述模式亦相仿佛。

4. 六王

(1) 六王单独出现。如:《墨子·兼爱上》:"今若夫兼相爱,交相利,此自先圣六王者亲行之。"②《韩非子·难三》:"尧之贤,六王之冠也。"③所言"六王"皆应与上述《吕氏春秋》《周驯》等相同。

(2) 六王与其他称呼组合出现。有两种情况:

其一即上述《左传》昭公四年,楚椒举语"六王二公",六王指夏启、商汤、周武、成、康、穆,二公指齐桓、晋文。

其二即《周驯》《吕氏春秋·当务》中的"六王五伯"。

(3) 并非以六王名称出现,但似实指六王的。亦有两种情况:

第一,《荀子·议兵》篇有"四帝两王"之说,"四帝"指尧、舜、禹、汤,"两王"指周文王、武王,与上述《吕氏春秋》《周驯》"六王"相同。

第二,上博简《举治王天下》有"夫先四帝二王"之句,出于师尚父应对文王之辞。"二王"显然不是指周文王、武王,与《荀子》的"四帝两王"有别。疑"二王"是指夏禹、商汤,"四帝"则未详所指。④此外,郭店简《唐虞之道》有"六帝"一词,亦未详所

---

① 杨伯峻:《春秋左传注(修订本)》,第798页。
② [清] 孙诒让:《墨子间诂》卷四《兼爱上》,孙启治点校,北京:中华书局,2001年,第119页。
③ [清] 王先慎:《韩非子集解》卷一六《难三》,钟哲点校,北京:中华书局,1998年,第374页。
④ 濮茅左:《〈举治王天下(五篇)〉释文考释》,马承源主编:《上海博物馆藏战国楚竹书(九)》,上海:上海古籍出版社,2012年,第211页。

指，似应与"六王"有关。

简言之，上述与"六王"有关的名号排列，虽然在指称上存在具体的差别，但其叙述的方式可以说是一贯的。如《左传》昭公四年"六王二公"虽六王具体指称与《周驯》《吕氏春秋·当务》存在差异，但这段记载在叙述上古至近世历史的模式上，与"六王五伯"说是一致的。

综上所述，似可将上述分类所得简要总结为以下几点：

第一，有关圣王的组合出现有六王、四王、三王、二王及五帝、四帝等多种。而有关明主的组合只有二公与五伯两种。当然各种不同的称呼各自内涵亦有所变化，如五伯的具指，大的分类有：一是上述杜《注》以为夏伯昆吾、商伯大彭、豕韦，周伯齐桓、晋文，二是齐桓、晋文、宋襄、秦穆、楚庄等战国时期所认为之春秋五伯，《荀子·王霸》中有"虽在僻陋之国，威动天下，五伯是也。……故齐桓、晋文、楚庄、吴阖闾、越勾践，是皆僻陋之国也"。①以齐桓、晋文、楚庄、吴阖闾、越勾践等为春秋五伯。这说明五伯有夏、商、周三代五伯与春秋五伯的区别。此外，传统认为齐桓、晋文、楚庄必属春秋五伯，而《周驯》的发现动摇了这一说法。目前看来，较稳妥的说法是春秋五伯中应以齐桓、晋文最为固定。

第二，组合的人数由最少的两人（二王）到最多的十三人（五帝三王五伯），其中成书于西周时期的"同时代"文献《逸周书·祭公》中以文、武组合为二王之说似应属最早。②

第三，出现这些组合的史书体裁，如《周驯》《国语》《战国策》《说苑》《唐虞之道》《举治王天下》等皆为"语"类文献，《墨子》《韩非子》《荀子》《吕氏春秋》《管子》《慎子》《淮南子》等则皆可视为"子"书。可知有关"六王五伯"等以古史圣王、明主等

---

① ［清］王先谦：《荀子集解》卷七《王霸》，第205页。
② 朱凤瀚、徐勇：《先秦史研究概要》，第43页。

典型人物以为论说楷模之行为主要见于"语""子"等侧重表达政治思想的文献中。其表现形式，在"语"书中常作为臣子向君王建言、进谏的举例，在"子"书中，则作为论者希望受众（其实主要指时君时王）能够效法的典型。在作为"书"类的《逸周书·祭公》与"史"类的《左传》中所出现的情况，与上述结论亦相符合。前者是祭公希望穆王效法文、武，后者则分别是楚椒举与齐宾媚人发表政治见解的论例。

（三）论说组合与"尚贤"观念之联系

由上述可知，这些存在差异的不同组合均是作为论说者为表达自己的政治见解而出现的。首先需要说明的是这些组合的产生，必然基于战国时人对这些古史人物活动事迹的一定了解和广泛认同。其次是产生组合差异的原因，则需要考虑说话者所处的时代与论说目的等因素。时代因素如上举上博简《举治王天下》的"二王"，出于师尚父应对文王之辞，"二王"显然不是指文、武。论说目的如《战国策·秦策一·苏秦始将连横》中论述征伐之道时则举五帝三王五伯的征伐事例，《慎子·威德》则称举三王五伯之德。

清华简《良臣》依次记黄帝、尧、舜、禹、康（汤）、武丁、周文王、周武王、周成王、晋文公、楚成王、楚昭王、齐桓公、吴王光、越王勾践、秦穆公、鲁哀公、郑桓公、郑定公（后附"子产之师""子产之辅"）、楚共王等著名君主的良臣。黄帝到西周是依时代顺序，春秋时期则系分国编排。主要行文格式以明君圣主缀联与之对应的贤臣，其间以粗黑横线分为二十一段。其中所涉人物多有可与《汉书·古今人表》对应者，结合史籍记载来看，其中所选臣名应无遗漏。简文记载简略，除人物名号外，并不详细。描述用词多为"某某又（有）某某"，或至多只是"某某之相""子产之师""子产之辅"，或者"以为太宰"之类。此种格式，更与"世"类常见套话"某生某"相类。而其强调"良臣"的观念似正由"昭明德而废幽昏"发展而来。①

"昭明德而废幽昏"突出的"尚贤"观念是战国早中期盛行的社会观念之一，在此观念指引下，大量文献被纂辑传播。"尚贤"观念的盛行催生了"禅让"学说，对战国历史进程产生了深刻影响。《史记·燕世家》记载了前316年燕王哙禅让事：

> 鹿毛寿谓燕王（哙）："不如以国让相子之。人之谓尧贤者，以其让天下于许由，许由不受，有让天下之名而实不失天下。今王以国让于子之，子之必不敢受，是王与尧同行也。"燕王因属国于子之，子之大重。或曰："禹荐益，已而以启人为吏。及老，而以启人为不足任乎天下，传之于益。已而启与交党攻益，夺之。天下谓禹名传天下于益，已而实令启自取之。今王言属国于子之，而吏无非太子人者，是名属子之而实太子用事也。"王因收印自三百石吏已上而效之子之。子之南面行王事，而哙老不听政，顾为臣，国事皆决于子之。
>
> 三年，国大乱，百姓恫恐。将军市被与太子平谋，将攻子之。诸将谓齐湣王曰："因而赴之，破燕必矣。"齐王因令人谓燕太子平曰："寡人闻太子之义，将废私而立公，饬君臣之义，明父子之位。寡人之国小，不足以为先后。虽然，则唯太子所以令之。"太子因要党聚众，将军市被围公宫，攻子之，不克。将军市被及百姓反攻太子平，将军市被死，以徇。因构难数月，死者数万，众人恫恐，百姓离志。孟轲谓齐王曰："今伐燕，此文、武之时，不可失也。"王因令章子将五都之兵，以因北地之众以伐燕。士卒不战，城门不闭，燕君哙死，齐大胜。燕子之

---

① 《国语·楚语上》楚申叔时论"世"的功能为"昭明德而废幽昏"，韦昭注："世，先王之世系也。昭，显也。幽，暗也。昏，乱也。为之陈有明德者世显，而暗乱者世废也。"故"世"是有关世系的文献，其意义在于明晓有德者世系长，而无德者世系短。参见徐元诰：《国语集解》卷一七《楚语上》，第485页。

亡二年,而燕人共立太子平,是为燕昭王。①

燕王哙禅让,是春秋战国时期特例。将军市被和太子平不服子之,禅让引起燕国内乱。齐国也乘燕内乱之际攻燕,杀燕王哙,擒子之。河北平山出土的中山三器,亦记载此事,并补充说明在内乱期间,中山国也乘机进攻,攻占了燕国方圆数百里的地方和几十座城邑,使燕国遭受很大损失。②燕王哙禅位相国子之,最后国破君亡的惨剧,即是"尚贤"观发展到极致的事件。"禅让"学说的流传,亦促进了对古史帝王传说事迹的整理与传播。学者早已指出,禅让传说普见于《论语》及战国儒、墨、道、法各派的论著中,应至迟是春秋以来就已流传的古老传说,"实无法确论其究出于某一学派"。③

"尚贤"观念的另一个表现,即除了关注古帝圣王之外,辅佐古帝圣王的"良臣"事迹也被纂辑起来,"良臣"观也开始出现。大量"语"类材料的涌现,其原因之一就是说话者地位的降低引起的,而这种地位偏低的说话者,利用经典事例与俗谚雅语向君王谏言,即是"臣道"观念的体现。在"语"类史书的集大成者《国语》中,甚至把"良臣"与天命联系到一起,即《国语·晋语八》所谓"良臣不生,天命不佑"。④

"良臣"观念的盛行,出现了时人对一些著名人物的鉴别与对其事迹的搜集工作,以便在论说中引用,如《墨子·尚贤下》有"尧有舜,舜有禹,禹有皋陶,汤有小臣,武王有闳夭、泰颠、南宫括、

---

① 《史记》卷三四《燕召公世家》,第1555—1557页。
② 李学勤、李零:《平山三器与中山国史的若干问题》,《考古学报》1979年第2期,第147—170页。
③ 杨希枚:《再论尧舜禅让传说》,《杨希枚集》,北京:中国社会科学出版社,2006年,第386—387、372页。
④ 徐元诰:《国语集解》卷一四《晋语八》,第434页。

散宜生"的说法,① 即是对当时社会流传的"尚贤"观念的反应,《良臣》篇亦是私家著史在这一观念下的产物。传世文献中,尚有此类文献之孑遗,如《尚书·君奭》涉及的商周人物、《吕氏春秋·尊师》的行文方式均与《良臣》相类似。《君奭》曰:

> 公曰:"君奭!我闻在昔成汤既受命,时则有若伊尹,格于皇天。在太甲,时则有若保衡。在太戊,时则有若伊陟、臣扈,格于上帝;巫咸乂王家。在祖乙,时则有若巫贤。在武丁,时则有若甘盘。率惟兹有陈,保乂有殷,故殷礼陟配天,多历年所。"
>
> 公曰:"君奭!在昔上帝割申劝宁王之德,其集大命于厥躬?惟文王尚克修和我有夏;亦惟有若虢叔,有若闳夭,有若散宜生,有若泰颠,有若南宫括。……武王惟兹四人尚迪有禄。后暨武王诞将天威,咸刘厥敌。惟兹四人昭武王惟冒,丕单称德。"②

《吕氏春秋·尊师》曰:

> 神农师悉诸,黄帝师大挠,帝颛顼师伯夷父,帝喾师伯招,帝尧师子州支父,帝舜师许由,禹师大成贽,汤师小臣,文王、武王师吕望、周公旦,齐桓公师管夷吾,晋文公师咎犯、随会,秦穆公师百里奚、公孙枝,楚庄王师孙叔敖、沈尹巫,吴王阖闾师伍子胥、文之仪,越王句践师范蠡、大夫种。③

由上述,通过作为"世"类文献衍生的《良臣》,首先可以看

---

① [清]孙诒让:《墨子间诂》卷二《尚贤下》,第72页。
② 《尚书正义》卷一六《君奭》,[唐]孔颖达疏:《尚书正义》,[清]阮元校刻:《十三经注疏(清嘉庆刊本)》,第475—477页。
③ 许维遹:《吕氏春秋集释》卷四《孟春纪·尊师》,第91—92页。

出《尚书·君奭》《吕氏春秋·尊师》等文献的原初取材来源当出自"世"类文献；其次将三种文献互相联系，各文献中出现的古史圣王、明主良臣等典型人物已可将上文举例人数最多的"五帝三王五伯"等包含在内，似可以认为这种明确出现典型人物名号、事迹的形式与上举名号组合的论说形式存在密切的关系，或前者即是后者所取材的资料库。① 如上博简《容成氏》从容成氏等上古帝王开始，依序叙及尧、舜，直到禹、汤、文、武，即是"语"书中常举尧舜禹汤文武等所谓圣王事迹以为其说张本的范例。

二、《容成氏》"九州"所见战国时期华夏地理认同

（一）《容成氏》中的"九州"

上博楚简《容成氏》中有大禹治水决九州之水的记述。② "九州"观念的具体产生时间与过程，已然于史无征。而据《左传》襄公四年魏绛为晋侯引《虞人之箴》曰："茫茫禹迹，画为九州，经启九道。"③ 其与"禹迹"是存在一定联系的。故约成书于战国时期的《尚书·禹贡》将"九州"与禹系联在一起，"禹别九州，随山浚川，任

---

① 学者以为《良臣》性质或与"专题性的人物合传有关"，或是史童学习课本，或是"'谈话技巧'性质的材料汇编"。参见陈伟《清华大学藏战国竹简·良臣〉初读》，简帛网，http://www.bsm.org.cn/show_article.php?id=1769，2013年1月4日；杨蒙生：《清华简（叁）〈良臣〉篇管见》，《深圳大学学报（人文社会科学版）》2014年第2期，第59—61页；韩宇娇：《清华简〈良臣〉的性质与时代辨析》，《中国高校社会科学》2013年第3期，第90—93页。应该说"世"类文献作为"童蒙课本"或"'谈话技巧'性质的材料汇编"当然是可能的，《国语·楚语上》记申叔时即以"世"类文献为教材的一种。
② 李零：《〈容成氏〉释文考释》，马承源主编：《上海博物馆藏战国楚竹书（二）》，上海：上海古籍出版社，2002年，第247—293页；《三代考古的历史断想——从最近发表的上博楚简〈容成氏〉、燹公盨和虞述诸器想到的》，《中国学术》2003年第2期，第188—213页；陈伟：《竹书〈容成氏〉所见的九州》，《中国史研究》2003年第3期，第41—48页。
③ 《春秋左传正义》卷二九襄公四年，[清]阮元校刻：《十三经注疏（清嘉庆刊本）》，第4196—4197页。

土作贡。禹敷土，随山刊木，奠高山大川"。①

"九州"的划分当有其更早的根源，②"有着源远流长的自龙山文化时期已自然形成后历三代继续存在的一种人文地理区系"，③大致是以自然地理与经济地理为表征的政治地理格局。④稍嫌落后的时人实践摸索，似至迟在西周中期已认识到这种地理格局。在2002年5月保利博物馆收藏的，西周共王时期的燹公盨铭文中，有"天命禹尃（敷）土，隓（堕）山、叡（浚）川，乃奏方、执（设）征，降民监德"的记述。"敷土"即《禹贡》的"禹敷土，随山刊木，奠高山大川。"诸家多从马融所释读"敷"为"分"，"敷土"即所谓别九州。⑤

春秋早期的金文中亦出现禹迹，并将其与"受国"联系起来，似表现出日后华夏地域一体概念的雏形。民国初年出土于甘肃天水，现藏国家博物馆的秦公簋（《集成》04315）铭文有："秦公曰：丕显朕皇且（祖），受天命，鼏（幂）宅禹责（迹），十又二公。"是讲从某位先公于"禹迹"起，至作器者父辈已历十二世。1978年陕西宝鸡太公庙出土的秦公钟（《集成》00262～00266）、镈（《集成》00267～00269），铭文格式与之相似，云："秦公曰：'我先且（祖）受天命，赏宅受或（国）。'""鼏（幂）宅禹责（迹）"与"赏宅受或（国）"二者结合，铭文记载的是秦从周受封定居于"禹迹"而立国的事迹。"禹迹"是一个大范围的概念，封国是从属于"禹迹"的。⑥

春秋中晚期的金文中，已有将"禹"与"九州"连称的例子了。

---

① 《尚书正义》卷六《禹贡》，[清]阮元校刻：《十三经注疏（清嘉庆刊本）》，第307页。
② 邵望平：《〈禹贡〉"九州"的考古学研究》，《九州学刊》1987年第1、2期，后收入《邵望平史学、考古学文选》，济南：山东大学出版社，2013年，第3—27页。
③ 刘起釪：《〈禹贡〉写成年代与九州来源诸问题探研》，唐晓峰主编：《九州》第3辑，北京：商务印书馆，2003年，第9页。
④ 周振鹤：《中国历史政治地理十六讲》，北京：中华书局，2013年，第48页。
⑤ 朱凤瀚：《燹公盨铭文初释》，《中国历史文物》2002年第6期，第28—34页。
⑥ 唐晓峰：《从混沌到秩序：中国上古地理思想史述论》，北京：中华书局，2010年，第215页。

宋代出土山东临淄齐故城的叔夷钟（《集成》00275～00276）铭文作："赫赫成唐（汤），又（有）敢在帝所，専（溥）受天命，……咸有九州，处禹之堵（土）。"在商人后裔的追述中，禹被尊崇，成汤也是立国于"九州禹土"之上的。这里的"九州禹土"仍是作为大略的概念出现，似表示出与"天下"相同的意义。

（二）"九州"与"十二国"

不同于以往作为大略的概念，"九州"的记载在战国以后的文献中开始与具体的州名区划联系在一起，除《容成氏》外，尚见于《尚书·禹贡》《周礼·夏官·职方氏》《吕氏春秋·有始》《尔雅·释地》等多种文献。而几处"九州"记述的具体州名也存在差异，可参看表5：

表5：文献中有关"九州"州名记载的差异

文献	州 名									
禹贡	冀	徐	青	兖			荆	扬	豫	梁	雍
职方氏	冀		青	兖	并	幽	荆	扬	豫		雍
有始	冀	徐	青	兖		幽	荆	扬	豫		雍
释地	冀	徐		兖	营	幽	荆	杨	豫		雝
容成氏	夹	涂（徐）	竞（青）	簹（莒）	藕	酭（荆）	鄢（扬）	敍（豫）		叡

可以看出，《容成氏》九州不同于任何一种传世文献，简文九州是一个独立的系统。其差异表现在：

首先，其叙述模式是以治水为主线，因此与传世文献在各州界定方式上存在差异。《容成氏》以禹治理对象的自然河川为其标识"九州"地界的唯一选择。而《职方氏》中既以方位标识出扬、荆、青、雍、幽、并州的所在，又采取了以自然河川为界的方式，用河之南、东、内标识豫、兖、冀州的所在;《有始》同样也采取了以方位、河界标识九州的方法,且在河界中,除黄河外,还增添了汉水、济水和泗水。此外,它还将各州与列国一一对应;《释地》中没有用方位标识,仅采用了河界和列国两类,但河界中,河、汉、济水之外,又增添了长江。

其次,在叙述区域上,《容成氏》以明都、九河对应夹州和徐州,淮与沂对应竞州和莒州,萋与易对应藕州,三江五湖对应荆州和扬州,伊、洛、瀍、涧对应豫州,泾与渭对应虘州,一共叙述了六个区划。而《禹贡》《职方氏》等均是九分。

最后,就叙述内容来说,《容成氏》独有莒州。①《禹贡》对于西北的冀州、雍州地理最详,而且有梁州。《职方氏》以扬州为首,冀州北部独立出并州,且并州"其谷宜五种"。《吕览》则将各州与东周列国对应,在九州诸说中最有现实性。《释地》以济东曰徐州而不同于《吕览》以泗上为徐州;以江南曰扬州不同于《吕览》东南为扬州;以汉南曰荆州不同于《吕览》南方为荆州;以河西曰雝州不同于《吕览》西方为雍州。除济东的地理区域大于泗上外,其余三处《吕览》所述区域均大于《释地》。上述叙述内容的不同,学者以为与地域背景直接相关。②

《容成氏》"九州"说一方面说明战国时期在前代"九州"观念的广泛流传上,将其与具体的政治地理区划联系起来,建构出一种整合式的华夏一统的局面。正如《吕氏春秋·有始》云:

---

① 尹弘兵先生认为《容成氏》以莒为山东的代表表明其作者对东夷系统具有亲近感,进一步认为这个九州说代表了殷人的地理观。参见尹弘兵:《〈容成氏〉与九州》,丁四新主编:《楚地简帛思想研究(三)》,武汉:湖北教育出版社,2007年,第220—236页。
② 有学者总结认为,《禹贡》是秦晋人的九州说,《容成氏》是宋人的九州说,《吕览》是秦人的九州说,《职方》是燕赵人的九州说,《释地》是鲁人的九州说。参见周运中:《论九州异说的地域背景》,《北大史学》第15辑,北京:北京大学出版社,2010年,第1—17页。

> 河、汉之间为豫州，周也。两河之间为冀州，晋也。河、济之间为兖州，卫也。东方为青州，齐也。泗上为徐州，鲁也。东南为扬州，越也。南方为荆州，楚也。西方为雍州，秦也。北方为幽州，燕也。①

童书业先生曾据此指出：

> 春秋而后，各大国努力开疆之结果，所谓"中国"愈推愈大，渐有统一之倾向，于是具体区划"天下"之需求乃起。……"九州"制度之背景，实为春秋、战国之疆域形势：越为扬州，燕为幽州，乃字之声转；楚为荆州，乃沿用旧名；秦为雍州，因雍为秦都；齐为青州，以齐在东方，东方色青。

童先生还认为，梁州乃秦国所辟之新疆；并州盖暗射中山之国；营州源于齐都之营丘；冀州源于冀国，春秋时冀为晋所灭，故以冀称晋；兖与衣声近，衣即殷，卫本殷地；徐州源于徐国。②可见"九州"区划的构拟与春秋战国时期以来，伴随着列国的分疆拓土、势力范围的大致划定，人们对于当时自然地理与人文地理认识的不断深化密切相关。

其次，将上述州名累加起来，冀、徐、青、兖、营、并、幽、荆、扬、豫、梁、雍等共计十二州。《史记·五帝本纪》曾记载："于是帝尧老，命舜摄行天子之政，……肇十有二州，决川。"③实际上"十二州"应来源于"九州"，且似与春秋战国时人"天下大国十二"的观念有关。《晏子春秋》中有齐景公时出现荧惑守虚的天

---

① 许维遹：《吕氏春秋集释》卷四《有始览·有始》，第278页。
② 童书业：《中国疆域沿革略》，上海：开明书店，1946年，第52页。后收入《童书业著作集》第2卷，童教英整理，北京：中华书局，2008年。
③ 《史记》卷一《五帝本纪》，第24页。

象，晏婴以为齐当应其灾，景公曰："天下大国十二，皆曰诸侯，齐独何以当？"①此处所称"大国十二"应是反映了战国时人的春秋史观。这种认识也见于《史记》，如《十二诸侯年表》实记有周、鲁、齐、晋、秦、楚、宋、卫、陈、蔡、曹、郑、燕、吴等十四国的年代世系，除去王室应为十三国，司马迁却题作"十二诸侯"。此"十二"当非实指，应是汉人对春秋天下格局的一种概括认识。②

《战国策·秦策五》记述无名谋士进谏秦王，称梁君"驱十二诸侯以朝天子于孟津"。③《齐策五》苏秦说齐闵王，亦有"十二诸侯而朝天子"之说。④所谓"十二诸侯"，这里亦是对战国时主要诸侯国的一种概称。可见在战国时人的观念中，当时天下也是"大国十二"。故刘向在整理编辑《战国策》时，自述称战国时代"万乘之国七，千乘之国五"，⑤合而言之亦是十二国。由是，春秋战国时期天下皆有大国十二，不仅是春秋战国时人的广泛认识，也在观念、制度等方面深深影响了汉人。汉武帝元封三年，由于周边疆域的开拓与关中范围的调整，即划定天下为十二州：冀、兖、青、徐、扬、荆、豫、幽、并、益、梁以及京畿所在的"中州"。⑥约东汉初年成书的《春秋元命苞》中则分别将"十二州"与"十二国"纳入天文分野系统：

昴、毕间为天街，散为冀州，分为赵国。
牵牛流为扬州，分为越国。

---

① 张纯一：《晏子春秋校注》卷一《内篇谏上》，梁运华点校，北京：中华书局，2014年，第54页。
② 杨希枚：《古籍神秘性编撰型式补证》，原载《国立编译馆》馆刊》，1972年第1卷第3期，后收入《先秦文化史论集》，北京：中国社会科学出版社，1995年，第727页。
③ 《战国策》卷七《秦策五》，第266页。
④ 《战国策》卷一二《齐策五》，第442页。
⑤ 《战国策》附录《刘向书录》，第1196页。
⑥ 辛德勇：《两汉州制新考》，《文史》2007年第1辑，后收入《秦汉政区与边界地理研究》，北京：中华书局，2009年，第93—144页。

> 轸星散为荆州，分为楚国。
>
> 虚、危之精流为青州，分为齐国。
>
> 天弓星主司弓弩，流为徐州，别为鲁国。
>
> 五星流为兖州……分为郑国。
>
> 钩钤星别为豫州。
>
> 东井、鬼星散为雍州，分为秦国。
>
> 觜、参流为益州。
>
> 箕星散为幽州，分为燕国。
>
> 营室流为并州，分为卫国。①

此外，诸如班固《汉书·地理志》、郑玄《周礼·保章氏》注等亦可看出"州""国"地理系统相互融合的趋势。②

（三）战国诸子理想之政治地理区划

"九州"与"十二国"所反映的商周以降至战国时期，随着时人在政治实践中，人们活动范围的不断扩大，对自然地理认识的不断深化，人文地理意识的逐渐养成，所形成的认知扩大过程。戎狄杂处的历史背景，又促使战国诸子思索理想之政治地理区划。

由于西周封建政策的成功，"四土"成为西周王国的国土，"国"在"土"外，是王国力图掌控的地区，大体上可以认为是王国的附属区。③居住在南国的淮夷即与周王朝保持时敌时友的关系。"四国"与周王朝的关系虽然在形式上与商代方国与商王朝的关系类似，但是不同于商王朝，西周王朝表现出了积极的进取精神。《诗·小

---

① [宋]欧阳询撰：《艺文类聚》卷六"州部"引《春秋元命苞》，汪绍楹校，上海：上海古籍出版社，2011年，第111—115页。
② 邱靖嘉：《"十三国"与"十二州"——释传统天文分野说之地理系统》，《文史》2014年第1辑，第5—24页。
③ 朱凤瀚：《论西周时期的"南国"》，《历史研究》2013年第4期，第4—15页。

雅·北山》"溥天之下，莫非王土；率土之滨，莫非王臣"①即表现了当时的天下观和领域观。由《国语·郑语》亦可知，即便是在西周末年"王室将卑，戎、狄必昌"的形势下，史伯的论述仍将荆蛮、狄、鲜虞等非华夏族放入成周的四土进行论述。②《左传》昭公九年记"王使詹桓伯辞于晋"曰："我自夏以后稷，魏、骀、芮、岐、毕，吾西土也。及武王克商，蒲姑、商奄，吾东土也；巴、濮、楚、邓，吾南土也；肃慎、燕、亳，吾北土也。吾何迩封之有。"③可见在周人的观念中，王朝的疆域一直将"四土"各族包括在内的。西周时在四土的边域地区设有"侯"之类具有军事防卫职能的长官，使得周人全面逼近了所谓"夷狄"之人。于是华夏世界开始作为一个整体直接面对夷狄世界。居于"中国"的华夏与"四国"的夷狄的关系遂成为此后时代的主流。

周室东迁之后，天下形势如欧阳修所说："昔者戎狄蛮夷杂居九州之间，所谓徐戎、白狄、荆蛮、淮夷之类是也。三代既衰，若此之类并侵于中国，故秦以西戎据宗周，吴楚之国皆僭称王。"④"尊王攘夷"的思想和行动因之而生，故孔子亦云："管仲相桓公，霸诸侯，一匡天下，民到于今受其赐。微管仲，吾其被发左衽矣。"⑤"华夷之辨"此时达到极盛。虽然有种族差异的存在，从孔子的话可以看出"华夷之辨"的根本区别还在于文化认同。又《吕氏春秋·慎势》云："凡冠带之国，舟车之所通，不用象译狄鞮，方三千里。古之王者，择天下之中而立国，择国之中而立宫，择宫之中而立庙。

---

① 《毛诗正义》卷一三·一《小雅·北山》，[汉]毛亨传，郑玄笺，[唐]孔颖达疏：《毛诗正义》，[清]阮元校刻：《十三经注疏（清嘉庆刊本）》，第994页。
② 徐元诰：《国语集解》卷一六《郑语》，第460—461页。
③ 《春秋左传正义》卷四五昭公九年，[清]阮元校刻：《十三经注疏（清嘉庆刊本）》，第4466页。
④ [宋]欧阳修：《欧阳修全集》卷一七《论七首·本论下》，李逸安点校，北京：中华书局，2001年，第292页。
⑤ 《论语注疏》卷一四《宪问》，[魏]何晏注，[宋]邢昺疏：《论语注疏》，[清]阮元校刻：《十三经注疏（清嘉庆刊本）》，第5457页。

天下之地,方千里以为国,所以极治任也。"① 这里对文化认同提出了"冠带之国""舟车之所通""不用象译狄鞮"等三条具体标准,即共同文化、共同地域、共同语言。

按照文化认同的标准,华夏族群通过两种变迁过程开始外向拓展,华夷边界随之漂移,华夷关系跟着改变。其中一种是"华夏心目中的异族概念向外漂移的过程",另一种则是"华夏边缘人群假借华夏族源记忆成为华夏的过程"。② 第一种可以春秋战国时期的"华""夷"称呼为例,齐、鲁、晋、郑等中原诸侯自称为"中国""诸华"或"华夏"。处于中原外缘的秦、楚、吴、越乃至于燕等,则被称或自称为"夷狄"。正因如此,《史记·天官书》概括说:"秦、楚、吴、越,夷狄也,为强伯。"③ 进入战国以后,伴随着秦、楚等所谓夷狄诸国的华夏化,秦、楚等国亦得以跻身于"华夏"之列。最后,"秦遂以兵灭六王,并中国,外攘四夷",④ 成为华夏的代表。第二种仍可以秦为例,虽然春秋时期经常被"夷狄视之",上举秦公簋铭文,仍可看出其以"夏"自居。睡虎地秦墓竹简《法律答问》简文有"欲去夏者,勿许。何谓夏?欲去秦属是谓夏"。此外简文还涉及秦的归化制度,如规定秦的原住民叫"夏",归化民叫"真",只有母亲是秦人,所生孩子才能算是"夏子"。如果母亲不是秦人或者出生于外国则只能叫"真"而不能叫"夏"。⑤

在华夏边缘不断扩展的基础上与战国各国中央集权不断加强的背景下,《禹贡》的"五服"、《周礼·职方氏》的"九服",则先后被构拟出来。"服"的称呼在商周时期是有其来历的,西周早期大盂鼎(《集成》02837)铭文有"殷边侯甸",《尚书·酒诰》:"越在外

---

① 许维遹:《吕氏春秋集释》卷一七《审分览·慎势》,第460页。
② 王明珂:《华夏边缘:历史记忆与族群认同》,北京:社会科学文献出版社,2006年,第163页。
③ 《史记》卷二七《天官书》,第1344页。
④ 《史记》卷二七《天官书》,第1348页。
⑤ 睡虎地秦墓整理小组:《〈法律答问〉释文注释》,《睡虎地秦墓竹简》,第135页。

服、侯、甸、男、卫、邦伯。"①《召诰》："命庶殷，侯、甸、男、邦伯。"② 只是战国时期的"五服""九服"已是一种理想化的政治地理区划。如《国语·周语上》："夫先王之制：邦内甸服，邦外侯服，侯、卫宾服，蛮夷要服，戎狄荒服。"③《荀子·正论》："封内甸服，封外侯服，侯卫宾服，蛮夷要服，戎狄荒服。"④是对中原王朝与四方"蛮夷"关系的一种等级化的处理模式。值得注意的是其与"九州"的划分常常出现在同一篇文献中，上举《禹贡》有"五服"：

> 五百里甸服：百里赋纳总，二百里纳铚，三百里纳秸服，四百里粟，五百里米。五百里侯服：百里采，二百里男邦，三百里诸侯。五百里绥服：三百里揆文教，二百里奋武卫。五百里要服：三百里夷，二百里蔡。五百里荒服：三百里蛮，二百里流。⑤

《周礼·夏官·职方氏》则将其扩展至"九服"：

> 乃辨九服之邦国，方千里曰王畿，其外方五百曰侯服，又其外方五百里曰甸服，又其外方五百里曰男服，又其外方五百里曰采服，又其外方五百里曰卫服，又其外方五百里曰蛮服。又其外方五百里曰夷服，又其外方五百里曰镇服，又其外方五百里曰藩服。⑥

---

① 《尚书正义》卷一四《酒诰》，[清]阮元校刻：《十三经注疏（清嘉庆刊本）》，第439页。
② 《尚书正义》卷一五《召诰》，[清]阮元校刻：《十三经注疏（清嘉庆刊本）》，第449页。
③ 徐元诰：《国语集解》卷一《周语上》，第6—7页。
④ [清]王先谦：《荀子集解》卷一二《正论》，第329—330页。
⑤ 《尚书正义》卷六《禹贡》，[清]阮元校刻：《十三经注疏（清嘉庆刊本）》，第321—322页。
⑥ 《周礼注疏》卷三三《夏官·职方氏》，[汉]郑玄注，[唐]贾公彦疏：《周礼注疏》，[清]阮元校刻：《十三经注疏（清嘉庆刊本）》，第1864页。

"五服""九服"与"九州"的概念叙述在同一文献中,受"华夷之分""尊王攘夷"影响下的"五服""九服"这种圈层式的设计更具有向心的趋势,更强调王权。《职方氏》后文"凡邦国千里,……以周知天下",郑玄注曰:"以此率遍知四海九州邦国多少之数。"① 如此,天下"九服"是由四海与九州构成的。关于四海,《周礼·秋官·布宪》:"布宪掌宪邦之刑禁。……而宪邦之刑禁,以诘四方邦国,及其都鄙,达于四海。"郑玄解释说:"《尔雅》曰,九夷、八蛮、六戎、五狄,谓之四海。"② 这种理想中的天下在观念中就成了由九州(华夏)与四海(蛮夷)这两大部分构成的复合政治社会。③ 其意义简言之,上述"九州"系统是集合九个不同的地理区域并将其作为一个整体,而"五服""九服"的领域观念则是分等级的由中心向周边重层式展开。《禹贡》与《职方氏》中二者的融合使得"九州"成为后世统治者加强中央集权与最大限度发挥政府职能的思想资源,而"五服"则体现了国家的核心区与边疆区的理想关系。秦汉以降,这两种关系一直是政治地理格局的两种基本形态,以迄于近现代。④ 故西岛定生提出中国古代王权的二重性,通过用于蛮夷(五服)的天子三玺和面向国内政治(九州)的皇帝三玺表现出来。⑤ 在此基础上,战国时人的理想地理认知还在扩展,如邹衍的"大九州说",就政治地理理论而言并无更新的创获,兹不赘述。

---

① 《周礼注疏》卷三三《夏官·职方氏》,[清]阮元校刻:《十三经注疏(清嘉庆刊本)》,第1864页。
② 《周礼注疏》卷三六《秋官·布宪》,[清]阮元校刻:《十三经注疏(清嘉庆刊本)》,第1910页。
③ [日]渡边信一郎:《中国古代的王权与天下秩序》,徐冲译,北京:中华书局,2008年,第55页。
④ 周振鹤:《中国历史政治地理十六讲》,第50页。
⑤ [日]西岛定生:《皇帝支配の成立》,收入《岩波讲座世界历史》卷4,东京:岩波书店,1970年,第244—255页。

三、战国诸子历史记忆下的上古史地

(一)"言公"与"秦汉书多同"

出土文献鲜明地体现了战国诸子思想以"政治"为关注点转移的主流和归宿。美国学者齐思敏(Mark Csikszentmihalyi)和戴梅可(Michael Nylan)亦认为:"汉代以前及西汉的思想家们,跟后期非常严格的、标准的模式相比,本质上似乎都属于'杂家'。"[①]李零先生曾以儒家为例说:"它(儒家)对'天'的关心,主要还是作为政治命运的关心;它对'人'的关心,也主要是作为政治动物的关心。"[②]曹峰先生亦曾据马王堆帛书《黄帝四经》、郭店楚简《太一生水》,上博楚简《恒先》《三德》《凡物流形》等楚竹书文献指出,它们的显著特征是不同于强调社会批判的那种道家,而是有着强烈的现实政治关怀。[③]

是故,诸子所论之"六王五伯"即是在自己的地区为统一天下构画蓝图。这一时期,各国各学派都有他们的设想,方法不同,目标则一致。[④]而战国诸子所持政治理念与关怀所适用的地理范围与族群范畴,则与先秦文献中常见的"中国""天下"以及与之相关的"四土""九州""五服"等名号密切相关。这些讨论的主题在清人章学诚看来,即为"言公":

> 古人之言,所以为公也。未尝矜于文辞,而私据为己有也。

---

① [美] Mark Csikszentmihalyi and Michael Nylan, *Constructing Lineages and Inventing Traditions through Exemplary Figures in Early China*, T'oung Pao 89.1-3(2003), pp.59-99.
② 李零:《郭店楚简校读记(增订本)》,北京:中国人民大学出版社,2007年,《前言》第9页。
③ 曹峰:《出土文献视野下的黄老道家研究》,《中国社会科学》2013年第2期,第141—150页。
④ 任继愈:《郭店竹简与楚文化》,《郭店楚简国际学术研讨会论文集》,第1—2页。

> 志期于道，言以明志，文以足言。其道果明于天下，而所志无不申，不必其言之果为我有也。①

"言"所以为"公"是因申"志"，其言则不必自有。诸子立言之目的在于使其道明于天下，实现自己的抱负，所以所谓"公"言，即作为他们推行主张的手段了，即"志期于道，言以明志，文以足言"。这一角度，不仅为我们了解先秦古书的成书、流传提供了资料，而且也能帮助我们更好地理解早期诸家之间的关系。

楚竹书"言公"的表现可以上博竹书《容成氏》为例。《容成氏》与《子羔》和郭店竹书《唐虞之道》的主旨均是推崇禅让，但后二者之学派归属学者多以为是儒家，并无太大争议。《容成氏》的学派归属则众说纷纭，这里讨论的重点不是其学派归属问题，而是说明禅让说作为一个"母题"为先秦诸子多家学派所推崇。正如裘锡圭先生所指出的那样，尧舜禅让是一个广泛流传的上古传说，不可能是战国时代的某一学派所创造出来的，儒、墨等家都大讲禅让说。②

在一致的政治目标下，诸子虽各抒己见，但由于关涉目标相同，则不可避免会出现言语、思想上的相似性。此种相似性，明人郎瑛用"秦汉书多同"加以归纳并发出议论：

> 予尝反复思维，岂著书者故剽窃耶？抑传记者或不真耶？非也。二戴之于《礼记》，彼此明取删削，定为礼经，其余立言之士皆贤圣之流，一时义理所同，彼此先后传闻；其书原无刻本，故于立言之时因其事理之同，遂取人之善以为善；或呈之于君父，或成之为私书，未必欲布之人人也，后世各得而传

---

① ［清］章学诚撰，叶瑛校注：《文史通义校注》卷二《言公上》，北京：中华书局，1985年，第169页。
② 裘锡圭：《新出土先秦文献与古史传说》，《中国出土古文献十讲》，第35页。

焉，遂见其同似。于诸子百家偶有数句数百言之同者，正是如此耳。①

郎瑛之说的重要性在于他指明了古书相同的缘由：由于"立言之士"所论之"事理"相同，所得之"义理"相似，故"取人之善以为善"。楚竹书文献为古人的精辟见解提供了新的论证依据，也使我们对战国时期诸子言说的共通资源有了进一步的认识。

（二）"历史记忆"与"史料批判"

历史记录得自见闻，而编纂见闻以外的史迹，则不得不取材于此前的历史记录和撰述。上述"六王五伯"与"九州""十二国"各自反映出历史记忆之多样性，即是此题中之义。"六王五伯""五帝三王五伯"等差异化的表述模式，不由使人联系起陈寅恪先生在《〈顺宗实录〉与〈续玄怪录〉》一文中一段著名的论述：

> 通论吾国史料，大抵私家纂述易流于诬妄，而官修之书，其病又在多所讳饰，考史事之本末者，苟能于官书及私著等量齐观，详辨而慎取之，则庶几得其真相，而无诬讳之失矣。②

《顺宗实录》和《续玄怪录》在中国史学史上地位悬殊、品质绝异，面对这样不同的史料，陈先生"等量齐观""详辨而慎取"的态度，仍然值得注意。稍稍有别是，我们所要求得的历史之真，应不仅限于史料所记载的"史迹"本身。

如上博简《容成氏》所记古史圣王事迹与先秦历史密切相关，而且多处记载为以往文献所不见。简文不仅记述五帝，而且还涉及

---

① ［明］郎瑛：《七修类稿》卷二三《辩证类·秦汉书多同》，上海：上海书店出版社，2001年，第248页。
② 陈寅恪：《金明馆丛稿二编》，北京：生活·读书·新知三联书店，2001年，第81页。

乔结氏、墉遟氏等不见于文献记载的上古帝王名号,明显与《史记·五帝本纪》记载的体系不同,是有别于炎黄古史传说体系的另一种传说体系,虽同属古史传说体系,但战国人既然知其名则势必有今人不知之相关史迹为背景。当然也不排除同时存在不同说法的可能,但是至少说明五帝系统不是战国时人普遍认同的古史观。①

有关古史圣王、明主、良臣等典型事迹的增多,也揭示出古史人物的"箭垛式"倾向,②进而拓宽了对史事理解的多样化,更主要的是各家的哲学内容通过对史事反复的引用解说过程,逐渐与"史"的内涵相融合。西方学者将这种论述所征引的种种"历史成败""典章制度"合称为"历史典故"(historical allusion),认为其目的在于炫耀说话者的博学,并通过提供历史的判断,来证明自己意见的正当。③

再就"九州""十二国"而言,从"九州"到"十二州"的认识既与当时自然地理与人文地理的格局有关,又与春秋战国时人"天下大国十二"这一习惯性认识存在着联系。边域与中原核心区的关系也历经了从松散的联盟到逐渐控制的过程,周人封建使得"华夏"与"四海"糅合在一起,而华夏边缘的扩展更多的是通过文化认同来达到的。种族血缘特征一开始在华夏民族的认同领域就处于从属地位。在战国集权制日益加强的背景下,"五服""九服"先后被构拟,并与"九州"相融合,从而使得政治地理上的天下观念涵盖九州(华夏)与四海(蛮夷),而"五服""九州"这两种政治地理格局基本形态的影响则一直经久不衰。

---

① 林沄:《真该走出疑古时代吗?——对当前中国古典学取向的看法》,《史学集刊》2007年第3期,第3—8页,后收入《林沄学术文集(二)》,北京:科学出版社,2008年,第284页。
② 杨博:《试论新出"语"类文献的史学价值——借鉴史料批判研究模式的讨论》,《图书馆理论与实践》2016年第2期,第101—107页。
③ [美] Paul R. Goldin(金鹏程):*After Confucius — Studies in Early Chinese Philosophy*, University of Hawaii's Press, 2004, p.82.

第三节　楚竹书所见战国时期的古史撰述

一、楚竹书《容成氏》与楚国"语"类文献的古史叙述模式

前文已述上博竹书《容成氏》叙述古史传说时期的内容可以大致分为三部分，一是讲容成氏等最古的帝王，二是讲尧之前的一位古帝王，三是讲尧、舜、禹的事迹。其叙述模式可简单归结为容成氏……→尧舜→夏商周三代。

传世文献中常见的可与夏商周三代相比较的"古代社会"大致有两种模式：一种是"大道为公"的"至德之世"。如同样记载有容成氏等古帝王的《庄子·胠箧》篇，以"子独不知至德之世乎？昔者容成氏、大庭氏、伯皇氏、中央氏、栗陆氏、骊畜氏、轩辕氏、赫胥氏、尊卢氏、祝融氏、伏牺氏、神农氏，当是时也……"与"今遂至使民延颈举踵曰……"相对比，① 可见其是以容成氏等古史帝王的时代为"至德之世"。《礼记·礼运》亦分别以"大道之行也，天下为公"描述三代以前，"大道既隐，天下为家"叙述三代。②

从上述记述似可以看出，夏商周三代是直接由"大道为公"的"至德之世"发展而来。另一种模式则认为夏商周三代是由尧舜时代发展而来的。这种模式还大致有两种情况，一是认为由尧舜时代发展而来，如《论语》《孟子》中所述的历史人物最早不过尧舜，《孟子·滕文公上》："孟子道性善，言必称尧舜。"③ 二是将尧舜时代

---

① [清] 郭庆藩：《庄子集释》卷四中《胠箧》，王孝鱼点校，北京：中华书局，1961年，第357页。
② 《礼记正义》卷二一《礼运》，[汉] 郑玄注，[唐] 孔颖达疏：《礼记正义》，[清] 阮元校刻：《十三经注疏（清嘉庆刊本）》，第3062页。
③ 《孟子注疏》卷五上《滕文公章句上》，[清] 阮元校刻：《十三经注疏（清嘉庆刊本）》，第5874页。

扩展而成为五帝时代，如上博竹书《武王践阼》："武王问于师尚父，曰：'不知黄帝、颛顼、尧、舜之道在乎？'"① 此外《大戴礼记·五帝德》亦历数黄帝、颛顼、帝喾、尧、舜及其功绩。《吕氏春秋·先己》中有五帝、三王、五霸、当今之世四个时代等。

如果将上述两种模式简单地用线性表示，那么第一种是容成氏……→夏商周三代；另外一种是尧舜→夏商周三代。可以看出，《容成氏》简文中的模式是综合二者而来的。值得留意的是《淮南子·本经训》中叙述上古时期的一段文字与《容成氏》模式类似，云"昔容成氏之时……逮至尧之时……舜之时……晚世之时，帝有桀、纣……是以称汤、武之贤"。② 但《淮南子》成书时代较晚，而《容成氏》简文却对战国时期古史传说系统的认识有极大的帮助。

其一，这是有别于炎黄古史传说体系的另一类体系。在炎黄古史传说体系中，伏羲（太皞系）在最前、其后依次为神农（炎帝系）与轩辕（黄帝系）等等。大庭氏、伯皇氏、中央氏、栗陆氏、骊畜氏、赫胥氏、尊卢氏、祝融氏等，则处在伏羲氏与神农氏之间的过渡阶段。容成氏和仓颉氏相对较晚，《世本》说他们都是黄帝之臣。③

其二，不少学者此前也曾指出中国早期对传说时期古史的记述应有不同的系统存在，如徐旭生先生曾将古代古史记述系统分为"三皇系统"（以《易传》的有关表述为标本）、"《命历序》系统"和"五帝系统"。④ 李零先生也提到过古代对于传说中的古帝记述

---

① 陈佩芬：《〈武王践阼〉释文考释》，马承源主编：《上海博物馆藏战国楚竹书（七）》，上海：上海古籍出版社，2008年，第151页。此句今本《大戴礼记·武王践阼》作"昔黄帝、颛顼之道存乎？"参见《大戴礼记补注》卷六《武王践阼》，[清]孔广森：《大戴礼记补注（附校正孔氏大戴礼记补注）》，王丰先点校，北京：中华书局，2013年，第114页。
② 何宁：《淮南子集释》卷八《本经训》，第574—580页。
③ 姜广辉：《上博藏简〈容成氏〉的思想史意义》，《中国社会科学院院报》2003年1月23日第3版。
④ 徐旭生：《中国古史的传说时代》，北京：文物出版社，1985年，第220—259页。

的两大系统,即"《世本》和《大戴礼》等书的周五帝系统""《史记·封禅书》《吕氏春秋》十二纪与《淮南子·天文训》等书的秦五帝系统"以及见于"《易·系辞上》《战国策·赵策二》的含伏羲、神农的系统"。①

与之相应,地域性的古史系统也是其中的重要组成。蒙文通先生早在1927年就提出了中国上古民族可分为江汉、海岱、河洛三系,其部落、姓氏、居处地域皆各不同,其经济文化各具特征的学说。②李学勤先生亦曾将炎黄二帝分为以黄帝元素为代表的"中原系统"和以炎帝元素为代表的"南方系统"。③上述分类观点在今天看或有可商之处,惟《庄子》与《淮南子》虽成书年代不同,但从地域上来看,都属于楚地,而《容成氏》也是楚地出土的文献,这些恐怕不能说是巧合,似乎暗示着古史传说系统的地域性。《容成氏》简文不仅再次证明大一统的五帝系统实非史实,而且也为我们推知楚地流传的古史传说系统提供了可能。

《容成氏》之外,上博竹书楚国"语"类文献,建构了以庄、灵、平为核心的楚王"明主""贤君"形象,与传世文献如《左传》等的叙述大相径庭。其中对庄、灵、平三位楚王的关注值得特别注意。

藤田胜久先生早就提到,在《史记》撰述中,司马迁会通过对记事资料的选择、排列以体现其历史评价与观念。如其视为重要时期的,尤其在国家走向衰退的重要转变时期,会插入许多记事资料;为了突出兴盛期和转折期,则会减少一些中间期资料,以便接续兴盛期和转折期,达到对比效果。《史记·楚世家》中论赞"庄王之德","楚国发展之契机在于庄王";批评灵王、平王,"视春秋时

---

① 李零:《考古发现与神话传说》,《李零自选集》,第71页。
② 蒙文通:《古史甄微》,《蒙文通文集》第5卷,成都:巴蜀书社,1999年,第42—62页。
③ 李学勤:《古史、考古学与炎黄二帝》,《走出疑古时代》,沈阳:辽宁大学出版社,1994年,第41—44页。

代庄王到灵王为发展时期,灵王末期到平王时期为走向衰退的转折期"。所以史迁"在概述与《左传》相关的记事时,庄王、灵王、平王时代之记事资料插入特别多",与之相比,共王、康王的记事省略的特别多。"因为共王、康王时期的纪年资料省略了,就产生出一种强调前面的庄王和后面的灵王、平王时代使之接续的效果。"①

目前可以确定王世的十四篇上博竹书楚国"语"类文献,有十一篇与庄、灵、平、昭有关:即庄王时期的《庄王既成》《郑子家丧》,灵王时期的《灵王遂申》《申公臣灵王》,平王时期的《平王问郑寿》《平王与王子木》《陈公治兵》以及昭王时期的《昭王毁室》《昭王与龚之脽》《君人者何必安哉》《邦人不称》。它们之间联系紧密,故有学者建议将其整合分析,认为它们同属此种叙事方式之范畴。②无独有偶,这种叙事方式在《系年》中亦可得见。第十五章从"楚庄王立,吴人服于楚"直接跨过共王、康王时期,"至于灵王……景平王即位,少师无极谗连尹奢而杀之……以败楚师……昭王即位,(吴人)遂入郢",表现出强烈的历史盛衰观念。③

这种强烈的历史盛衰观念,白寿彝先生曾将之与《易·象传》所谓"君子以多识前言往行以蓄其德"相联系,指出其强调的就是"殷鉴""借鉴"之意。④此言不虚,这里引起笔者注意的是,上述可较明确性质为战国楚地流传的文献中,无论是表示古史源流,抑或是楚国国运的盛衰,着眼点均在于"人",即在于对帝王世系的关照。

---

① [日]藤田胜久:《〈史记〉战国史料研究》,曹峰、[日]广濑薰雄译,上海:上海古籍出版社,2008年,第392—395页。
② 许科:《上博简春秋战国故事类文献研究》,博士学位论文,成都:四川大学历史文化学院,2008年,第132—136页;高佑仁:《上博楚简庄、灵、平三王研究》,博士学位论文,台南:台湾成功大学中国文学研究所,2011年,第10—11页。
③ 杨博:《裁繁御简:〈系年〉所见战国史书的编纂》,《历史研究》2017年第3期,第4—22页。
④ 白寿彝:《中国史学史》第1卷,上海:上海人民出版社,2006年,第215—216页。

古史传说除楚王以外，夏、商帝王世系在楚竹书编纂者的关注范围之内更是题中之义。上博竹书《子羔》内容为孔子向子羔介绍尧、舜、禹、契、后稷等上古帝王的身世，其显然是以三代世系为主要讨论对象的。《举治王天下》在尧、舜之外，也关注到夏禹和周文王。清华竹书《虞夏殷周之治》中亦是虞、夏、殷、周四代并举。

开国圣王之外，《容成氏》云："[启]王天下十又六年（世）而桀作。"夏代自启至于桀的共有十六位王，这与《史记·夏本纪》所载启至于桀的夏王世系大体相合。《太平御览》卷八十二"皇王部"引《纪年》曰："自禹至桀十七世，有王与无王，用岁四百七十一年。"①《大戴礼记·少间篇》："禹崩十有七世，乃有末孙桀即位。"②可知自禹至桀十七世，与《容成氏》所言自启至桀十六世，也正好吻合。《容成氏》或为了宣传禅让，颂禹而抑启，以启为夏开国之君，且以为启攻益自取，③但是诸家所述夏代世系却是一致的，区别仅在于是否将禹算入。

楚竹书与传世文献对夏代世系的一致记述，首先是验证了《夏本纪》等传世文献的记载。其次说明在春秋战国时人的观念中，夏代的存在确实是不争的事实。同时也说明战国时期"世系"类文献的广泛流传和其自身的史料可靠性。

《容成氏》简文又记"汤王天下三十又一世而纣作"。商王世系，传世文献中有三十一王、三十王、二十九王等不同说法。王国维在《殷卜辞中所见先公先王考》中说"有商一代二十九帝"，④而在《续考》中又说"据《殷本纪》，则商三十一帝（除太丁为三十帝）"，⑤可

---

① 方诗铭、王修龄：《古本竹书纪年辑证（修订本）》，第20页。
② ［清］孔广森：《大戴礼记补注》卷一一《少间篇》，第214页。
③ 李锐：《读上博馆藏楚简（二）札记》，朱渊清、廖名春主编：《上博馆藏战国楚竹书研究续编》，上海：上海书店出版社，2004年，第523—531页。
④ 王国维：《殷卜辞中所见先公先王考》，《观堂集林（附别集）》卷九，北京：中华书局，1959年，第429页。
⑤ 王国维：《殷卜辞中所见先公先王续考》，《观堂集林（附别集）》卷九，第445页。

见王国维已意识到这一问题。《国语·晋语四》有"商之飨国三十一王"的记载,韦昭注:"自汤至纣。"① 《史记·殷本纪》所载商王谱系,从汤至纣,包括父子相继和兄弟相及,也恰好是三十一王。而《大戴礼记·少间篇》:"成汤卒崩,殷德小破,二十有二世,乃有武丁即位。……武丁卒崩,殷德大破,九世乃有末孙纣即位。"② 两者相加,从成汤至于纣,武丁只能计算一次的情况下则应该是三十王。此外《史记·殷本纪》集解引《汲冢纪年》,有"汤灭夏以至于受,二十九王,用岁四百九十六年"之说,③ 则是二十九王。

晋人皇甫谧《帝王世纪》云:"商之飨国也,三十一王,是见居位者实三十王。而言三十一者,兼数太子丁也。"④ 王国维引此旧说,认为太丁应该是三十一王与三十王的差异所在。然而卜辞周祭祀谱中太丁、祖己两人均被立为太子,但都不曾即位为王。如此传世文献中的三十一王之说不应该计算太丁,因为若计算太丁,则祖己也应被计算,那么应该是三十二世商王,而传世文献并未有这方面的记载。陈梦家先生曾经根据文献中伊尹放太甲的五种史料与甲骨卜辞互相印证,指出太甲两次即位为据,在即汤之位后被放,外丙、仲壬先后继位,然后太甲再即位。⑤ 这或是三十王与三十一王的计数差异所在,原因即太甲有两次即位。但是二十九王之说目前仍没有合理的解释。

王国维根据殷墟卜辞资料考证殷商先王先公名号,排出一个较为可靠的世系,殷商先王从汤至纣,正好也是三十一位,从而证明了《殷本纪》对殷商先王记载的可靠性。简文的主要价值在于揭示关于商朝帝王数的说法不同可能是因为所闻之异,而其来源应该是相同的,历史事实也应该是唯一的。三十一世的记述也给三十一位

---

① 徐元诰:《国语集解》卷一〇《晋语四》,第325页。
② [清]孔广森:《大戴礼记补注》卷一一《少间篇》,第215页。
③ 方诗铭、王修龄:《古本竹书纪年辑证(修订本)》,第40页。
④ [晋]皇甫谧:《帝王世纪》,北京:中华书局,1985年,第25页。
⑤ 陈梦家:《殷墟卜辞综述》,北京:中华书局,1988年,第375—376页。

商王的说法增添了新的证据。值得注意的是,这种整合夏、商王世的论述方式,意在阐明三代以下"禅让之道废而革命之说起"的主题。编纂者有意识地择取夏桀商汤、商纣周文武的事迹详述,对于其间此外的帝王事迹,则予以模式化的处理。通过这种方式,使启、桀和汤、纣之间直接得以接续,同样反映出编纂者对三代"世系"类材料的熟稔。

二、清华竹书郑国"世系"所见两周时势与"尚贤"史观

清华竹书中有两类文献与郑国有关,其一是文献叙述主题有关郑国史事的,如前述《郑武夫人规孺子》《郑文公问太伯》和《子产》等;其二是文献取材来源国别涉及郑国的,如《系年》与《良臣》。《系年》所记郑国史事的时代跨度从西周一直到战国,记述频次仅排在晋、楚之后;所涉郑国史事的章数亦有十章,仅次于齐而与秦并列第四,说明郑国史料是《系年》取材的重要来源。清华竹书对郑国的重视还表现在"世系"类文献《良臣》之中,从郑桓公到子产等人的特殊待遇,是《良臣》的一大特征。①

就上述《郑武夫人规孺子》《郑文公问太伯》和《子产》诸篇竹书而言,其选取的时间节点值得注意。《郑武夫人规孺子》的年代为春秋初年郑庄公初立。《郑文公问太伯》记郑文公问于太伯,《子产》在郑简公时任为执政卿。对于春秋战国时期郑国的国运沉浮,晁福林先生曾有高论:

从郑武公开始到郑厉公,为第一阶段,是郑国的全盛时期。

从郑文公到郑成公的百余年间是第二阶段,郑国势力有所削弱,外交政策首鼠两端,摇摆不定。

---

① 杨博:《裁繁御简:〈系年〉所见战国史书的编纂》,《历史研究》2017年第3期,第4—22页。

从郑简公开始到春秋末年，是第三个阶段。政局不稳，屡生内乱。

战国时代的郑国是第四阶段。走向颓败，最终为韩所灭。①

两相对照，清华竹书中武公、文公与简公（子产）正与上述前三阶段一一对应，选取之时间节点与晁先生所论若合符节。尤值得注意的是文公时期太伯的追述，将武公与厉公作为第一阶段之首尾，应是至晚在战国时期即有的看法。

比《郑武夫人规孺子》《郑文公问太伯》和《子产》等郑国"语"书更进一步的是，《系年》对郑国历史发展的四个阶段均有所涉及。第一阶段如简文第二章内容记载"郑武公亦正东方之诸侯。武公即世，庄公即位。庄公即世，昭公即位，其大夫高之渠弥杀昭公而立其弟子眉寿。齐襄公会诸侯于首止，杀子眉寿，车辕高之渠弥，改立厉公，郑以始正"。郑武公之后的君位继承和内乱，《系年》仅用五十多字描述，编纂者依然从武公叙述至厉公：郑武公正东方之诸侯，即文献所载武公为诸侯长，厉公时"郑以始正"。可见编纂者是将这一阶段看作郑国历史发展的一个重要时期，这一划分与上面晁福林先生的分析不谋而合。第二十三章的记载，即是郑国发展的第四阶段，展现出当时郑国的内外形势，如郑楚战争、太宰欣内乱与子阳族灭等等。②

从清华竹书内容很少涉及楚国历史的角度考虑，李守奎先生认为墓主是史官的可能性基本上可以排除，"楚国的史官无论如何不能不以楚国的历史为主"。他还结合《良臣》对郑国记载详细等情况，猜想墓主可能是一位在楚国任职的师或大师，有可能来自灭国前后的郑国，并由此推断《系年》是师或傅用于教育楚太子或教导

---

① 晁福林：《论郑国的政治发展及其历史特征》，《南都学坛》1992年第3期，第40—44页。
② 代生、张少筠：《清华简〈系年〉所见郑国史事初探》，《中南大学学报（社会科学版）》2015年第3期，第242—247页。

楚王的史著。① 就材料来源看，郑确为《系年》取材国别的大宗，这或与郑国贤人在国灭前后亡至楚国并为楚所用有关。若此贤人确为教育楚太子或楚王的师或傅，则其利用郑、晋并结合楚国史料，编纂出一部具有教育意义的史著就很有可能。退一步讲，若《系年》为编纂者在奔楚前即已完成，则其应反映的是郑人对春秋战国历史大势的看法。

清华竹书《良臣》亦是战国时期流传的一种"世系"类史著。而《良臣》中对子产、郑桓公等郑国历史人物的特殊重视，不惟体现郑国国势发展的特殊阶段，更有关战国时人对两周不同历史阶段的固有认识。

《良臣》简文所记明君中有鲁哀公、郑桓公、郑定公与楚共王。李学勤先生已经指出"子产之师""子产之辅"两段是"郑定公"段的补充，"楚共王"一段似系后加，② 但仍可得见《良臣》极为重视郑定公及其"良臣"子产。鲁哀公作为春秋的结尾，是《春秋》《左传》等春秋类经传的传统看法，今人便于理解。而郑定公及其良臣子产的年代亦在此上下，《郑世家》云：

> 十三年，定公卒，子献公虿立。献公十三年卒，子声公胜立。当是时，晋六卿强，侵夺郑，郑遂弱。声公五年，郑相子产卒，郑人皆哭泣，悲之如亡亲戚。子产者，郑成公少子也。为人仁爱人，事君忠厚。孔子尝过郑，与子产如兄弟云。及闻子产死，孔子为泣曰："古之遗爱也！"③

《良臣》："鲁哀公有季孙，有孔丘。"《郑世家》记六卿侵郑，《系年》

---

① 李守奎：《楚文献中的教育与清华简〈系年〉性质初探》，《出土文献与古文字研究》第 6 辑，第 291—302 页。
② 李学勤：《新整理清华简六种概述》，《文物》2012 年第 8 期，第 66—71 页。
③ 《史记》卷四二《郑世家》，第 1775 页。

第二十一章记有"晋魏斯、赵浣、韩启章率师围黄池",魏、赵、韩三家分晋之态势已极显明。三者相互联系,似可看出战国时人于春秋战国分界大势的历史认识。

由此上溯,《良臣》除重视子产以外,还极为重视郑桓公。这里郑桓公、鲁哀公与郑定公似起到了划分西周→春秋、春秋→战国的作用,如是则《良臣》中以郑桓公为西周与齐桓公之间的分水岭。

不宁唯是,《国语·郑语》:"桓公为司徒,甚得周众与东土之人,问于史伯曰:'王室多故,余惧及焉,其何所可以逃死?'史伯对曰:'王室将卑……'"韦昭注:"周众,西周之民。东土,陕以东也。故,犹难也。"①《史记·郑世家》同样记述此事,并补充"二岁,犬戎杀幽王于骊山下,并杀桓公。郑人共立其子掘突,是为武公"。②由是可知《郑语》中郑桓公与史伯的对话作为西周时代的终结,同时也揭示出郑国的特殊地位。

《系年》中郑国重要人物的特殊作用同样值得关注。《系年》第二章简文记述两周之际乱离局势以"郑武公亦正东方之诸侯"收尾,其下叙述郑国世系与郑厉公之前史事。郑虽为《系年》所记春秋封国中第二位出场,但从历数其世系完整性来看,其应是春秋封国中第一叙述的,既显示出《系年》编纂者对郑的重视,而且有以郑武公作为划分西周、春秋两阶段之标志性人物的意味。这不仅符合传世文献如《左传》等记平王东迁后,郑"庄公小霸"的情形,而且与《良臣》《国语·郑语》中所体现的年代史观亦是一致的。

《系年》《良臣》等截取郑国史料以成书的文献中,选择郑桓公、武公及定公、子产等特殊历史人物作为西周→东周(春秋)→战国年代分水岭的情形并非无的放矢,其应来源于对郑国国势的精准把握。同墓所见四种"语"书即反映出此种把握之情况。应该说,这

---

① 徐元诰:《国语集解》卷一六《郑语》,第460—461页。
② 《史记》卷四二《郑世家》,第1757—1759页。

种把握是建立在谙熟"世系"类文献的基础上的。可再以《系年》与《郑文公问太伯》为例,其两周之际至春秋时期郑国君主世系为桓公→武公→庄公→昭公→厉公→文公。两篇文献区别在于各自详略不同,上文已述《系年》第二章虽仅五十余字,但传袭世系交代得非常清楚。《郑文公问太伯》则主述文公以上历代郑国国君之功业以教诲文公。除《楚居》记有详细明确的楚王世系之外,清华竹书三篇与晋国相关之文献,其中《晋文公入于晋》《子犯子余》代表春秋晋国之鼎盛阶段,《赵简子》则体现出六卿擅权,三家分晋之情形。在此基础上更进一步,似可认为在春秋战国时代的大背景下,"世系"类文献处在盛行阶段。

《国语·楚语上》记载春秋中期楚庄王问傅太子之道时,大夫申叔时有云:"教之世,而为之昭明德而废幽昏焉,以休惧其动。"韦昭注:"世,先王之世系也。昭,显也。幽,暗也。昏,乱也。为之陈有明德者世显,而暗乱者世废也。"①"世"即"世系"的文献,其意义在于明晓有德者世系长,而无德者世系短。《系年》"武公即世,庄公即位"即属此类。《郑文公问太伯》虽属"语"书,但太伯历数自桓公东迁以来,桓公、武公、庄公三代国君开疆拓土的史事,以及昭公、厉公争立,郑国动荡衰落的情势,更与"昭明德而废幽昏"相合。

应该说"世系"类文献对于先秦时期政治册命、宗教祭祀等社会活动都具有相当重要的作用。特别是战国时期,"世系"类文献很流行。在卜辞、铜器铭文与简牍中亦多可见"世系"类文献的流传及应用情况。而"世系"类文献的功能,一则在于铭记自身所从出,二来是"昭明德而废幽昏",即教育贵族子弟有德者世系长,无德者世系短。

《郑文公问太伯》正是反映出"世系"类文献为时人所用以教育贵族子弟的功能。《郑武夫人规孺子》中,武夫人所举先君武公时"三年无君,良臣执其国政,国家未乱"的往事,体现出同样的教育

---

① 徐元诰:《国语集解》卷一七《楚语上》,第 485 页。

作用。该篇可能是完成于郑庄公初年的郑国历史实录。①若果则为"世系"类文献被史官化用为史书提供了春秋初期的鲜明样本。整理者已指出，《子产》"先生之后"与《良臣》"子产之师"、《子产》"六辅"与《良臣》"子产之辅"存在的对应关系，似在一方面亦反映出《子产》与"世系"类文献《良臣》的特殊关系；另一方面与《郑武夫人规孺子》中"良臣执其国政"合观，体现出战国竹书文献述作取材关注点由明主向良臣的转向。《系年》中亦不惟对涉事诸国君主的世系记载清晰，对"良臣"的家族世系也有所展现，如第十五章讲伍子胥家族的"少师无极谗连尹奢而杀之，其子伍员与伍之鸡逃归吴"。

战国时期的私家述作，其中最突出的表现是"尚贤"观念的体现。"尚贤"观念的盛行催生了"禅让"学说，"禅让"学说的流传，又促进了对古史帝王传说事迹的整理与传播。杨希枚先生早已指出禅让传说在《论语》及战国儒、墨、道、法各派的论著中均属常见，应是最晚在春秋以来就已有流传的古老传说，"实无法确论其究出于某一学派"。②"尚贤"观念的另一个表现，即是对辅佐古帝圣王的"良臣"事迹的纂辑。"良臣"观亦逐渐盛行。《国语·晋语八》甚至把"良臣"与天命联系到一起，所谓"良臣不生，天命不祐"。③《晋语九》中晋国大夫史黯对"良臣"也有专论：

> 赵简子叹曰："吾愿得范、中行之良臣。"史黯侍，曰："将焉用之？"简子曰："良臣，人之所愿也，又何问焉？"对曰："臣以为不良故也。夫事君者，谏过而赏善，荐可而替否，献能而进贤，择材而荐之，朝夕诵善败而纳之。道之以文，行之以顺，勤之以力，致之以死。听则进，否则退。今范、中行氏之

---

① 李守奎：《〈郑武夫人规孺子〉中的丧礼用语与相关的礼制问题》，《中国史研究》2016年第1期，第11—18页。
② 杨希枚：《再论尧舜禅让传说》，《杨希枚集》，第386—387、372页。
③ 徐元诰：《国语集解》卷一四《晋语八》，第434页。

臣不能匡相其君，使至于难，君出在外，又不能定而弃之，则何良之为？若弗弃，则主焉得之？夫二子之良，将勤营其君，使复立于外，死而后止，何日以来？若来，乃非良臣也。"简子曰："善。吾言实过矣。"①

史黯认为，对于君王来说，良臣应有的行为规范与价值准则应包括：谏过劝善，举贤荐才，经常以善败经验说服君王，服从君命，尽心办事，急难时甚至献出生命。此外，君王听从他的意见就进，不听从就退，不强求。"子"书中也可以看到类似的议论，如《荀子·臣道》篇，惟区别在于《臣道》篇以"忠臣"替代了"良臣"，而其对遭到"后戮死"的伍子胥评价为"下忠"，就是强调其道德品行和政治行为的失策，云"以是谏非而怒之"，②正是不遵循"听则进，否则退"的后果。

"尚贤"之下"良臣"观念由此盛行，即出现了时人对一些著名人物的鉴别与对其事迹的搜集工作，以便在论说时加以引用。《墨子·尚贤下》"尧有舜，舜有禹，禹有皋陶，汤有小臣，武王有闳夭、泰颠、南宫括、散宜生"的说法，③这是对当时社会流传的"尚贤"观念的反应，清华竹书《良臣》亦应是这一观念下的产物。④

附带一提的是郑国史料在楚地的流传，与春秋战国时期大国争霸、互相征伐的社会氛围密切相关。《左传》的取材则是专以郑国为首，晋国次之。有如此完整的郑国历代史官实录，除非《左传》编纂者本人就是郑国史官，当然这一点并无根据，那么最大可能是郑国灭亡之后典籍散失所致。三家分晋与郑亡时代相近，故《左传》中取诸史书的材料以郑、晋、魏三国为最。⑤整理者根据《子

---

① 徐元诰：《国语集解》卷一五《晋语九》，第452页。
② ［清］王先谦：《荀子集解》卷九《臣道》，第254页。
③ ［清］孙诒让：《墨子间诂》卷二《尚贤下》，第72页。
④ 杨博：《论楚竹书与〈荀子〉思想的互摄——以古史人物活动事迹为切入点》，李学勤主编：《出土文献》第5辑，上海：中西书局，2014年，第180—189页。
⑤ 王和：《〈左传〉的成书年代与编纂过程》，《中国史研究》2003年第4期，第33—48页。

产》篇中对子产的崇拜态度,訫(信)字等典型三晋系写法的文字,推测篇文编纂者或者抄写者与郑国存在密切关系。这些与郑国、子产相关的篇章,很可能皆是子产后人或子弟在郑国被韩国所灭后流落到楚国之后所保存的。《系年》第二十三章"郑太宰欣亦起祸于郑,郑子阳用灭,无后于郑。明岁,楚人归郑之四将军与其万民于郑"为《系年》所记最晚之事件,亦可为此说提供辅证。

上列诸种"语"书与《系年》所涉,如《容成氏》所列汤伐桀、武伐纣;上博"语"书之庄、灵、平;清华"语"书之武公、文公与简公(子产)种种,均关乎三代历史暨诸侯国国势发展之重要节点。这与"语"书"多闻成败以鉴戒"的主旨是密合的。若上论不误,奔楚之郑人所携之文献史料可能不在少数,而作为清华简特出的三种四篇,却均关涉到郑国国势之此长彼消,其间选材与作史意图之关系,值得深究。《国语·楚语上》记载申叔时的言论,有"教之语,使明其德,而知先王之务,用明德于民也"的说法,韦昭注为"治国之善语"。① "语"更多是对当政者的一种委婉劝谏。劝谏者即"语"者需要借助各种论据,使用有效方法,使上位者接受自己的意见。"语"记载的言语不是训话,而是劝谏,劝谏的对象是君王。劝谏和教诲都出于宣传自己政治主张的目的,均需要列举一些当时人们熟知的人、事作为论据,以增加说服力。② 因而,这些与三代历史大势与诸侯国国运消长直接相关之文献被整理、流传作为"鉴戒"之材料,是很有可能的。载之典籍的"世系"类经典人物之所以成为论述与采择的"箭垛式"母题,亦与其所处转折时代及所建功业相辅相成。在此意义上,似可以更好地理解任继愈先生就郭店竹书所发的议论:"竹简内容,反映了战国中后期的社会。……统一的前夕,各地区先知先觉的思想家、有识之士,都在自己的地区

---

① 徐元诰:《国语集解》卷一七《楚语上》,第485页。
② 杨博:《试论新出"语"类文献的史学价值——借鉴史料批判研究模式的讨论》,《图书馆理论与实践》2016年第2期,第101—107页。

为统一天下构画蓝图。竹简也反映了这一统一天下的理想。"①

综上所述,战国史学这一研究领域向来因史料缺乏而令古今学者望而却步,特别是"世系"类文献,虽然学界或将之目为"中国古代史记最早的编纂形式",②但由于传世文本仅有《世本》且又早已亡佚,有关其成书年代亦众说纷纭,③是故长久以来并不特别为学者所重视。楚竹书的发现,使我们对战国时期的史学发展情况有了更全面、深刻认识之可能。

上述诸种楚竹书"语"书与《系年》所涉,如《容成氏》所列汤伐桀、武伐纣,上博"语"书之庄、灵、平,清华"语"书之武公、文公与简公(子产)等,关乎三代历史暨诸侯国国势发展之重要节点,体现出战国时史书编纂者对三代古史时势的把握。重要的是援引"世系"材料的叙述模式,体现出"昭明德而废幽昏"的尚贤观念,并由之催生出"良臣"名号、事迹的纂辑。"世系"类文献与"语"类文献相辅相成,既揭示出战国时期"世系"类文献发展的新途径,又为研究春秋战国时期的文献述作提供了绝佳的材料。以楚竹书为代表的"世系""语"类文献在楚地的整理、流传也再次体现出两周"语"类文献"多闻善败以鉴戒"的叙事主题。

第四节 楚竹书所见早期儒道"治世"学说的相互关系

相对诸子学派发展的"历时"性而言,埋藏时段集中于公元前300年前后的战国楚竹书,则使我们得以看到当时多种思想交融、多元共生之学术面貌。毕竟出土文献在出土地域上存在着一定的局

---

① 任继愈:《郭店竹简与楚文化》,《郭店楚简国际学术研讨会论文集》,第1—2页。
② 漆侠:《中国古代史记编纂形式探源》,《中国史研究》1993年第2期,第3—16页。
③ 乔治忠、童杰:《〈世本〉成书年代问题考论》,《史学集刊》2010年第5期,第39—45页。

限性，在抄写时间上也存在着一定的固定性，因而出土文献似更适合用来考察同一时期思想学说之间的交叉互动以及地域之间的相互影响。从这个意义上讲，与传世文献相比，出土文献的共时性特征比历时性特征更强。把握楚竹书文献所体现的不同学派间的共生关系和相互影响，使战国诸子思想的丰富性、多层性充分地展现出来，是楚竹书文献对诸子学术研究的一大促进。自郭店竹书儒道同出以降，伴随上博竹书《鬼神之明》的公布，学界对诸子学派判定问题的讨论，① 已有相当成果。② 笔者不揣浅陋，对此问题亦有不成熟之粗浅看法，供师友同好者批评。

一、儒家、道家讲述宇宙生成模式的目的

对天人关系的思考在楚竹书中经常得见，学者曾就上博竹书《鲁邦大旱》发议论说："《鲁邦大旱》的故事出于战国儒家某一学派的构拟，意在反驳不重祭祀的儒家学派，反映了它的作者相信天人

---

① 其实胡适、任继愈先生等在针对传世诸子文献的研究中也提出过类似看法。他们不承认古代有什么"道家""名家""法家"的名称，明确反对使用"六家"这种做法来描述先秦的思想流变。美国学者苏德恺（Kidder Smith）亦认为"先秦哲学本来没有六家，而司马谈自己创造了汉初的'六家'概念及其抽象的类目"。参见胡适：《〈中国古代哲学史〉台北版自记》，《胡适学术文集·中国哲学史》，北京：中华书局，1991年，第5—6页；任继愈：《先秦哲学无"六家"——读司马谈〈论六家要旨〉》，《文汇报》1963年5月21日，后收入《任继愈自选集》，北京：首都师范大学出版社，2009年，第55—59页；[美]苏德恺（Kidder Smith）：《司马谈所创造的"六家"概念》，刘梦溪主编：《中国文化》第7期，北京：生活·读书·新知三联书店，1992年，第134—135页。

② 李锐：《"六家""九流十家"与"百家"》，《中国哲学史》2005年第3期，第6—13页；《论上博简〈鬼神之明〉篇的学派性质——兼说对文献学派属性判定的误区》，《湖北大学学报（哲学社会科学版）》2009年第1期，第28—33页；《对出土简帛古书学派判定的思索》，《人文杂志》2012年第6期，第101—107页；曹峰：《出土文献可以改写思想史吗？》，《文史哲》2007年第5期，第38—51页；李振宏：《论"先秦学术体系"的汉代生成》，《河南大学学报（社会科学版）》2008年第2期，第1—12页；刘光胜：《先秦学派的判断标准与郭店儒简学术思想的重新定位》，《上海交通大学学报（哲学社会科学版）》2010年第6期，第80—88页。

相关，不仅要求改善政治，还重视祭祀鬼神以应对天灾的思想。"① 可以看出，其一，学者已意识到天人关系已经成为楚竹书所反映的政治思想中需要关注的问题。

楚竹书对"天"的关心，主要体现的就是它们对"宇宙生成"的理解，以及这种理解如何反映到现实的过程。郭店竹书《太一生水》和上博竹书《恒先》《凡物流形》等三篇简文表现出以宇宙生成论作为人事效法依据的思路、利用"道"（或表现为"一"等）帮助统治者获取政治资源的主题，这些文献虽属黄老道家，但联系传世文献《易传·系辞上》《大戴礼记·曾子天圆》等儒家文献的相关记述，可以发现儒道于此思路、主题别无二致。

值得注意的是，《太一生水》和《恒先》的宇宙生成的模式并不见于传世文献，这是此类楚竹书的政治思想史价值之一。学者所对此类文献的释读与相关研究，成果不胜枚举。② 以往更多关注的是相关差异方面的研究，而根据本文主旨这里需要注意的有以下两点：

第一，提炼此类楚竹书描述的宇宙生成模式，可以看出其具体起点（表现为"道""一""太一""恒先"等）及生成过程（表现为是否有"反辅"，"一生二、二生三"③）的不同外，有关描述均可简化为"无→有、一→二……三→万物"的过程。④

---

① 陈侃理：《上博楚简〈鲁邦大旱〉的思想史坐标》，《中国历史文物》2010 年第 6 期，第 75—78 页。
② 相关研究成果可参见王永平：《郭店楚简研究综述》，《社会科学战线》2005 年第 3 期，第 252—261 页；谭宝刚：《近十年来国内郭店楚简〈太一生水〉研究述评》，《史学月刊》2007 年第 7 期，第 102—109 页；曹峰：《〈恒先〉研究述评——兼论〈恒先〉今后研究的方法》，《中国哲学史》2008 年第 4 期，第 63—75 页；《上博楚简〈凡物流形〉的文本结构与思想特征》，《清华大学学报（哲学社会科学版）》2010 年第 1 期，第 73—82 页；王中江：《出土文献与先秦自然宇宙观重审》，《中国社会科学》2013 年第 5 期，第 67—85 页；等等。
③ 或"一生二、二生四"。
④ 除道家文献以外，长沙子弹库楚帛书《四时》篇，也可视作是一篇有关宇宙生成思想的文献，从天地一片混沌到伏羲、女娲二神生四子。这四子后来成为代表四时的四神。四神开辟大地、造了天盖等等。剥去神话的外衣，当可看到从无到有、一而二，二而四，四转生万物的过程。

第二，此类楚竹书通过多种宇宙生成模式的描述，其主旨大都在强调对战国社会现实政治的关心。楚竹书讲宇宙生成，是从根源方面探究当时社会发展的"至理"，力图把握社会发展之规律，其目的是"资治"。道家文献除上文所列《太一生水》和《恒先》外，可再以《凡物流形》为例，此篇以类似《天问》的夸张文学手法描写了自然、鬼神和人事中种种不可思议的现象，并力图追求其背后的根源，借此表达了"并天下而抯之……并天下而治之"的"知天下""治邦家"的强烈政治愿望。

楚竹书中尚未发现与宇宙生成模式有关的儒家文献，但传世儒家文献如《易传·系辞上》①《大戴礼记·曾子天圆》中的记述可与上述道家文献相参证。

---

① 《易传·系辞上》：

> 是故易有太极，是生两仪。（夫有必始于无，故太极生两仪也。太极者，无称之称，不可得而名，取有之所极，况之太极者也。）两仪生四象，四象生八卦。（卦以象之。）

孔颖达正义的解释虽强调义理，但仍可看出与道家宇宙生成论的联系。其云：

> 太极谓天地未分之前，元气混而为一，即是太初、太一也。故《老子》云"道生一"，即此太极是也。又谓混元既分，即有天地，故曰"太极生两仪"，即《老子》云"一生二"也。不言天地而言两仪者，指其物体，下与四象相对，故曰两仪，谓两体容仪也。
>
> "两仪生四象"者，谓金木水火，禀天地而有，故云"两仪生四象"。土则分王四季，又地中之别，故唯云四象也。

廖名春先生认为上述思想多出于孔子，应属儒家思想。此篇是对《易经》占筮的原则和体例、整体性质和基本原理的概括性论述，认为《易经》是圣人探讨事物的义理和变易法则的工具，又是记载圣人之道的典籍。圣人可以通过它通晓天下万物的变化，教化百姓，成就天下的事业。《系辞上》中的宇宙生成论也是为此宗旨服务的。"是故天生神物，圣人则之；天地变化，圣人效之；天垂象，见吉凶，圣人象之；河出图，洛出书，圣人则之。"上述种种现象的出现、变化均有圣人因以成事的内涵在其中。参见《周易正义》卷七《系辞上》，[魏]王弼、[晋]韩康伯注，[唐]孔颖达疏《周易正义》，[清]阮元校刻：《十三经注疏（清嘉庆刊本）》，第169—170页；廖名春：《周易经传十五讲》，北京：北京大学出版社，2004年，第257—275页。

《曾子天圆》篇提出"天圆而地方"的观念：

> 参尝闻之夫子曰："天道曰圆，地道曰方。"

清人孔广森引《吕氏春秋·圜道》补注云：

> 何以说天道之圆也？精气一上一下，圜周复杂，无所稽留，故曰"天道圆"；何以说地道之方也？万物殊类殊形，皆有分职，不能相为，故曰"地道方"。①

这里天圆地方不再是指代客观存在的天地的具体形状，而是天道和地道的运行方式，也是天道和地道各自的道理内涵，天道变动而无所不包，地道善静而承载万物。天地各有其道，有动有静，宇宙本身的运行规律也正在这动静之间。明、暗、风、雨、雷、电等等都是阴阳二气相互作用，相互变化生成，同样也是阴阳之精构成动物植物的本原。其云：

> 吐气者施，而含气者化，是以阳施而阴化也。阳之精气曰神，阴之精气曰灵。神灵者，品物之本也，而礼乐仁义之祖也，而善否治乱所兴作也。阴阳之气各从其所，则静矣。

卢辩注曰：

> 神为魂，灵为魄，魂魄，阴阳之精，有生之本也。及其死也，魂气上升于天为神，体魄下降于地为鬼，各反其所自出也。

---

① ［清］孔广森：《大戴礼记补注》卷五《曾子天圆》，第109页。

> 乐由阳来，礼由阴作，仁近乐，义近礼，故阴阳为祖也。①

就是说有了天地、阴阳二气之后，万物就此发生，不管是自然现象，还是动植物生灵，都是一同萌生，并无先后次序。而且这些都是由阴阳二气不同的比重、作用而形成，本质上仍是阴阳二气，因此可以看出在《曾子天圆》中宇宙生成顺序较为简洁，即是由阴阳而至万物（二→万物）。这篇文献最终的重点也仍是在强调圣人顺应阴阳之时处理人事，除礼乐仁义由阴阳化生以外，作者还论述圣人依靠阴阳之气化生的万物而创制"律、历"。"律居阴而治阳，历居阳而治阴"之后，"以数为纪"列"五礼、五衰、五声、五味、五色、五牲"等，谓"品物之本、礼乐之祖、善否治乱之所由兴作也"，孔广森补注云："自'律历'以下，备言圣人法天地之事。"②这里同样体现了阐述宇宙生成以为现实政治服务的理念。

由上所述，楚竹书有关宇宙生成模式文献的政治思想史价值，一是在于提供了以往未见的宇宙生成模式。二是再次揭示了现实政治是诸子描述宇宙生成模式的落脚点。更为重要的是，将楚竹书道家文献与传世儒家文献有关宇宙生成的篇章合观，儒家、道家叙述宇宙生成模式的目的是相通的，均在于为各家主张的"治世"理想提供依据。

二、儒道"治世"学说的相互关系

楚竹书文献不仅使我们进一步认识到诸子言说的共通资源，也提供深入了解早期诸子学派之间关系的实例。这些实例，既有学派之间的相互看法，又有学派之间对对方学说的改造与互摄，下文将分别论述。

---

① ［清］孔广森：《大戴礼记补注》卷五《曾子天圆》，第110页。
② ［清］孔广森：《大戴礼记补注》卷五《曾子天圆》，第111—113页。

学派之间互相的看法，可举早期儒道关系为例。《史记·老子韩非列传》对儒道关系曾有过评价：

> 世之学老子者则绌儒学，儒学亦绌老子。"道不同不相为谋"，岂谓是邪？①

据此记载，学者一般认为早期儒道之间势若水火，冰炭难容，但是郭店楚墓中儒道两家典籍共出，似透露出早期儒道两家为天下统一的共同政治目标而和平相处、同源共济的信息，而今本《老子》中很多与儒家思想截然对立的内容，在郭店《老子》中并不存在。②如"仁义"是儒家核心内容，今本《老子》第十九章反对仁义说

> 绝圣弃智，民利百倍。绝仁弃义，民复孝慈。绝巧弃利，盗贼无有。③

可见其以"绝仁弃义"反对仁义，与儒家针锋相对。而郭店《老子》甲篇则作：

> 𢼸（绝）智弃支（辩），民利百倍。𢼸（绝）巧弃利，颇（盗）恻（贼）亡（无）有。𢼸（绝）伪弃虑，民复季（孝）子（慈）。【甲1】④

并没有今本《老子》"绝仁弃义"这种强烈反对仁义的倾向。郭店《老子》丙篇有：

---

① 《史记》卷六三《老子韩非列传》，第2143页。
② 李均明等：《当代中国简帛学研究（1949—2019）》，第146—147页。
③ 朱谦之：《老子校释》，北京：中华书局，1984年，第74—75页。
④ 陈伟等：《楚地出土战国简册（十四种）》，北京：经济科学出版社，2009年，第140页。

> 故大【丙2】道废，安有仁义？六（新）亲不和，安有孝孳（慈）？邦家昏乱，安有正臣？【丙3】①

相应的今本《老子》第十八章有：

> 大道废，有人（仁）义。智惠出，有大伪。六亲不和，有孝慈。国家昏乱，有忠臣。②

相比之下，郭店《老子》与今本贬斥仁义、孝慈、忠臣明显不同，简本认为仁义是大道，孝慈可以和睦六亲，正臣可以安定国家。《庄子·胠箧》云：

> 彼窃钩者诛，窃国者为诸侯。诸侯之门，而仁义存焉，则是非窃仁义圣知耶？③

而相应的郭店竹书《语丛四》却作：

> 窃钩者戬（诛），窃邦者为诸侯，诸侯之门，义士【8】之所廌（存）。【9】④

可以看出，这里的义士并非专指儒家，《庄子》以之贬斥仁义，似是对《语丛四》此句有所改编。通过上举数例，似可以看出，楚竹书中所体现的早期儒道关系，并非过去认为的势如水火那样绝对，而是有着同源共济的一面。

---

① 陈伟等：《楚地出土战国简册（十四种）》，第156页。
② 朱谦之：《老子校释》，第72—73页。
③ ［清］郭庆藩：《庄子集释》卷一〇《外篇·胠箧》，第350页。
④ 陈伟等：《楚地出土战国简册（十四种）》，第263页。

除了对比今本与简本《老子》外，孔老、孟庄等儒道代表所体现的儒道关系亦值得重新考虑。① 例如《史记·老子韩非列传》孔子说:"吾今日见老子，其犹龙邪!"② 可见孔子对老子是十分敬重的。孟子与庄子大约同时，虽然孟子以好辩著称，但《孟子》一书却从未斥责老子、庄子。

战国中期以前，在"言公"的大背景下，儒道同根互济，旨趣贯通，老子对儒家提倡的圣、仁、义、礼、孝、慈等理念的态度是肯定的。儒道两家早期互有涵化，兼容并包，从互相兼容到司马迁所记的互相排斥应该经历了一个漫长的历史过程。③ 正是由于郭店《老子》的出土，才使得学界有机会重新评价早期儒道关系，其复杂面貌才得以为人们所认知。由郭店《老子》的反儒倾向并不明显，似可以得出结论，即早期儒道间的矛盾、冲突并没有后世理解得那样激烈和尖锐。

诸子学派之间的改造与互摄，仍可以儒家、道家学派为例。楚竹书中可见儒家学派文献借用道家学派言论、概念，改造其意以宣扬己说的实例。如郭店竹书《性自命出》云:

> 衍（道）者，群物之衍（道）。凡衍（道），心术为宝（主）。衍（道）四术，唯【14】人衍（道）为可衍（道）也。其三术者，衍（道）之而已……【15】④

类似的表述还见于上博竹书《性情论》。⑤ 此句似针对《老子》首章

---

① 许抗生:《初读郭店竹简〈老子〉》,《郭店楚简研究》(《中国哲学》第 20 辑),第 99 页;李存山:《从郭店楚简看早期道儒关系》,《郭店楚简研究》(《中国哲学》第 20 辑),第 188—189 页。
② 《史记》卷六三《老子韩非列传》,第 2140 页。
③ 周淑萍:《郭店楚简与先秦学术思想史研究》,《西北工业大学学报（社会科学版）》2004 年第 2 期,第 6—9 页。
④ 陈伟等:《楚地出土战国简册（十四种）》,第 222 页。
⑤ 濮茅左《〈性情论〉释文考释》,马承源主编:《上海博物馆藏战国楚竹书（一）》,第 229—230 页。

"道可道，非常道"而言。上文已述，《性自命出》简文学派归属为儒家子思学派，儒家学派讲"道"，即已体现儒学受到道家学派的影响。《性自命出》这里的"可道"之"道"意为行走、践履。① 其强调的也是"人道"，并为儒家后学所继承，如《荀子·儒效》有：

> 道者，非天之道，非地之道，人之所以道也，君子之所道也。②

这种表述亦在于强调"人道"。而《老子》所说之"道"为天地万物之道，"可道"之意为可言说。《性自命出》《性情论》的上述简文即体现出儒家化用道家"道"的概念宣传儒家自身"人道"理论的情况，显示出当时儒道两家相互之间的文本改造、互摄与渗透。

上述化用别家学派言论以为己说张本的例子，在传世文献中也可得见，兹举一例。《孔丛子·杂训》：

> 悬子问子思曰："吾闻同声者相求，同志者相好。子之先君见子产时，则兄事之，而世谓子产仁爱，称夫子圣人，是谓圣道事仁爱乎？吾未谕其人之孰先后也，故质于子。"子思曰："然，子之问也。昔季孙问子游，亦若子之言也。子游答曰：'以子产之仁爱譬夫子，其犹浸水之与膏雨乎！'康子曰：'子产死，郑人丈夫舍玦佩，妇女舍珠瑱，巷哭三月，竽瑟不作。夫子之死也，吾未闻鲁人之若是也，奚故哉？'子游曰：'夫浸水之所及也则生，其所不及则死，故民皆知焉。膏雨之所生也，广莫大焉。民之受赐也普矣，莫识其由来者。上德不德，是以

---

① 林志鹏：《战国诸子评述辑证——以〈庄子·天下〉为主要线索》，上海：复旦大学出版社，2014年，第29—30页。
② ［清］王先谦：《荀子集解》卷四《儒效》，第122页。

无德。'季孙曰：'善。'"悬子曰："其然。"①

上述记载是子思借季康子与子游的对话，讲述子产之死郑人如丧考妣，但鲁人对孔子之死却并非如此，认为其原因是"膏雨之所生也，广莫大焉。民之受赐也普矣，莫识其由来者"，水是珍贵的东西，其重要性关系到民众的生死，"夫浸水之所及也则生，其所不及则死"，但由于膏雨均沾，民众皆受惠，反而不认为其是珍贵的。因此最后评价说"上德不德，是以无德"，这两句话见于《老子》第三十八章，原文是：

上德不德，是以有德。②

子思的讲述中改"有"为"无"，其意义遂变为"上德者不自以为德，故民亦以德归之"，并呼应了民"莫识其由来者"的论断。由上述楚竹书与传世文献两例可见战国时期诸子学说之间相互改造、互摄情况之一斑。

由上述，通过楚竹书子类文献，我们得窥战国中期诸子在同一政治目标下，通过相近或共同的言说"母题"，同根互济，旨趣贯通，但又借别家理论以张扬己说，"言公"与"私意"互摄的复杂面貌。先秦诸子这种丰富性、多层性的思想特征，借由楚竹书文献显露出冰山一角。

三、楚竹书所提示的先秦诸子学派的判定标准

楚竹书所揭示的学派之间（如早期儒家、道家）与地域之间（如齐、楚）的交流、互摄现象也引起人们对学派判定标准问题的

---

① 傅亚庶：《孔丛子校释》卷二《杂训》，北京：中华书局，2011年，第111页。
② 朱谦之：《老子校释》，第150页。

进一步考虑。应该说，学者的认识确有其合理之处。例如上博竹书《鬼神之明》可能是儒墨之间的对话，郭店竹书《穷达以时》的天人关系论可能有着道家天人论的思想背景，郭店竹书《语丛一》《语丛三》中的许多论述将儒道术语自然地融合在一起，上博竹书《恒先》中显然夹杂着名辩的色彩，上博竹书《三德》既有和马王堆帛书《黄帝四经》相近似的地方，也有和《礼记》《大戴礼记》相近似的地方，等等。① 由于对战国时期的思想面貌了解之不够，这些研究对学派属性的判定持谨慎态度，是非常有意义的。

但是这种认识也提出了新的问题，即学者所建议的用"百家"或"某学"的新标准是否比"六家""九流十派"更加合适，更加易于令人接受。② 首先，"六家"学说的起源似并非晚到汉代。"六家"的分类虽然出自司马谈《论六家要旨》，但是司马迁的《史记》的框架是通史而非断代史，"六家"的学术分类也同样并非是为了汉代学术分类而言，而是为了战国学术，儒、墨确实是先秦时期固有的说法，阴阳、道、法、名等诸家也各自存在差异。③ "六家"分类的目标是先秦古书，《汉书·艺文志》的分类，同样是主要针对先秦古书的。《汉志》的总序可以视作是浓缩的学术史，其讲述顺序是先孔子，再七十子，然后战国诸子，以上是先秦学术史。继而讲秦的禁书，然后是汉代的开禁，最后讲汉代的搜书和校书，这是秦汉学术史。《汉志》"六略"的大序，各类的小序，分门别类，各自讲各自的源流，同样也可视作是简明的学术史。④ 《汉志》在这种学术史基

---

① 曹峰：《价值与局限：思想史视野下的出土文献研究》，刘笑敢主编：《中国哲学与文化》第 6 辑《简帛文献与新启示》，第 77 页。
② 李锐：《"六家""九流十家"与"百家"》，《中国哲学史》2005 年第 3 期，第 6—13 页；《论上博简〈鬼神之明〉篇的学派性质——兼说对文献学派属性判定的误区》，《湖北大学学报（哲学社会科学版）》2009 年第 1 期，第 28—33 页；《对出土简帛古书学派判定的思索》，《人文杂志》2012 年第 6 期，第 101—107 页。
③ 李零：《先秦诸子的思想地图——读钱穆〈先秦诸子系年〉》，《何枝可依：待兔轩读书记》，北京：生活·读书·新知三联书店，2009 年，第 81—82 页。
④ 李零：《兰台万卷：读〈汉书·艺文志〉（修订版）》，第 2 页。

础上所做之分类，应该说是比较符合先秦至汉代的学术实际的，换言之，"六家"之说确有其道理。

此外，李锐先生虽反对"六家"或"九流"的架构，但他指出：《尹文子》卷上"［以］大道治者，则名、法、儒、墨自废；以名、法、儒、墨治者，则不得离道"，已有道、名、法、儒、墨五家的称号，其说疑为司马谈所本。① 《尹文子》一书，前人虽多斥为魏晋人伪作，但经李学勤、胡家聪、王晓波等先生研究后认为，今本虽经后人润饰，但其思想内涵与文献所述尹文学说相合，当为可信的先秦古书。② 若将《尹文子》与《六家要旨》相较，前者无阴阳家而后者有，而与《庄子·天下》相比较，则二者均不及邹衍，这应不是简单的巧合。一个合理的推论是，《庄子·天下》和《尹文子》评述诸子的篇章应作于邹衍学派大行其道之前，即二者的年代应不晚于战国晚期。③

其次，就"六家"学派内部分化来说，由于世殊时异，思想的变形、文本的变迁在先秦学术代际传递中不是少见而是经常发生的事情。"六家"或"九流十家"的标准有时并不能与先秦思想发展的面貌切合，故学者提出应辅之以必要的学术尺度，这是有其道理的。然而上述学者提出的学术尺度是"学派师承渊源和师说"，只有存在师承渊源并且称述师说者，才是某一学派的人。亦有学者提出的学术尺度有三：其一是与文本内容对照，其二是依靠传世文献记载，其三是理清学派独特的术语与思想理路。④ 前一种看法失之过狭，如《史记·乐毅列传赞》曾明确给出黄老传承，符合标准；

---

① 李锐：《"六家""九流十家"与"百家"》，《中国哲学史》2005年第3期，第6—13页。
② 李学勤：《〈管子·心术〉等篇的再考察》，《古文献丛论》，上海：上海远东出版社，1996年，第190—191页；胡家聪：《稷下争鸣与黄老新学》，北京：中国社会科学出版社，1998年，第260—263页；王晓波：《自道以至名，自名以至法——尹文子的哲学与思想研究》，《台大哲学评论》第30期，第5—15页。
③ 林志鹏：《战国诸子评述辑证——以〈庄子·天下〉为主要线索》，第5—6页。
④ 刘光胜：《先秦学派的判断标准与郭店儒简学术思想的重新定位》，《上海交通大学学报（哲学社会科学版）》2010年第6期，第80—88页。

而《史记》其他诸篇所说之申不害"本于黄老",韩非"归本于黄老",慎到、田骈、接子、环渊"皆学黄老道德之术"等语是对学术宗旨的回溯性说法,上述诸人应皆非黄老学派。① 后一种尺度则失之过宽,特别是"理清学派独特的术语与思想理路"更似难以操作。李泽厚先生曾指出郭店竹简中虽有《缁衣》《五行》《鲁穆公问子思》诸篇,却并未显出所谓"思孟学派"的特色,相反,竹简明显认为"仁内义外",与告子同,与孟子反。因之断定竹简属于"思孟学派",似显匆忙。② 实际上,子思有《中庸》等四篇,清代有辑佚本,《孟子》书尚存,思孟学派的特色我们是知道些的,关键是《汉志》"儒家类"所记《漆雕子》《宓子》《景子》《世子》等著作,绝大部分已亡佚,这使得我们只能把郭店儒家简和思孟学派的著作比较,而不能和其他学派比较。③ 有鉴于此,一些学者提出,不要把这些儒家简看作是某一学派的资料,而是把它们看作是孔子及其后学的思想资料。这种处理方法在目前看来应该是明智之举,不但能在学者中达成共识,而且据此得出的结论也会更可靠。④

再者,楚竹书的学术思想史价值在于它保留了特定时期、特定地域的思想面貌,成为研究先秦学术思想之值得信赖的参照物。思想史更关心的是思想的传承和迁变,关心的是哪些部分留存了下来,

---

① 李锐先生亦指出这些人是从宗旨而论的"黄老",同是"黄老"之学,一个谈的是宗旨,一个讲的是师承。认为《史记》中"本于黄老","归本于黄老","皆学黄老道德之术"等语,讲的是学术宗旨,只是一种回溯性的说法,并不是真实的历史事实。参见李锐:《对出土简帛古书学派判定的思索》,《人文杂志》2012年第6期,第101—107页。即便不是历史事实,但李锐先生也承认这些人带有"黄老"之学的学术宗旨,似不能将他们摒除在"黄老"学派之外。

② 李泽厚:《初读郭店竹简印象记要》,姜广辉主编:《郭店简与儒学研究》(《中国哲学》第21辑),沈阳:辽宁教育出版社,2000年,第1—9页。

③ 刘光胜:《先秦学派的判断标准与郭店儒简学术思想的重新定位》,《上海交通大学学报(哲学社会科学版)》2010年第6期,第80—88页。

④ 参见冯国超:《郭店楚墓竹简研究述评(下)》,《哲学研究》2001年第4期,第58—64页;王永平:《郭店楚简研究综述》,《社会科学战线》2005年第3期,第252—261页;邵汉明主编:《中国文化研究二十年》,北京:人民出版社,2006年,第793页。

以及为什么会留存下来。相对而言，又有哪些流派没有留存，其原因何在？在此意义上说，传世文献的文本面貌及意义诠释是随时代变迁而变化的，楚竹书反映的正是此方面的价值，"六家""九流十派"则是汉人在此意义上进行的总结。学者亦曾指出，在与"诸子百家"相关的精英思想层面，我们很难通过出土文献从根本上动摇过去通过传世文献构建起来的思想史脉络。①

最后，诸子既存在共通的资源，彼此之间的思想就难免有所重叠。这种重叠既体现在学派之间，也体现在地域之间。单凭某一个标准，就想彻底厘清先秦诸子的思想面貌，这是不可能的。因为标准总有例外，汉人亦已注意到先秦有些著作融合各家的思想特色，故用杂家来概括。②用"六家""九流十派"来判定学派，虽然会有一些出土文献的学派属性不好判定，但是大部分篇目的学派属性还是可以分得清的。笔者曾经以楚竹书和《荀子》为例讨论过这一问题：可以明晰地看出，作为儒家性质的郭店竹书《唐虞之道》《穷达以时》、上博竹书《子羔》诸篇与儒家经典《荀子》之间，在政治思想的"禅让""臣道"等层面存在着千丝万缕的联系。③此外，《荀子》的性恶论与郭店竹书《性自命出》之"好恶，性也"有一定的关联，《荀子》对思孟学派的批判可以在郭店竹书《五行》中找到支点。④这些在"学术"与"思想"等层面紧密联系的实例，恰恰说明了汉人以"六家""九流十派"来判定学派的正当性，在今后的研究中，这个标准还应该是入手和把握先秦学术的重要抓手。

---

① 曹峰：《出土文献可以改写思想史吗？》，《文史哲》2007年第5期，第38—51页。
② "杂家者流，盖出于议官。兼儒、墨，合名、法，知国体之有此，见王治之无不贯。" 参见［汉］班固撰，［唐］颜师古注：《汉书》卷三〇《艺文志》，北京：中华书局，1962年，第1742页。
③ 杨博：《论楚竹书与〈荀子〉思想的互摄——以古史人物活动事迹为切入点》，李学勤主编：《出土文献》第5辑，第180—189页。
④ 李均明等：《当代中国简帛学研究（1949—2019）》，第161页。

第五节　楚竹书所见战国以降政治思想与现实社会的互动

出土简牍为研究先秦学术史、思想史提供了丰富材料。学界借助简牍典籍披露的大量新信息，对其涉及的有关"天命""君子""治世"等多层面展开研究，从不同方面关注儒道诸家在春秋战国错综复杂的政治形势下，如何区别与完善自己的政治理论体系，如晁福林先生深入分析了先秦社会思想中"天命"与"彝伦"的观念。①黄武智先生在文献编连、释读的基础上综合讨论了上博楚简"礼记"类文献所反映的先秦儒家政治思想，其中有关理想政治社会构建诸方面引起笔者注意。②笔者亦曾简述楚竹书"君子"政治思想中的天人关系、"君子"修己和家族伦理中的"孝""悌"原则等，其目的均出自强调对君子个体德行的重视，着眼于对现实政治的关心。

以战国楚竹书为例，其以子书为大宗，而子书中儒家文献又占多数，其次是道家，所以政治思想领域内的讨论多可归入传统认识中儒家思想范畴。因此这里同样以儒家政治思想为例，补充讨论政治思想与战国以降现实社会的互相影响。③

出土简牍的发现带有不完善、偶然性等特征。郭店简、上博简等文本有些可能是流传有年，相对定型的作品，有些则是文章的草

---

① 晁福林：《天命与彝伦——先秦社会思想探研》，北京：北京师范大学出版社，2012年。
② 黄武智：《上博楚简"礼记"类文献研究》，博士学位论文，高雄：台湾中山大学中国文学系，2009年。
③ 详参杨博：《战国楚竹书史学价值探研》，第345—350页；《凯俤君子　民之父母——战国楚竹书中的君子与社会》，北京：九州出版社，2020年。

稿、讲习材料等，可能是墓主为了某一目的收集起来的。① 这就使得我们在利用过程中，难以把握文本整体的思想。出土的偶然性使得这些文本能否反映了当时的时代思想主流，是否可以代表当时中国的普遍思想，成为不得不认真考虑的问题。反之，将其作为具有楚地思想特征的资料是否合适呢？同样是值得考虑的问题。② 笔者原则上赞同这种审慎的认识，但亦不妨对儒家文献在楚竹书中占据优势地位的现象作一简单的揣测。

其一，儒家以"六经"为典籍，而"六经"又是楚国官方教导贵族子弟的主要教材，这使得儒家与楚国有了文化上的"共同话语"，使得儒家学派思想在楚地的传播有先天的文化亲近性。

其二，学者每以楚地僻处南方而强调其独特性，而楚竹书中大量"经""史"文献显示出其与商、周王官文化一脉相承的联系性。由此似亦可知战国时期的社会大变动，"士"阶层的崛起成为社会主要阶层的论断同样适用于楚国。③ 为获得职权，他们需要凭借军事指挥、文学修养和事务管理等方面的才能，而诸子之学正是这一主要社会阶层的进身之阶。这些都可能给儒家思想在楚地的传播提供便利条件。这可视作政治思想与社会现实互相影响的情况之一。

另外，李振宏先生曾对诸子学派判定问题发表过灼见，李先生指出"先秦诸子的划分形成于汉代；汉人根据他的时代需要，对先秦诸子学进行新阐释或改造"，并且用"'先秦学术体系'的汉代生成"的说法加以总结，这是很精到的。④ 汉儒对于诸子学

---

① 曹峰：《出土文献可以改写思想史吗？》，《文史哲》2007年第5期，第38—51页；杨华：《中国古墓为何随葬书籍》，徐刚主编：《出土文献：语言、古史与思想》（《岭南学报》复刊第十辑），第187—209页。
② 曹峰：《价值与局限：思想史视野下的出土文献研究》，刘笑敢主编：《中国哲学与文化》第6辑《简帛文献与新启示》，第85—87页。
③ 许倬云：《春秋战国间的社会变动》，《求古编》，北京：商务印书馆，2014年，第237—260页。
④ 李振宏：《论"先秦学术体系"的汉代生成》，《河南大学学报（社会科学版）》2008年第2期，第1—13页。

术进行溯源，谓其出于"王官"。《汉书·艺文志》将诸子各家与王官一一对应，如谓"儒家者流，盖出于司徒之官""道家者流，盖出于史官""法家者流，盖出于理官""名家者流，盖出于礼官""墨家者流，盖出于清庙之守""纵横家者流，盖出于行人之官"等。①《汉志》将诸子系连于王官，其深层的意蕴是表示统一的政治权力对于学术的重要，非有政统而不能有学派。这显然是出于适应汉代大一统政治局面的需要。②就此意义而言，由于汉代之政治大一统，汉人由此上溯而对先秦诸子学术产生汉代政治背景下之理解与阐述，此亦可视作社会现实与政治思想相互影响的范例之一。下文则粗略以社会影响思想和思想影响社会两类为界，③对"君子"政治思想与战国以降现实社会的互动再试举数例。④

一、社会变迁对政治思想的影响

首先，需要提起注意的是"君子"指称在战国秦汉时期的往复变化。"君子"或以德，或以位，或德位相配的概念，源自传世文献与楚竹书，楚竹书"君子"文献更是强调"有德者"。出土战国秦汉简牍文书中也有不少谈到"君子"的，但其并非专指"有德者"，如新蔡葛陵楚简的"灵君子"：

□灵君子、户、步、门□。【《新蔡楚简》甲三：76】
就祷灵君子一。【《新蔡楚简》乙一：28】

---

① 《汉书》卷三〇《艺文志》，第 1728、1732、1736、1737、1738、1740 页。
② 晁福林：《诸子·王官·学统：诸子起源再认识》，《史学月刊》2014 年第 10 期，第 9—13 页。
③ 杨博：《战国楚竹书史学价值探研》，第 345—350 页；《凯俤君子 民之父母——战国楚竹书中的君子与社会》，第 251—266 页。
④ 当然，上述分类并非绝对，举例亦只是为了更好地说明问题。

□君、陞（地）宔（主）、灵君子……【《新蔡楚简》乙四：82】①

周家台秦简《病方》的"陈垣君子"：

　　见东陈垣，禹步三步，曰："皋！敢告东陈垣君子，某病齲齿，笱令某齲已，请【326】献骊牛子母。"【327】②

学者多指出"灵君子"身份为巫，"陈垣君子"是神灵。③《睡虎地秦简》中《秦律十八种》的"君子"：

　　未卒堵坏，司空将红（功）及君子主堵者有辠（罪），令其徒复垣之，勿计为繇（徭）。【《繇律》116】④
　　官啬夫节（即）不存，令君子毋（无）害者若令史守官，毋令官佐、史守。【《置吏律》161】⑤

《秦律杂抄》亦见有：

　　徒卒不上宿，署君子、敦（屯）长、仆射不告，赀各一盾。宿者已上守除，擅下，人赀二甲。【34】

---

① 陈伟等：《楚地出土战国简册（十四种）》，第418、403页。
② 湖北省荆州市周梁玉桥遗址博物馆：《关沮秦汉墓简牍》，北京：中华书局，2001年，第129页；修订版参见武汉大学简帛研究中心、荆州博物馆编，陈伟主编：《秦简牍合集（叁）·周家台秦墓简牍》，武汉：武汉大学出版社，2014年，第60—61页。
③ 韩伟涛：《出土文献中的"君子"新义》，《寻根》2018年第5期，第14—17页。
④ 睡虎地秦墓竹简整理小组：《睡虎地秦墓竹简》，第47页；修订版参见武汉大学简帛研究中心、湖北省博物馆、湖北省文物考古研究所编，陈伟主编：《秦简牍合集（壹）·睡虎地秦墓简牍》，武汉：武汉大学出版社，2014年，第113页。
⑤ 睡虎地秦墓竹简整理小组：《睡虎地秦墓竹简》，第56页；修订版参见《秦简牍合集（壹）·睡虎地秦墓简牍》，第136页。

> 所城有坏者，县司空署君子将者，赀各一甲；县司空【40】佐主将者，赀一盾。【41】①

这里的君子与司空、令史相对应，应该指代地方吏员。将上面的"陈垣君子"与"署君子"联系来看，二者用法类似，"陈垣君子"本意似为管理陈垣的人，后来才成为神灵的名称。所以在战国乃至秦代社会语境中，如在秦律令即以"君子"指代管理者，还有"署君子"等特定称谓，②他们均是有一定身份的人，虽然不见得都是贵族，但是"君子"指代身份的义项在这里较为显明。

另一方面，"君子"思想又不会脱离社会现实存在。1978年5月在河南淅川下寺春秋楚墓M2中出土的王子午鼎（《铭图》02468～02474）、王孙诰钟（《铭图》15606～15631）及湖北宜都山中出土的王孙遗者钟（《铭图》15632）等器物铭文，如严恭舒迟、畏忌翼翼、肃哲圣武、惠于政德以及淑于威仪等赞美之语，学者据以指出楚国贵族形象的精神品质与儒家文化的君子人格风范极为符合，君子人格这一理想人格境界，是中原文化儒家的道德风范，也是楚国贵族阶层的伦理道德追求。③是故至西汉中期以后，"君子"这一儒家理想人格的标志经过"独尊儒术"的强化逐渐成为主流社会认同，成为国人一生的道德追求。此亦可视作"君子"思想与社会现实互动的情况之一。

其次，如针对战国社会现状，其时的儒家学派的"君子"政治思想带有较强的针对性，世殊时异，思想内涵会随之演化。如"好恶"论，简本《缁衣》意识到君主的好恶对其臣下和民众具有规范

---

① 睡虎地秦墓竹简整理小组：《睡虎地秦墓竹简》，第88、90页；修订版参见《秦简牍合集（壹）·睡虎地秦墓简牍》，第186、190页。
② 李玥凝：《秦简"君子子"含义初探》，《鲁东大学学报（哲学社会科学版）》2016年第3期，第59—64页。
③ 连秀丽：《楚铭所见儒家道德对楚文化的影响》，《北方论丛》2011年第4期，第1—5页。

的意义，因而君主须成为政治上和道德上两种意义的典范，有责任将自己的好恶明确无误地传递给臣民，否则臣民就会陷入混乱。从中可以看出对民心统一和服从的期待以及对君权的强调。"好恶"论因而具有政治和道德的两重意义。

而在汉代以后定型的今本《缁衣》中，这种针对政治的意味明显淡化。由表6所列文本来看，简本"好美"，今本第二章改为了"好贤"；简本的"有国者章好章恶"，今本第十一章则是"章善瘅恶"；简本的"章志以昭百姓"，今本第六章成为"章志、贞教、尊仁"，"以子爱百姓"则不见于简本。种种迹象表明，简本《缁衣》由"好恶"所体现的强烈的现实政治意识到汉代时弱化、淡化为一般和普遍意义上的君子道德论，有从仁义方面加以解释的倾向。同时简本所表现出的"政治一元论""言行一致论"等在今本中趋于模糊。[①] 从中既可看出战国儒学到汉代儒学思想之演变，又可了解战国时期强调君主具有道德与政治两种权能的思想背景。这可视作政治思想与社会现实互相影响的情况之一。

表6：郭店竹书本与今本《缁衣》"好美"相关文献对勘

简　本	今　本
好美如好缁衣，恶恶如恶迣（巷）伯。【1】	子曰：好贤如《缁衣》，恶恶如《巷伯》。（第二章）
有邦（国）者章好章恶，以示民厚，则民【2】情不紨（忒）。【3】	有国者章善瘅恶，以示民厚，则民情不贰（第十一章）。
故伥（长）民者，章志以昭百眚（姓），则百眚（姓）致行异（己）以敚（说）其上。【11】	故长民者章志、贞教、尊仁，以子爱百姓，民致行己以说其上矣。（第六章）

又如上博竹书《昭王毁室》记述了楚王因为"君子"父亲的尸

[①] 曹峰：《楚地出土文献与先秦思想研究》，台北：台湾书房出版有限公司，2010年，第243页。

骨埋在新建宫室之下，而命人将新建的宫殿拆除的故事。故事的最终结果是以国君的妥协和"君子"的胜利告终。黄国辉先生指出其反映的观念，是"亲"重于"君"，这也是先秦儒家多所秉持的一个重要理念。在早期儒家的君、亲观念中，"亲"更重于"君"。①郭店竹书《语丛三》：

> 父亡（无）亚（恶），君猷（犹）父也，其弗亚（恶）【1】也，猷（犹）三兊（军）之旌也，正也。所【2】以异于父，君臣不相才（戴）也，【3】则可已；不敓（悦），可去也；不【4】我（义）而加者（诸）己，弗受也。【5】②

简文讲的是君臣关系是有条件的，有"不相才（在）""不敓（悦）"，"不我（义）而加者（诸）己"是说这种关系是可以脱离的（弗受也）。父子却是一种源于血亲的伦理关系，是无法脱离的。《语丛一》亦强调君臣为尊（厚义薄仁、有尊无亲），父子为亲（厚仁薄义，有亲无尊）：

> 友君臣，【80】母（无）亲也。【81】……君臣、朋友，其臭（择）者也。【87】③

所以说"父子，至上下也【69】"。④父子出于"仁"无法选择，君臣源自"义"，可以选择。⑤郭店竹书《六德》更是把这一君臣父子观念总结为：

---

① 参见黄国辉：《重论上博简〈昭王毁室〉的文本与思想》，《历史研究》2017年第4期，第171—177页。
② 陈伟等：《楚地出土战国简册（十四种）》，第257页。
③ 陈伟等：《楚地出土战国简册（十四种）》，第246页。
④ 陈伟等：《楚地出土战国简册（十四种）》，第246页。
⑤ 李零：《郭店楚简校读记（增订本）》，第217页。

> 为父繲（绝）君，不为君繲（绝）父。【29】①

引申而言，当然可以说是以血缘关系为重，也就是说父子关系重于君臣关系。学者指出，此种君臣父子（君、亲）关系是原是儒家继承先秦旧制的一个典型，突出反映了孔子、子思一系对贵族分治权及其文化传统的认同态度，它能在楚地流行与传播，或与当时楚国典型贵族政治传统有一定关系。似可看出，当国家权力试图进入贵族集团领域之时，以"父子"（亲）对"君臣"（君）、亲对尊的观念是楚竹书"君子"政治思想在这一重大社会政治问题上所真正持有之立场。②

当然儒家的君、亲观念并非一成不变。在后世"天地君亲师"的观念中，"君"已位列"亲"前，与早期儒家的君亲观念相反，那么"君"重于"亲"的观念到底从什么时候开始的？前人研究多追溯到《荀子》。③清华竹书《芮良夫毖》：

> 亡（无）父母能生，亡（无）君不能生。【27】④

《芮良夫毖》在君亲观念的表达上，要比《荀子》更为直接，更为明确。《芮良夫毖》的成书时间，学界尚有争议，但早于《荀子》为诸家所认同。至睡虎地秦简《为吏之道》记有：

> 君鬼（惠）臣忠，父兹（慈）【46 贰】子孝，政之本殹

---

① 陈伟等：《楚地出土战国简册（十四种）》，第237页。
② 李健胜：《出土简牍所见"亲亲相隐"观念的形成及其权力属性——兼谈法律儒家化问题》，邬文玲、戴卫红主编：《简帛研究》（二○一九春夏卷），桂林：广西师范大学出版社，2019年，第41页。
③ 钱穆：《晚学盲言》，桂林：广西师范大学出版社，2004年，第242页。
④ 清华大学出土文献研究与保护中心编，李学勤主编：《清华大学藏战国竹简（叁）》，上海：中西书局，2012年，第146页。

（也）。【47 贰】①

不仅把"君臣"列于"父子"之前，并以二者是"政之本"。这与郭店竹书中重视"孝悌"的君亲观念已有很大不同。至《白虎通》时代，儒家最终明确了以"君臣、父子、夫妇"为核心的"三纲六纪"说。在秦汉以降君权崛起的时代，儒家君亲观念的转变意义重大。对于君权的拥抱，既符合了当时中国历史发展的潮流，在一定程度上也使得儒家学说在后世能够得到较好的延续和发展。②这亦是政治思想与社会现实互相影响的情况之一。

二、政治思想承传对社会变革的影响

君位选择中禅让说在现实政治中走向破产。《子羔》篇中已经意识到禅让存在于理想中的古代社会，世袭则存在于现实中的战国社会。世袭与"血统"有关，禅让则重视"德行"。当时这种君位选择论的盛行，招致了公元前318年至前314年间燕王哙禅位相国子之，最后国破君亡的惨剧。学者多已揭示，此后禅让理论彻底破产。但是在禅让理论式微之后，其对君主德行的重视却延续下来，成为理想政治模式下选择君位继承者的主要标准。思想知识阶层基本承认了血统在君位选择中的主导地位，但是他们抓住了"德行"这一主题，可以说是由君位选择中的惟血统论所带来的对"德"的强调。当然理想状况是"德""位"相合，但考虑现实状况，有德者不见得能够在位，在位者亦并非皆有德，故对此问题必须有所说解或回应，所以楚竹书中不少篇章对此问题提供解释。

---

① 睡虎地秦墓竹简整理小组：《睡虎地秦墓竹简》，第169页；修订版参见《秦简牍合集（壹）·睡虎地秦墓简牍》，第329页。
② 参见黄国辉：《重论上博简〈昭王毁室〉的文本与思想》，《历史研究》2017年第4期，第171—177页。

第二章 简牍典籍所述战国社会、学术与思想

简言之，一方面通过《穷达以时》《子羔》等论述的"际遇""时机"等，以是否遇时来解释这一问题。另一方面，强调"德"，用"德高于位"的观念说明有德者即便不在位，其地位仍高于在位者。例如上博竹书《君子为礼》中即有子羽与子贡的讨论，一一比较孔子与子产、禹、舜孰贤。逐次而言，子产有贤之名而无王之实，禹有贤之名亦有王之实，舜则有圣之名亦有王之实，三人之历史地位依序提升，而孔子一一与之相较，德行事功亦胜于三人。此外《季庚子问于孔子》中亦有述及"贤人"与"邦家"孰重孰轻的内容，其文为：

是故贤人大于邦，而有㝅（厚）心……【18】①

此种将"贤人"地位推崇至邦国之上的观念似已开始流行。由此可联系至当时士人社会地位之提高。余英时先生曾举魏文侯和鲁缪公的礼贤下士和陈仲的不愿出仕，以及齐国成立的"稷下学宫"以保障知识分子的"议论权"为例，论述其时知识分子声望的提高。② 这与当时各诸侯国通过求得"礼贤下士"的美名，汇聚人才以增强实力的背景是分不开的。以上似是政治思想与社会现实互相影响的范例之一。

同时引发的矛盾问题是，"德治"思想似乎已占据优势地位，这即需要对传统认识上法家之外，其他诸家思想何以在秦不兴的原因有所说解。对此学者多引《史记·秦本纪》记有秦穆公与由余的对话：

戎王使由余于秦……缪公怪之，问曰："中国以诗书礼乐法

---

① 濮茅左：《〈季庚子问于孔子〉释文考释》，马承源主编：《上海博物馆藏战国楚竹书（五）》，上海：上海古籍出版社，2005年，第227页。
② 余英时：《古代知识阶层的兴起与发展》，《士与中国文化》，上海：上海人民出版社，1987年，第1—83页。

度为政，然尚时乱，今戎夷无此，何以为治，不亦难乎？"由余笑曰："此乃中国所以乱也……夫戎夷不然。上含淳德以遇其下，下怀忠信以事其上，一国之政犹一身之治，不知所以治，此真圣人之治也。"①

由后来秦穆公慰留由余于秦并以客礼待之的态度可知，秦国君主对于"以诗书礼乐法度为政"时时招致乱局是一开始就有疑惑，即使对由余的话未必全信，但对由余所述"一国之政犹一身之治，不知所以治"的治国之道极为向往。居于西陲、与戎久处的客观现实，也使秦国那些有志向的为政者，包括任用商鞅进行变法的秦孝公在内，均不务虚名、只重实际，不管什么学说，能用的部分直接拿来为其所用，至于名头，并不重要。② 所以秦简中多可见儒、道、墨、法诸家思想汇于同篇的情形，《为吏之道》《为吏治官及黔首》《从政之经》的发现即是很好的例证。③

清华竹书《治政之道》与《治邦之道》从形式到内容都有密切关联，思想也多吻合，很可能是同一作者。本篇的思想从总体上来看，多与孔孟儒家的核心价值观相合，但并不墨守一家，而是兼收并蓄，儒、墨、道、法各家思想作为公共资源被不同程度吸收，呈现出诸家融合的气象。抄本是典型的楚文字，该篇很可能是楚人之作。

实际上，站在统治者甚至是读者的角度，无论何种政治思想，只要可为我所用，本身即为我可汲取之养料，这是文献流传的共性，当并非秦之个性。熊铁基先生曾解《史记·儒林列传》辕固生称

---

① 《史记》卷五《秦本纪》，第192—193页。
② 赵鹏璞：《战国政治地理格局研究》，博士学位论文，郑州：郑州大学历史学院，2018年，第145—146页。
③ 朱玲丽：《秦统治思想新探——以简牍为中心》，硕士学位论文，苏州：苏州大学社会学院，2015年，第30—37页。

《老子》书为"家人言",意思是指它的流行之广,一般人都可以学它、讲它,体现了"黄老"书的流行程度。[1]故就读者(使用者)而言,思想的内容、实质的可用性要大于学派等形式。西汉宣帝所云"汉家自有制度,本以霸王道杂之"正是此理。[2]至今所见同墓所出楚竹书文献材料、楚竹书单篇文献均呈现之兼容并包的亦可为之佐证。此亦可视作政治思想与社会现实互相影响的范例之一。

最后,由楚竹书这一横断面体现的某种以德治教化为核心观念的政治思想结构,和讲求"君人南面之术"的黄老道家之学的渊源与相互运作,也对历史的纵深产生了深远的影响。《论六家要旨》中将黄老道家思想概括为"因阴阳之大顺,采儒墨之善,撮名法之要",[3]白奚先生研究认为在黄老之学吸取的各家学说中,儒家所占的比重最大,对于黄老学理论体系的构建最重要。[4]北大竹书《周驯》的政治思想除以道、法为主外,还有一些明显出于儒、墨,如"孝悌慈仁""慈惠温良""尊仁贵信"等来自儒家,而选择继嗣时的"立贤"思想以及"畏天""事神"等主张可能来自墨家。因此《周驯》的思想宗旨即可以概括为"道法为纲、杂糅儒墨"。[5]蒙文通先生指出:"百家盛于战国,但后来却是黄老独盛,压倒百家。"[6]黄老道家思想在战国逐渐成为显学,直至在汉初被遵奉为治国思想,即反映了这一趋势及影响。继之而起的标榜"德治礼教"的儒家主体思想更是对中国古代社会影响深远。这也是政治思想与社会现实互

---

[1] 熊铁基:《从"稷下黄老"到"家人之言"——黄老道家的形成问题》,《中国哲学史》1993年第1期,第44—51页。

[2] 《汉书》卷九《元帝纪》,第277页。

[3] 《史记》卷一三〇《太史公自序》,第3289页。

[4] 白奚:《学术发展史视野下的先秦黄老之学》,《人文杂志》2005年第1期,第147—151页。

[5] 参见韩巍:《西汉竹书〈周驯〉若干问题的探讨》,北京大学出土文献研究所编:《北京大学藏西汉竹书(叁)》,第249—298页。

[6] 蒙文通:《略论黄老学》,蒙文通著,蒙默整理:《蒙文通文集》第1卷《古学甄微》,成都:巴蜀书社,1987年,第276页。

相影响的典型范例之一,亦体现着楚竹书"君子"文献在研究政治思想史方面的重要价值。

小　　结

战国早期的社会与学术、思想图景,向因文献资料稀缺而使学者望而却步。清华竹书《系年》的发现,填补了战国早期传世文献记载的空白,而《系年》与相关楚竹书记述的战国早期战事与领土的争夺,揭示了战国早期"领土国家"的成形。在此基础上,战国诸国地域文化间的交流与楚文化的区域学术与思想中心地位同时得以建立。

楚竹书"语"书与《系年》所涉,如《容成氏》所列汤伐桀、武伐纣,上博"语"书之庄、灵、平,清华"语"书之郑武公、文公与简公(子产)等,均关乎三代历史暨诸侯国国势发展之重要节点,体现出史书撰述中对三代时势的整体把握。楚竹书援引"世系"类材料的叙述模式,不仅体现出"昭明德而废幽昏"的尚贤观念,并由之催生出"良臣"名号、事迹的纂辑。"世系"类文献与"语"类文献相辅相成,既揭示出战国时期"世系"类文献发展的新途径,更有利于理解两周"语"类文献"多闻善败以鉴戒"的叙事主题。

北京大学西汉竹书《周驯》中有关"六王五伯"的记述,与文献记载以古史圣王、明主、良臣等典型人物事迹作为论说楷模的行为,属于同一范畴。这种论说方式经常性地以组合的方式出现,这种方式按圣王人数多少和组合情况简要分为四种类型八种情况。这些存在差异的不同组合均是作为论说者为表达自己的政治见解而出现的。

战国诸子所持政治理念与关怀所适用的地理范围与族群范畴,与先秦文献中常见的"中国""天下"以及与之相关的"九州""五服"等名号密切相关。"九州"是伴随着商周时人政治地理实践产生的认知,而从"九州"到"十二州"的认识则既与当时自然地理与人文地理的格局有关,又与春秋战国时人"天下大国十二"这一习惯性认识存在联系。边域与中原核心区的关系也历经了从松散的联盟到逐渐控制的过程,周人封建使得"华夏"与"四海"糅合在一起,而华夏边缘的扩展更多的是通过文化认同来达到的。在战国集权制日益加强的背景下,"五服""九服"与"九州"相融合,从而使得政治地理上的天下观念涵盖九州(华夏)与四海(蛮夷)。

相对诸子学派发展的"历时"性而言,埋藏时段集中于公元前300年前后的战国楚竹书,则使我们得以看到当时多种思想交融、多元共生之学术面貌。将楚竹书道家文献与传世儒家文献有关宇宙生成的篇章合观,可见儒家、道家叙述宇宙生成模式的目的均在于为各家主张的"治世"理想提供依据。通过楚竹书儒道文献,我们得窥早期诸子学说在同一政治目标下,通过相近或共同的"治世"言说"母题",同根互济,旨趣贯通,但又借别家理论以张扬己说,"言公"与"私意"互摄的复杂面貌。由此看来,汉人"六家""九流十派"的学派判定是有着深刻的历史渊源与学术背景的。

楚竹书文献以儒家为主,战国儒家政治思想与汉代儒家思想的差异,如"君子"指称的变化、君亲观念的转变等,都与战国秦汉社会现实的变化特别是大一统政权的建立息息相关。秦汉以降,以儒家思想为核心的诸子思想作为公共资源被不同程度地吸收,呈现出诸家融合的气象,从而为后世长达两千余年的帝制中国不断提供"治世"养料。

第三章 简牍典籍所见秦汉时期的政治与学术

第一节 《海昏侯国除诏书》初探　134
第二节 海昏侯刘贺与儒家"六艺"典籍的承传　167
第三节 出土简牍与西汉中期以前的"礼"书形态　182
第四节 出土简牍视野下的《论语》文本形态演进　194
小结　204

南昌西汉海昏侯刘贺墓出土的万余件珍贵文物中，公认学术价值最高的是五千二百余枚竹简和近百版木牍，包括众多重要珍贵典籍和历史性文书档案，是我国学术史上的一次重大发现。根据墓园简报、①相关公开展览报道，②学界对刘贺本人"王"→"帝"→"庶人"→"侯"的传奇经历，③乃至墓中出土的简牍、④孔子衣镜等文物也有不少的介绍与研究。⑤海昏简牍包含"诗经"类、"礼记"类、"春秋"类、"论语"类及"孝经"类等重要"六艺"典籍，其中一些已经失传近两千年。⑥海昏木牍中发现有关于刘贺去世后海昏侯国存废的诏书残牍曾在概述中有简要介绍，如可辨文字有"今贺淫""天子少""列土封""乙巳死"和"葬谨议"等。这是继居延简《永始三年诏书》《元康五年诏书》后，考古发掘出土的第三件内容较为完整的汉代诏书实物，因其内容记述刘贺去世后海昏侯国除的史事，故可称之为《海昏侯国除诏书》。《海昏侯国除诏书》是汉代公卿会议的翔实资料，也是西汉中晚期朝廷政治状态的体现，更提供了刘贺与其家族的史实、昌邑王国与海昏侯国的基本状况。另值得注意的是，作为典型历史人物，刘贺的活动情况在传世文献特别是《汉书》中有较详细的记述。笔者在初步整理海昏简牍时即发现，传世文献所记刘髆、刘贺父子两代特别是刘贺所习、所见儒家"六

---

① 江西省文物考古研究所、南昌市博物馆、南昌市新建区博物馆：《南昌市西汉海昏侯墓》，《考古》2016年第7期，第45—62页。
② 江西省文物考古研究所、首都博物馆编：《五色炫曜：南昌汉代海昏侯国考古成果》，南昌：江西人民出版社，2016年。
③ 辛德勇：《海昏侯刘贺》，北京：生活·读书·新知三联书店，2016年；《海昏侯新论》，北京：生活·读书·新知三联书店，2019年。
④ 杨军、王楚宁、徐长青：《西汉海昏侯刘贺墓出土〈论语·知道〉简初探》，《文物》2016年第12期，第72—75、92页。
⑤ 王意乐、徐长青、杨军、管理：《海昏侯刘贺墓出土孔子衣镜》，《南方文物》2016年第3期，第61—70页；刘子亮、杨军、徐长青：《汉代东王公传说与图像新探——以西汉海昏侯刘贺墓出土"孔子衣镜"为线索》，《文物》2018年第11期，第81—86页。
⑥ 江西省文物考古研究院、北京大学出土文献研究所、荆州文物保护中心：《江西南昌西汉海昏侯刘贺墓出土简牍》，《文物》2018年第11期，第87—96页。

"艺"经典的相关记述，与海昏简本所见多有可相对应关联处。这些出土典籍不惟对认识西汉诸侯王教育，特别是王式、王吉所传在刘贺所习"六艺"典籍中的不同地位，于两汉时期"六艺"典籍承传问题的进一步讨论亦具有重要价值。故下文拟从海昏简牍入手，就简牍典籍所见秦汉时期的政治与学术作一简要讨论。

第一节 《海昏侯国除诏书》初探

刘贺墓主椁室分为东、西两室，东室放置棺椁，西室放置床榻及孔子衣镜等。《国除诏书》与奏牍即分别出在主椁室西室最西侧的两个漆盒内。漆盒在出土位置上紧邻西藏椁的文书档案库，由此推测或由于椁室塌毁造成漆盒位移，这也可能是造成漆盒内诏书散乱残损的原因之一。

由于漆盒朽烂较严重，也有若干木牍的碎片散布于西室。盒内存木牍十版，形制保存较完整；盒外木牍残损严重，碎片大小不等，文字剥落严重。将木牍碎片的出土位置、材质形制、书法字体、文书等信息与漆盒内的木牍对比系联，可基本确定为同一文书。较完整的十块木牍形制、大小相近，长度均23厘米上下，约为汉代一尺；文字工整，墨写隶书，两行书写，应为职业刀笔吏所书。《汉制度》载"三公以罪免亦赐策，而以隶书，用尺一木，两行"，[1] 比之木牍，可证不虚。

漆盒内木牍背面自书有序号（二、三、六、七、九、十一、十二、十九、廿四、侯家），最大的数字为"廿四"，其后尚见有一版"侯家"，据此可知原本应不少于二十五版，目前可拼缀二十三版，第18、23号与现有残片之关系仍需进一步探究。漆盒

---

[1] 《后汉书》卷一上《光武帝纪上》李贤注引《汉制度》，第24页。

内的十块木牍形制虽然较完整，但牍面仍有一些剥落，文字也有相当部分残泐漫漶；漆盒外的木牍碎片因残损较重，仅部分保存有文字。虽有约十五块木牍现已残损，但根据保存较好的十块木牍上的文字，仍能大体构建出全文格式与内容。下面据初步整理情况分别予以简要介绍。

一、《海昏侯国除诏书》的初步整理复原

（一）《海昏侯国除诏书》的释文
1. 较完整的10版（M1∶1506-1～10，以牍背序号为序）
M1∶1506-1，正面两行墨书45字。

卫尉臣如意廷尉臣定国宗正臣德大司农臣禹少府臣贺
守执金吾南阳大守臣贤京兆尹臣敞左冯翊臣彊右扶

M1∶1506-2，正面两行墨书46字。

风臣万年詹事臣常贤水衡都尉臣奉世将作大匠臣穰典属
国臣谭丞相司直臣吉司隶校尉臣延中垒校尉臣襄博

M1∶1506-3，上端残，正面存单行墨书10字。

☐御史符尚符玺罢归使者

M1∶1506-4，上端残，正面存两行墨书16字。

☐乃以☐☐故主也
☐中国☐饶之地合六县以为国

135

M1∶1506-5，正面两行墨书52字。

贺常与诸妻子饮酒歌炊敃瑟无恐惧之心陛下仁恩不忍加诛削邑户
三千贺不悔过毋须臾间自责妻子死未葬常饮酒醉歌敃炊

M1∶1506-6，下端残，正面存两行墨书28字。

暴乱废绝之人不宜为大祖
陛下恩德宜独施于贺身而已不当嗣后贺

M1∶1506-7，正面两行墨书53字，重文4。

数水旱多菑害国前上当为后者大鸿胪初上子充=国=疾死复上子奉=亲=复疾死是天绝之也传曰义主于仁而制仁者义也故

M1∶1506-8，正面两行墨书49字，重文1。

礼与闻政事贺不悔过自责乃恨于废大罪仍显暴布海内
明诏又重以大惠不忍致法削贬户邑终不变辞羞仁以亲=义以

M1∶1506-9，笔迹与前不同，下端残，正面存两行墨书42字，钩结符号1。

十月甲申豫章大守廖都尉丞霸行丞事下都尉县侯国承
事下当用者如诏书丿掾宽郡守卒史宽书佐千秋

由"承书从事"疑首行下端残"书从"二字。

M1∶1506-10，笔迹与前均不同，正面两行墨书47字，钩结符号1。

十月丙戌海昏侯国守相宜春长千秋守丞建城尉同下侯家别
治鄡阳承书从事下当用 者如诏书 丿 掾延年守令史万年

2. 诏书残牍（M1∶1799-1～16）

M1∶1799残损较重，文字也多残泐，仅部分可识。现存可识别为单版的木牍6枚（可缀合者视为一枚）、有字的木牍碎片9枚，另有无字或笔画不可释读的碎片若干。现据初次整理时拍摄的彩色与红外影像，对残存文字的16枚残牍释读如下：[①]

M1∶1799-1，由三枚残牍拼缀而得，墨书两行残存29字，重文3。

　　愿下公卿博士议
　　制　曰下丞相博士中二=千=石=臣吉臣望之臣昌臣☒

M1∶1799-2，由两枚残牍拼缀而得，相当部分的字迹已漫漶，墨书两行可辨17字。

　　心幸得不伏诛贺☐☐☒
　　礼及政事不宜赐……归使者

M1∶1799-3，由两枚残牍拼缀而得，部分字迹已漫漶，墨书两行可辨17字。

---

① 由于所依据的仅是此批简牍初步清理时的彩色与红外影像，残牍长、宽等详细数据需要清洗、脱色后采集。

气瞋烦心区所能□加以□☒
　　九月乙巳死廖闻事□☒

M1:1799-4，多数字迹已漫漶，借助红外图版，墨书两行可辨13字。

　　☒昌大□大傅臣宽☒
　　☒长信少府臣未央☒

M1:1799-5，多数字迹已漫漶，借助红外图版，墨书两行可辨10字。

　　☒□不行其诛列土封☒
　　☒□□臣之职☒

M1:1799-6，由两枚残牍拼缀而得，部分字迹已漫漶，借助红外图版，墨书两行可辨13字。

　　☒□天子之吏治其国☒
　　☒□今贺淫荒暴虐□☒

M1:1799-7，部分字迹已漫漶，借助红外图版，墨书两行可辨9字。

　　☒为大祖所以贺☒
　　☒□□无道天□☒

M1∶1799-8，部分字迹已漫漶，墨书单行可辨4字。

☐☐☐等谨议……☐奏☐

M1∶1799-9，部分字迹已漫漶，借助红外图版，墨书两行残存6字。

称奉海昏☐
臣行☐

M1∶1799-10，大部分字迹已残，借助红外图版，墨书两行可辨2字。

☐☐地建☐
☐☐☐☐☐

M1∶1799-11，借助红外图版，墨书单行存2字。

☐使陪

M1∶1799-12，多数字迹已漫漶，借助红外图版，墨书两行可辨2字。

☐侯贺☐☐☐
☐☐☐☐

M1∶1799-13，多数字迹残，借助红外图版，墨书两行可辨2字。

□□暴□□
　　□仍□

M1∶1799-14，多数字迹已漫漶，借助红外图版，墨书两行可辨3字。

　　□□□□□
　　□□□放之人□□

M1∶1799-15，多数字迹已残，借助红外图版，墨书两行存2字。

　　士□
　　书□

M1∶1799-16，多数字迹已残，借助红外图版，墨书两行可辨4字。

　　□□臣仓□
　　□上书□

（二）《海昏侯国除诏书》的文本结构

蔡邕《独断》："诏书者，诏诰也。……群臣有所奏请，尚书令奏之，下有司曰制，天子答之曰可。若下某官云云，亦曰诏书"，[①]已指出诏书是皇帝"制曰可"的群臣"奏请"。也即是皇帝在群臣奏请文书之末批示以"可"或"下某官"一类文字，尚书在缮写并向奏

---

① [汉]蔡邕：《独断》卷上，王云五主编：《丛书集成初编：汉礼器制度及其他五种》，上海：商务印书馆，1939年，第4页。

书者下发此批示时，于"可"或"下某官"之前加上"制曰"二字，就形成了前为臣下奏疏本文，后为皇帝批示"制曰：可"或"制曰：下某官"的程式。劳榦先生《居延汉简考证》云："汉世诏书应有三部分，最前为奏，次为诏书本文，最后为诏书下行内外官署之文。"①汪桂海先生则认为汉代的专名诏书中，诏书本文由臣民奏文与皇帝的批示语构成，公卿群吏为向下逐级传达而附于诏书之后的行下之辞无论是怎样的文字，毕竟不是皇帝所发诏书，不应视为诏书的一部分。②《海昏侯国除诏书》"廿四""侯家"的行下之辞中将此公文名之为"诏书"，故此文书当属"专名诏书"。"廿四""侯家"两块行下之辞虽与诏书正文同出土于漆盒内，但其写作格式与正文有一定区别，可见原是将其视为诏书附件一同随葬的。

由漆盒内较完整的 10 版（M1∶1506-1～10）木牍牍背的自书序号，已可大致推拟出《海昏侯国除诏书》（以下简称海昏《诏书》）的文本结构。M1∶1506-1～2（牍背自书"二、三"）的内容为众多官员的职名，应是奏文起首处的上奏官员署名；M1∶1506-3～8（牍背自书"六、七、九、十一、十二、十九"），应是奏文本文；M1∶1506-9～10（牍背自书"廿四、侯家"），明确是行下之辞。M1∶1506-6～7（牍背自书"十一、十二"）的内容见于《汉书·武五子传》，是刘贺薨逝后，豫章太守廖向朝廷的进奏。豫章太守廖的这封奏于《全汉文》中称《奏绝昌邑王后》，意在废绝刘贺后嗣。依《武五子传》的行文逻辑，此封奏明确为豫章太守一人向朝廷的进奏，但在海昏《诏书》的起首处则有上奏百官的署名，因此海昏《诏书》第一部分的"奏文"虽与《奏绝昌邑王后》有极大关联，但不会是《奏绝昌邑王后》的本文。

值得注意的是，《武五子传》在豫章太守的奏言后有"议皆以为

---

① 劳榦：《居延汉简考证》，《居延汉简考释之部》，台北："中研院"史语所，1960 年，第 7—9 页。
② 汪桂海：《汉代官文书制度》，南宁：广西教育出版社，1999 年，第 32—35 页。

不宜为立嗣，国除"一语，① 可知朝廷在接到豫章奏后召开了公卿会议，M1：1799存字最多的残牍释文"愿下公卿博士议。制曰：下丞相博士中二=千=石=臣吉臣望之臣昌臣……"印证了这一推测。由此来看，海昏《诏书》第一部分的"奏文"应是公卿会议后百官所进的奏，在这封会议奏文里转述了豫章太守廖的《奏绝昌邑王后》。

关于西汉公卿会议及会议奏中转引它奏的情况，《史记·三王世家》记有"群臣请立皇子为诸侯王"事，《全汉文》中将霍去病的奏疏称为《请立皇子为诸侯王疏》，将众臣会议后的奏文称为《奏请皇子为诸侯王》。依汉代公文流程，霍去病先上《请立皇子为诸侯王疏》，请立皇子为王，是为起因；皇帝不决，下公卿会议；公卿会议后，将会议的结论上奏，是为《奏请皇子为诸侯王》；皇帝再对公卿的奏文进行批示，经过"制可"成为诏书。由此，《奏请皇子为诸侯王》可细为四个部分：

（一）奏事（会议）百官的署名；

（二）引述霍去病奏疏《请立皇子为诸侯王疏》，记叙事件缘起；

（三）皇帝对霍疏的批示"制曰：下御史"，意为交御史大夫处理，御史因此召开公卿会议；

（四）公卿会议霍疏的结论。在这四个部分之后，虽有皇帝的批示，但未"制曰可"，故《奏请皇子为诸侯王》只为奏章，尚不为诏书。

将"群臣请立皇子为诸侯王"事比之海昏侯国除事，霍去病的《请立皇子为诸侯王疏》相当于豫章太守廖的《奏绝昌邑王后》，公卿会议后的《奏请皇子为诸侯王》相当于海昏《诏书》中的"奏文"，因此，《奏请皇子为诸侯王》是复原海昏《诏书》的重要参考。依《奏请皇子为诸侯王》的内容划分，可将漆盒内较完整10版木牍（M1：1506-1～10）的文本结构对比编排如下表：

---

① 《汉书》卷六三《武五子传》，第2770页。

表7:《奏请皇子为诸侯王》与海昏《诏书》的结构划分对比

奏文			诏书本文	行下之辞
奏 章		原文（牍背序号、出土编号）		
奏请皇子为诸侯王	奏事百官署名	丞相臣青翟、御史大夫臣汤……昧死上言	制曰："……其更议以列侯家之。"	（缺）
	引述《请立皇子为诸侯王疏》	大司马去病上疏曰："陛下过听，使臣去病待罪行间。……唯愿陛下幸察。"		
	皇帝对《请立皇子为诸侯王疏》的批示	制曰："下御史。"		
	公卿会议结论	臣谨与中二千石、二千石臣贺等议：……臣青翟、臣汤等昧死请立皇子臣闳、臣旦、臣胥为诸侯王。昧死请所立国名。	皇帝的批示	
海昏诏书	奏事百官署名	卫尉臣如意廷尉臣定国宗正臣德大司农臣禹……（二、三）		十月甲申豫章大守廖……（廿四）
	引述豫章太守的《奏绝昌邑王后》	……贺常与诸妻子饮酒歌炊鼓瑟无恐惧之心……（六、七、九、十一、十二）	（缺）	
	皇帝对《奏绝昌邑王后》的批示	愿下公卿博士议（M1:1799-1）		十月丙戌海昏侯国守相宜春……（侯家）
	公卿会议结论	……贺不悔过自责乃恨于废大罪仍显暴布海内……（十九）		

143

以《奏请皇子为诸侯王》推之，海昏《诏书》的"奏文"中不仅引用了豫章奏，还应详细叙述了整场事件的原委。漆盒内较完整10版木牍（M1:1506-1～10）已可推拟出《诏书》的大致结构，下面需要依照汉代公文流程与海昏侯史事的相关记载，将 M1:1799 的十六枚残牍排入《诏书》文本的合适位置，以更好地认识和理解海昏《诏书》。

（三）残牍序次与《诏书》复原

前已提到，由牍背自书序号推测，海昏《诏书》原应不少于25版，M1:1799 虽见有十六枚残牍，但因木牍碎片较多，不排除有数版木牍已经残失，如表8所示，依据文意似可将大部分残牍的内容引入《诏书》文本之中。

表8：海昏《诏书》初步复原

初步拟序	释文或推测内容	牍背自书	出土号
1	☐昌大☐大傅臣宽☐ ☐长信少府臣未央☐	未见	M1:1799-4
2	卫尉臣如意廷尉臣定国宗正臣德大司农臣禹少府臣贺 守执金吾南阳大守臣贤京兆尹臣敞左冯翊臣彊右扶	二	M1:1506-1
3	风臣万年詹事臣常贤水衡都尉臣奉世将作大匠臣穰典属 国臣谭丞相司直臣吉司隶校尉臣延中垒校尉臣襄博	三	M1:1506-2
4	士☐　☐☐臣仓☐ 书☐　☐上书☐	未见	M1:1799-15 M1:1799-16
5	称奉海昏☐　使陪☐ 臣行☐	未见	M1:1799-9 M1:1799-11
6	☐御史符尚符玺罢归使者	六	M1:1506-3

续 表

初步拟序	释文或推测内容	牍背自书	出土号
7	☐乃以☐☐故主也 ☐中国☐饶之地合六县以为国	七	M1：1506-4
8	☐☐不行其诛列土封☐ ☐☐☐臣之职	未见	M1：1799-5
9	贺常与诸妻子饮酒歌炊敀瑟无恐惧之心陛下仁恩不忍加诛削邑户 三千贺不悔过毋须臾间自责妻子死未葬常饮酒醉歌敀炊	九	M1：1506-5
10	气瞋烦心区所能☐加以☐☐ 九月乙巳死廖闻事☐☐	未见	M1：1799-3
11	暴乱废绝之人不宜为大祖 陛下恩德宜独施于贺身而已不当嗣后贺	十一	M1：1506-6
12	数水旱多菑害国前上当为后者大鸿胪初上子充=国=疾死复上 子奉=亲=复疾死是天绝之也传曰义主于仁而制仁者义也故	十二	M1：1506-7
13	（缺）		
14	☐为大祖所以贺☐ ☐☐☐无道天☐☐	未见	M1：1799-7
15	愿下公卿博士议 制曰下丞相博士中二=千=石=臣吉臣望之臣昌臣☐	未见	M1：1799-1
16	☐☐☐等谨议……☐奏☐	未见	M1：1799-8
17	（缺）	未见	
18	☐分地建☐ ☐☐☐☐☐	未见	M1：1799-10
19	礼与闻政事贺不悔过自责乃恨于废 大罪仍显暴布海内 明诏又重以大惠不忍致法削贬户邑 终不变輆羞仁以亲=义以	十九	M1：1506-8

145

续　表

初步拟序	释文或推测内容	牍背自书	出土号
20	□□天子之吏治其国□ □□今贺淫荒暴虐□□	未见	M1∶1799-6
21	心幸得不伏诛贺□□□ 礼及政事不宜赐……归使者	未见	M1∶1799-2
22	（制曰可） （年月日，御史大夫下丞相）		
23	（月日，丞相下豫章太守）		
24	十月甲申豫章大守廖都尉丞霸行丞事下都尉县侯国承事下当用者如诏书／掾宽郡守卒史宽书佐千秋	廿四	M1∶1506-9
25	十月丙戌海昏侯国守相宜春长千秋守丞建城尉同下侯家别治鄡阳承书从事下当用者如诏书／掾延年守令史万年	侯家	M1∶1506-10
待定	□侯贺□□□□ □□□□	未见	M1∶1799-12
	□□暴□□ □仍□	未见	M1∶1799-13
	□□□□□ □□□放之人□□	未见	M1∶1799-14

《诏书》起首为奏事百官署名，对应 M1∶1506-1～2（牍背自书"二、三"），而 M1∶1799-4 的"昌大□大傅臣宽……长信少府臣未央"，其中的"昌"，可能即指时任太常的苏昌。《汉书·百官公卿表》元康元年"蒲侯苏昌复为太常，六年病免"。[①]"大□大傅"应即"太子太傅"。太子太傅与长信少府具秩二千石，位在中二千石

[①]《汉书》卷一九下《百官公卿表》，第806页。

的太常、廷尉、卫尉等九卿之下，此却列名于太常与卫尉之间。与之类似，M1：1506-2（牍背自书"三"）中的丞相司直秩比二千石，署名却在二千石的司隶校尉、中垒校尉之前，可见《诏书》中的列名并不完全按品秩高下。因此，M1：1799-4 的顺序应为"一"，为海昏《诏书》首牍。

M1：1506-2（牍背自书"三"）百官职名的最后为一"博"字，对应的应是"博士"，M1：1799-15 的"士/书"，似应衔接其后。M1：1799-16 的"臣仓/上书"，"臣仓"可能为众博士之一。《汉书·霍光传》记废黜刘贺帝位时群臣上奏的《奏废昌邑王》有"臣敞等谨与博士臣霸……臣仓议"，① 可衔接 M1：1799-15。M1：1799-15 的"书"应指会议群臣上书，M1：1799-16 中的"上书"应为引述豫章太守上书，如《奏请皇子为诸侯王》"丞相臣青翟……昧死上言：大司马去病上疏曰"，两见上书（上言、上疏）。因此 M1：1799-15～16 应序为"四"。

牍四（M1：1799-15～16）中见"书""上书"等字样，且后一个"上书"为引述豫章太守的上书，因此牍五及其后数枚木牍的内容似应与豫章太守廖的《奏绝昌邑王后》直接相关。

M1：1506-3（牍背自书"六"）"御史符尚符玺罢归使者"，所指官员应即"御史治书尚符玺者"，② 其职责《汉书》未载，推测当为御史大夫属下。《百官公卿表》："御史大夫，秦官，位上卿，银印青绶，掌副丞相。有两丞，秩千石。一曰中丞，在殿中兰台，掌图籍秘书，外督部刺史，内领侍御史员十五人，受公卿奏事，举劾按章。"③ 依官名用字及史书记载来看，"御史符尚符玺罢归使者"意为豫章太守请求朝廷让主管进奏与符玺的御史退还奏疏并遣返使者。此处的奏疏或指海昏侯国上奏的刘贺薨逝与请求立嗣的奏疏，使者

---

① 《汉书》卷六八《霍光传》，第 2945 页。
② 《汉书》卷一九上《百官公卿表》，第 743 页。
③ 《汉书》卷一九上《百官公卿表》，第 725 页。

也应是海昏侯国的官员。

M1∶1799-9 为牍首"称奉海昏"、M1∶1799-11 为牍尾"臣行"。两枚残牍似可衔接作"称奉海昏……使陪臣行……"。"使陪臣行"也见于海昏侯墓出土的奏牍，如"谨使陪臣行家丞事仆臣饶居奉书""陪臣行行人事中庶子"等。①《左传》襄公二十一年杜预注云："诸侯之臣称于天子曰陪臣。"② 因此 M1∶1799-9、M1∶1799-11 的"称奉海昏……使陪臣行……"可能原文意为"在刘贺薨逝后，海昏侯国派遣陪臣上奏朝廷，请求为刘贺立嗣"，而豫章太守廖反对为刘贺立嗣，故又上奏朝廷请求御史罢归海昏侯国的使者。因此，M1∶1799-9、M1∶1799-11 应序为"五"。

M1∶1506-4～7（牍背自书"七、九、十一、十二"），在行文上有较为明确的时间逻辑，可以综合讨论。M1∶1506-4（牍背自书"七"）"乃以□□故主也/中国□饶之地合六县以为国"，应指昌邑王国为中原六县之国，似记述的是刘贺早年任昌邑王的经历。M1∶1506-5（牍背自书"九"）"贺常与诸妻子饮酒歌炊敱瑟无恐惧之心陛下仁恩不忍加诛削邑户/三千贺不悔过毋须臾间自责妻子死未葬常饮酒醉歌敱炊"，应指刘贺在海昏侯国"与孙万世交通"事发后，"削户三千"的情况。因此，第八牍记述的似即应是刘贺在帝位二十七日及之后的情况。M1∶1799-5"不行其诛列土封/□□臣之职"，说的应是刘贺在被废黜帝位后，不仅未被杀死（不行其诛），还能受封为海昏侯（列土封）的情形。因此 M1∶1799-5 应序次为"八"。

M1∶1506-5（牍背自书"九"）记述的时间为"与孙万世交通"事发后，此时刘贺尚在人世，M1∶1506-6（牍背自书"十一"）"暴

---

① 王意乐、徐长青：《海昏侯刘贺墓出土的奏牍》，《南方文物》2017 年第 1 期，第 91—97 页。
② 《春秋左传正义》卷三四襄公二十一年，[清]阮元校刻：《十三经注疏（清嘉庆刊本）》，第 4280 页。

乱废绝之人不宜为大祖/陛下恩德宜独施于贺身而已不当嗣后贺"所述则已是刘贺死后"不宜为太祖",可知牍"十"应记述的是刘贺去世的情况。M1:1799-3"气瞑烦心区所能□加以□/九月乙巳死廖闻事☐"中的"九月乙巳死"所言就应是刘贺的死期,紧接于后的"廖闻"又证明此牍内容为豫章太守廖的奏文,因此 M1:1799-3应列于牍九、十一之间,序次为"十"。

M1:1506-6~7(牍背自书"十一、十二")"数水旱多蓄害国前上当为后者大鸿胪初上子充₌国₌疾死复上/子奉₌亲₌复疾死是天绝之也传曰义主于仁而制仁者义也故",见于《武五子传》。可知此两牍还是豫章太守廖的奏疏内容。豫章奏于后文还有"陛下圣仁,于贺甚厚,虽舜于象无以加也"等语,但残牍中未见相关内容,或已残失,故牍"十三"可暂视为缺。豫章奏之后的"宜以礼绝贺,以奉天意"可能对应了 M1:1799-7"为大祖所以贺/□□无道天",其意在总结奏疏,原文可能为"(刘贺不宜为)太祖……无道天(绝之)",因此将 M1:1799-7 序为"十四"。

史书载豫章奏的最后为"愿下有司议",完美对应了M1:1799-1"愿下公卿博士议/制曰下丞相博士中二₌千₌石₌臣吉臣望之臣昌臣☐",为豫章奏的结尾与皇帝对豫章奏的批示。因此 M1:1799-1 确为"十五"。

衔接牍"十五"的牍"十六"及之后数枚木牍应是公卿会议后百官的奏陈。据《奏请皇子为诸侯王》的行文,此处格式应类"臣谨与中二千石、二千石臣贺等议"。M1:1799-8"等谨议……□奏",应是众臣会议后的奏文,也衔接了牍"十五"(M1:1799-1)中的"制曰下丞相博士……"。因此 M1:1799-8 列为"十六"。

依"群臣请立皇子为诸侯王"故事,照霍去病《请立皇子为诸侯王疏》与百官《奏请皇子为诸侯王》这两篇奏疏的行文逻辑来看,如会议的百官同意初奏者的观点,在之后上书的会议"奏文"中会将初奏者的"奏疏"进行引述、化用与升华。据《汉书》记载,群臣均附议豫章太守的奏疏"议皆以为不宜为立嗣",因此牍"十七"及之后数枚木牍为百官会议后的奏文,奏文的主旨思想与行文内容应与豫章奏大体相同。

M1:1506-8(牍背自书"十九")"礼与闻政事贺不悔过自责乃恨于废大罪仍显暴布海内／明诏又重以大惠不忍致法削贬户邑终不变辥羞仁以亲₌义以",叙述的是刘贺受封海昏侯后"贺不悔过自责乃恨于废",及"与孙万世交通"事的"不忍致法削贬户邑"。从行文逻辑来看,未见叙述刘贺任昌邑王与废帝的情况,即M1:1506-4(牍背自书"七")、M1:1799-5(牍"八")的对应文字,因此推测牍"十七""十八"的内容大部分已经残失,唯M1:1799-10"分地建"可能与之相关,但因存字较少,不确,暂列为"十八"。

按此类奏疏的语言风格与行文逻辑,简要叙事之后就要开始引经据典地论述,因此M1:1506-8(牍背自书"十九")的结尾处便化用了《中庸》。"仁以亲₌义以……"即化用《中庸》"仁者,人也,亲亲为大。义者,宜也,尊贤为大"。① 用于此,可能是赞美宣帝将刘贺封为海昏侯的行为属"亲亲"之举,刘贺却不孚厚望,自暴自弃,最终灭亡。无论是刘贺受封海昏侯时的诏书"盖闻象有罪,舜封之。骨肉之亲粲而不殊",② 还是豫章奏的"舜封象于鼻,死不为置后,以为暴乱之人不宜为太祖",③ 均将刘贺类比于舜弟象。因此,在百官奏疏的结尾,应会再次提及舜帝与弟象的故事,并以此作为处置刘贺的论据。

M1:1799-6"天子之吏治其国／□今贺淫荒暴虐□",其中"天子之吏治其国"应是引用《孟子·万章上》"象不得有为于其国,天子使吏治其国,而纳其贡税焉",④ 其用于形容"削户三千"后仅剩一千户的

---

① 《礼记正义》卷五二《中庸》,[清]阮元校刻:《十三经注疏(清嘉庆刊本)》,第3535页。
② 《汉书》卷八《宣帝纪》,第257页。
③ 《汉书》卷六三《武五子传》,第2770页。
④ 《孟子注疏》卷九上《万章章句下》,[清]阮元校刻:《十三经注疏(清嘉庆刊本)》,第5949页。

海昏侯国，较为合适。"今贺淫荒暴虐"的"今"字，《说文·人部》："今，是时也。"①豫章太守上奏时，刘贺已经去世，在叙述刘贺生平情况时不会使用"今"字，而百官在会议时，核心议题是豫章太守奏报的刘贺情况，故以"今"字指代豫章奏中记述的"刘贺"与其行为，这似证明M1∶1799-6应为百官之语。因此将其序为"二十"。

M1∶1799-6"今贺淫荒暴虐"之后紧接的可能是M1∶1799-2"心幸得不伏诛贺/礼及政事不宜赐……归使者"。依两牍存字及前行行文，推测内容为"今贺淫荒暴虐……无恐惧之心，幸得不伏诛，贺不悔过……礼及政事，不宜赐嗣……御史符尚符玺罢归使者"。因此M1∶1799-2应序为"二十一"。

至牍"二十一"，百官的奏文结束，则牍"二十二"应是皇帝的批示"制曰可"，惜未见，暂缺。依汉代官文书的下行转递流程，诏书的行下之辞应先为"年月日，御史大夫下丞相"，此处的御史大夫作为官文书的管理者与文书转递的主持者，代表皇帝将诏书下达给政府首脑丞相。依M1∶1799-1（牍"十五"）的行文格式，"制曰可"与"年月日，御史大夫下丞相"可能写在同枚木牍上。因此牍"二十二"不仅是诏书本文，还有行下之辞。

依汉代官文书流程，之后丞相作为中央政府首脑需再将诏书下达给地方长官。因此牍"二十三"就应是"某月某日，丞相下豫章太守"。

M1∶506-9～10（牍背自书"廿四、侯家"），完好无缺，为豫章太守下海昏侯国、海昏侯国下侯家的行下之辞。"廿四""侯家"各自及与前面诸版的文字笔迹均有不同，说明海昏《诏书》应为下至侯家的原本。

综上所述，M1∶1799残牍的大部均可拟入《诏书》文本之中，唯"侯贺""暴/仍""放之人"（M1∶1799-12～14）等三枚，

---

① [清]段玉裁：《说文解字注》五篇下《人部》，上海：上海古籍出版社，1981年，第223页。

存字较少且文意含混，无法确定其在《诏书》中的具体位置。《海昏侯国除诏书》的整理还在初步阶段，排序、阙文等具体情况尚不乏进一步讨论的可能，以上所论，难免疏误。相信随着清理拼缀工作的进一步开展，有关刘贺家族与海昏侯国的史实、汉代官文书制度与汉代诸王列侯制度等问题，会有更多的发现。

二、《海昏侯国除诏书》与西汉官文书

《汉书·武五子传》："豫章太守廖奏言：'舜封象于有鼻，死不为置后，以为暴乱之人不宜为太祖。海昏侯贺死，上当为后者子充国；充国死，复上弟奉亲；奉亲复死，是天绝之也。陛下圣仁，于贺甚厚，虽舜于象无以加也。宜以礼绝贺，以奉天意。愿下有司议。'议皆以为不宜为立嗣，国除。"①豫章太守廖这封"奏"于《全汉文》中称《奏绝昌邑王后》，其内容多见于诏书中。

诏书中未见明确纪年，惟牍"廿四"有"十月甲申豫章大守廖……"牍"侯家"有"十月丙戌海昏侯国守相宜春长千秋守丞建……"，刘贺死期及《奏绝昌邑王后》的写作时间均在神爵三年（前59），是年九月有乙巳日（当月八日），十月有甲申（十七日）、丙戌日（十九日），与《诏书》中干支纪日情况相符。《诏书》中官员的职位、名字也与《汉书·百官公卿表》中神爵三年的任职情况相符，因此可以断定《除国诏书》作于神爵三年。若据《元康五年诏书》②《永始三年诏书》③的命名方式，海昏侯墓出土诏书亦可称为《神爵三年诏书》。

《海昏侯国除诏书》现存四部分内容。第一部分，即1~6号木

---

① 《汉书》卷六三《武五子传》，第2770页。
② [日]大庭脩：《元康五年诏书册的复原》，《秦汉法制史研究》，徐世虹译，上海：中西书局，2017年，第163—171页。
③ 甘肃省文物工作队居延简整理组：《居延简〈永始三年诏书〉册释文》，《敦煌学辑刊》1984年第2期，第171—173页。

牍是参与奏议的官员职名。汉制，上书时"公卿校尉诸将不言姓"，[①]故诏书上仅见官员之名字而无姓氏。但同封公文上写有十数位官员名号，较为鲜见，《汉书》中仅《废昌邑王奏》中的百官职名与之相似，诏书与《废昌邑王奏》应有一定关联。《除国诏书》时代清晰、官职明确，其上列名之百官地位较高，部分见于史载，可以比勘。

诏书中现存有19名官员，对照史籍，能详知姓名者9人，于史有记而无姓氏者2人，全无可考者8人。这些官员职名不仅代表了其参与朝廷议奏的客观事实，还代表了他们赞同将海昏侯国除国的政治态度。宣帝曾将十一位有辅佐之功的大臣绘像于麒麟阁，史称"麒麟阁十一功臣"，他们均是宣帝朝的名卿重臣，能够代表宣帝朝高级官员的政治态度，其参与刘贺废立、除国情况如下表：

表9

姓　名	《废昌邑王奏》	原　因	《海昏侯国除诏书》	原　因
霍　光	是		否	已殁
张安世	是		否	已殁
韩　增	是		疑为是	时任大司马车骑将军
赵充国	是		疑为否	时领军击羌
魏　相	否	外任河南太守	否	已殁
丙　吉	是		疑为是	时任丞相
杜延年	是		疑为否	时外任西河太守
刘　德	是		是	
梁丘贺	是		是	
萧望之	是		是	
苏　武	是		否	已殁

[①]《后汉书》卷二九《鲍昱传》注引《汉官仪》，第1022页。

上表可见，麒麟阁十一功臣中的十位曾参与刘贺的废立；在废立事件十五年之后，在世诸人又不同程度地参与了刘贺的除国（丙吉时任丞相，韩增任大司马大将军，应当参与会议，其姓名似应书于第一块木牍上，现已不存），代表宣帝朝股肱之臣对刘贺的政治态度。除麒麟阁十一功臣外，诏书中所见其余确知名姓的官员还有于定国、王禹、张敞、陈万年、冯奉世、杨谭等人，其中不乏因与昌邑王刘贺政见不合而在废立事件后得到升迁的，如于定国、张敞；亦有与废立事件当事人关系密切的，如前丞相杨敞之子杨谭、曾为韩增帐下武将的冯奉世等。

汉代郡国并行，诸侯国众多，其中不乏各种原因除国者，如汉武帝元鼎五年九月，"列侯坐献黄金酎祭宗庙不如法夺爵者百六人"，[①]将百余位诸侯直接除国，由皇帝直接下诏，并不需奏议。但海昏侯国的除国，不仅经过群臣奏议，还要由朝廷百官列名，这与西汉时期一般的除国事件显有很大不同。

其一，作为废立事件最大受益人，汉宣帝不便直接出面决定废帝刘贺的除国之事，经群臣奏议讨论，由公卿百官一致同意除国之事，不仅撇清自己独断专行、打击报复的责任，还能将除国做成"铁案"，一举两得。

其二，从列名百官的资历来看，多有因废立事件而受益者，或是事件参与者的家属与臣僚。他们赞同将海昏侯国除国，是对废立事件合法性的重申，也是对汉宣帝的政治效忠，有利无害。

因此，海昏侯国的除国，既是对废立事件的呼应，也是朝廷上下的共识，符合汉宣帝及公卿百官的政治利益与现实需要。

诏书第二部分，即序号7至15的木牍，是引述豫章太守廖（其姓氏未载）的奏文，其中"十一""十二"两块木牍的部分内容，对应了《武五子传》中所载豫章太守廖的奏文：

---

① 《汉书》卷六《武帝纪》，第187页。

暴乱废绝之人不宜为大祖

陛下恩德宜独施于贺身而已不［当嗣后贺……］【M1：1506-4、牍背"十一"】

数水旱多灾害国前上当为后者大鸿胪初上子充=国=疾死复上子奉=亲=复疾死是天绝之也传曰义主于仁而制仁者义也故【M1：1506-3、牍背"十二"】

汉代列侯以"所食县为侯国",① 海昏侯以海昏县为侯国,隶属豫章郡管辖。刘贺作为废帝,身份特殊,其死亡与承嗣,更需要豫章太守上书朝廷,请求处置办法。《文心雕龙·奏启》以为:"秦汉之辅,上书称奏。陈政事,献典仪,上急变,劾愆谬,总谓之奏。奏者,进也;言敷于下,情进于上也。"② 豫章太守廖所上奏疏的要旨,实因刘贺两次丧子"是天绝之也",建议朝廷绝刘贺后嗣、除海昏侯国,属"上急变"之奏。③

第三部分是诏书本文,为皇帝对豫章太守奏文的批示语"制曰下［丞］相［御史］中二=千=石=博士臣吉臣望之臣昌……",即15号木牍的左列。其中所指官员,据《百官公卿表》,应是时任丞相丙吉、御史大夫萧望之与太常苏昌。

第四部分是丞相等官员的奏文,即仅存残片的16至22号木牍,仅存"今贺淫""天子少""列土封""九月乙巳死"和"葬谨议"等文字。"九月乙巳死"指明刘贺去世日期在神爵三年九月乙巳（八日）。

---

① 《后汉书》志二八《百官五·列侯》,第3630页。
② ［南朝梁］刘勰撰,黄叔琳注,李详补注,杨明照校注拾遗:《增订文心雕龙校注》卷五《奏启》,北京:中华书局,2012年,第313页。
③ 史载"急变"之奏,如《史记·梁孝王世家》:"反知国阴事,乃上变事,具告知王（梁平王）与大母（李太后）争樽状。"此"变事"指梁平王对李太后的不孝之事。海昏侯刘贺,两次丧子,"是天绝之也",与一般情况不同,亦应属"变事"。参见《史记》卷五八《梁孝王世家》,第2088页。

蔡邕《独断》较详细地记载了两汉公文制度，据此，汉代公文可大致可依据往来传递方向，分为"上行公文"与"下行公文"两大类。"凡群臣上书于天子者，有四名：一曰章、二曰奏、三曰表、四曰驳议"，①同墓另箱所出上奏给皇帝、皇太后的奏牍，即属上行公文。"汉天子正号曰皇帝……其命令：一曰策书，二曰制书，三曰诏书，四曰戒书"，②"廿四""侯家"两块行下之辞中均自名为"诏书"，意指此文书是皇帝下达给豫章郡与海昏侯国的，故属下行公文。

劳榦先生《居延汉简考证》中对汉代诏书文本进行过解构："汉世诏书应有三部分，最前为奏，次为诏书本文，最后为诏书下行内外官署之文。"③汪桂海先生则指出汉代诏书中惟有专名为诏书者，其一种情形乃由臣民奏文与皇帝的批示语即诏书本文构成，公卿群吏为向下逐级传达诏书而附于其后的行下之辞无论是怎样的文字，毕竟不是皇帝所发诏书，不应视为诏书的一部分。④"廿四""侯家"的行下之辞中将此公文名之为"诏书"，故此文书当属"专名诏书"。"廿四""侯家"两块行下之辞虽与诏书正文同出土于漆盒内，但其写作格式与正文有一定区别，可见是将其视为诏书之附件一同随葬的。

目前暂不见诏书中第五部分即皇帝对丞相等官员议奏的批示语。正文之外的行下之辞，亦仅存"廿四""侯家"两块，依据《元康五年诏书》《永始三年诏书》来看，诏书中的行下之辞应该还有一块由朝廷下达至豫章郡的。

海昏木牍中的奏牍与诏书，构成了完整的汉代官文书上传、下达体系，与《永始三年诏书》《元康五年诏书》互为补正。其结构可如下表：

---

① [汉]蔡邕：《独断》卷上，王云五主编：《丛书集成初编：汉礼器制度及其他五种》，第4页。
② [汉]蔡邕：《独断》卷上，王云五主编：《丛书集成初编：汉礼器制度及其他五种》，第1页。
③ 劳榦：《居延汉简考证》，《居延汉简考释之部》，第7—9页。
④ 汪桂海：《汉代官文书制度》，第32—35页。

表 10

类别	元康五年诏书	永始三年诏书	海昏侯国除诏书	现 存 木 牍
正文	官员职名	官员职名	议奏百官职名	二、三、六，碎片
	御史大夫丙吉奏文	丞相翟方进、御史大夫孔光奏文	豫章太守廖奏文	七、九、十一、十二、十九，碎片
			诏书本文（皇帝对豫章太守奏文的批示语）	碎片
	诏书本文（皇帝批示语）	诏书本文	丞相奏文	碎片
			诏书本文（皇帝对丞相奏文的批示语）	待拼缀
附件	行下之辞	行下之辞	行下之辞	廿四、侯家

诏书所见的大致公文时间处理流程是：

1. 刘贺去世；
2. 豫章太守廖上奏，建议"除国"；
3. 皇帝"制曰"，将此事发付群臣会议；
4. 群臣会议讨论，在会后奏疏上列名，赞同太守廖的建议；
5. 皇帝"制曰可"，奏疏性质转为诏书。
6. 诏书逐级下发，海昏侯国除国。

三、刘贺、刘充国父子的死期与下葬

前述第十二号木牍记有太守廖的奏言（图一，第158页），其云："数水旱，多灾害。国前上当为后者大鸿胪，初上子充国，充国疾死，复上子奉亲，奉亲复疾死，是天绝之也。传曰：'义主于仁，而制仁者，义也'故……"

海昏侯墓园 M5 的墓主人确定为海昏侯刘贺的嗣子刘充国，关于刘充国的死期，《汉书·武五子传》中仅记载"海昏侯贺死，上当为后者子充国；充国死，复上弟奉亲；奉亲复死，是天绝之也"，① 并未明言具体年月，以至于有理解充国、奉亲甚或有先后短暂继承爵位之可能，如此则刘充国死于其父刘贺之后。第十二号木牍所见与刘充国有关的信息较《武五子传》的记载更为丰富。《武五子传》仅载"当为后者子充国"，而木牍载"国前上当为后者大鸿胪初上子充国"。该句如何理解是需要讨论的重点。

首先，若以现代人的理解习惯来断句，则似可为"国前上当为后者，大鸿胪初上子充国……"，照此理解，则木牍上多了时间状语"前"与向朝廷推荐海昏侯嗣子的人物"大鸿胪"。

木牍出土于刘贺墓中，其上所记事件的年代不会晚于刘贺入葬之时，则充国、奉亲均死于刘贺入葬前。是说也可以得到刘充国墓中随葬马蹄金、韘形佩等文物的佐证。关于麟趾金、马蹄金的来源，《汉书·武帝纪》"（太始二年）三月，诏曰：'有司议曰，往者朕郊见上帝，西登陇首，获白麟以馈宗庙，渥洼水出天马，泰山见黄金，宜改故名。今更黄金为麟趾褭蹄以协瑞焉。'因以

图一：诏书牍十二

① 《汉书》卷六三《武五子传》，第 2770 页。

班赐诸侯王。"①西汉朝廷造麟趾金、马蹄金的记载，史书仅载此一处。汉律"盗铸钱及佐者，弃市"，②即使贵为诸侯也不能私铸"以协瑞焉"的纪念币，③刘充国的两枚马蹄金只可能源于太始二年的朝廷赐金。刘贺死后"议皆以为不宜为立嗣，国除"，④其王侯等级的财物，如马蹄金、韘形佩等，均应随葬刘贺墓，不会见于死于刘贺之后的海昏侯家属墓中。由此来看，刘充国的下葬确应在其父刘贺之前。

重要的是木牍"国前上当为后者"之"前"，亦有可能指刘贺死亡之前。

大鸿胪的职责，《后汉书·百官志》载"大鸿胪，卿一人，中二千石……皇子拜王，赞授印绶。及拜诸侯、诸侯嗣子及四方夷狄封者，台下鸿胪召拜之"。⑤此处之嗣子，当与木牍和《武五子传》中的"为后者"义同，指其父于生前指认的继承人，如宣帝五凤元年"赐列侯嗣子爵五大夫，男子为父后者爵一级"。⑥

汉代诸侯王与列侯，有临终前选定继承人的，如扶阳侯韦贤，"初，玄成兄弘为太常丞，职奉宗庙，典诸陵邑，烦剧多罪过。父贤以弘当为嗣，故敕令自免。弘怀谦，不去官。及贤病笃，弘竟坐宗庙事系狱，罪未决。室家问贤当为后者，贤恚恨不肯言。于是贤门下生博士义倩等与宗家计议，共矫贤令，使家丞上书言大行，以大河都尉玄成为后"。⑦一般而言，列侯应由嫡子袭爵，韦贤长子早死，即当由次子韦弘袭爵，因宗家等不愿以待罪之人袭爵，所以共议立

---

① 《汉书》卷六《武帝纪》，第206页。
② 张家山二四七号汉墓竹简整理小组：《张家山汉墓竹简［二四七号墓］（释文修订本）》，北京：文物出版社，2006年，第35页。
③ 如《汉书·楚元王传》"（刘德）子向坐铸伪黄金，当伏法，德上书讼罪"，颜师古注引如淳语："律，铸伪黄金弃市也。"参见《汉书》卷三六《楚元王传》，第1928页。
④ 《汉书》卷六三《武五子传》，第2770页。
⑤ 《后汉书》志二五《百官志二》，第3583页。
⑥ 《汉书》卷八《宣帝纪》，第265页。
⑦ 《汉书》卷七三《韦贤传》，第3108页。

素有贤名的少子韦玄成袭爵。

韦玄成作为韦贤的继承人是临终前决定的，但是"父贤以弘当为嗣"也显示出列侯在生前很早时间是有指定继承人的需要的，这些继承人或称"太子"，《汉书·文帝纪》"其令列侯之国，为吏及诏所止者，遣太子"，①《史记·孝文本纪》文帝前六年淮南王长"与棘蒲侯太子奇谋反"，②均属其例。这些继承人身份地位较列侯他子更高，也会得到皇帝的赏赐，如前引五凤元年"赐列侯嗣子爵五大夫，男子为父后者爵一级"。《汉书·武五子传》载昭帝元凤元年（前80），燕刺王刘旦因罪自杀后"天子加恩，赦王太子建为庶人，赐旦谥曰刺王"。③后于宣帝本始元年（前73）"秋七月，诏立燕刺王太子建为广阳王"。④可见在昭宣之际，诸侯王仍需确立"王太子"作为法定继承人。诸侯亦当如是，如《汉书·王莽传》"令诸侯立太夫人、夫人、世子"，⑤此"世子"当即嗣子，是诸侯在世时指定的继承人。刘贺受封海昏侯后，也有封拜嗣子以为继承人的可能，大鸿胪或许是在这一阶段，接连向朝廷推荐充国、奉亲兄弟为海昏侯嗣子的。值得留意的是，充国、奉亲乃至其后在元帝初元三年（前46）绍封的代宗，这些名字均带有继承人的意味。⑥

西汉时期，因为"无后"或"亡后"而国除者103人，约占西汉始封列侯总人数的12.25%。这103人中，至少还有26人有子孙后来得以"复家"或"绍封"。明明有子孙"复家"或"绍封"，而又说因"无后"或"亡后"而国除，这又如何解释呢？

---

① 《汉书》卷四《文帝纪》，第115页。
② 《史记》卷一〇《孝文本纪》，第426页。
③ 《汉书》卷六三《武五子传》，第2759页。
④ 《汉书》卷八《宣帝纪》，第242页。
⑤ 《汉书》卷九九中《王莽传》，第4104页。
⑥ 学者或认为这些名字被确定为嗣子后由朝廷重新命名的，并由此推论汉代王侯继承人可能存在被朝廷重新赐名的惯例。由《国除诏书》中廖奏文可知，上奏时已有充国、奉亲之名，赐名之说似不确。参见晋文：《海昏侯刘贺的家族与家庭》，《常州大学学报（社会科学版）》2017年第6期，第109—114页。

张家山汉简《二年律令·置后律》规定:"彻侯后子为彻侯,其毋适(嫡)子,以孺子□□□子。"据整理者释读,简文所残字应为"子、良人",即"以孺子子、良人子",① 明确了彻侯的继承顺序为:嫡子、孺子子、良人子。即无论嫡庶,都有资格承嗣列侯爵位。如果按照《二年律令·置后律》这条法律规定的继承制度,是不可能出现有支庶却因"无后"而除国的情况的。因为即便列侯没有嫡子,存在的庶子——孺子子、良人子,也是可以承嗣爵位的(庶子的存在是可以肯定的,因为后来有支庶"复家")。之所以造成有支庶却因"无后"而除国,是因为列侯"后子"必须经过中央政府确认。②

一般来说,嫡(长)子自然成为"后子",前任列侯死后,自动继承爵位。问题在于,孺子子、良人子这样的庶子,是否能继承列侯爵位。孺子子、良人子等庶子是有资格成为"后子"的,但是并不是说他们就一定能成为"后子"(即便在没有嫡子的情况下)。他们能否成为"后子",还要看能否得到中央政府的认可。只有得到认可,他们才能成为"后子",继而承嗣列侯爵位。故而西汉时期有因"非正"而除国者,如汝昌侯傅昌是上一代汝昌侯商"兄子",以"非正"而免爵除国,即他的"后子"身份没有得到中央政府的认可。③

"列侯更属大鸿胪",④"大鸿胪掌封拜诸侯及其嗣",⑤ 大鸿胪的职责之一即是向朝廷推荐诸侯嗣子,如"曹相国后容城侯无嗣……大鸿胪求近亲宜为嗣者"。⑥ 而诸侯薨逝后,朝廷派遣来参与诸侯(列侯)葬礼、主持嗣子继位仪式的官员是太中大夫,非大鸿胪,《汉

---

① 张家山二四七号汉墓竹简整理小组:《张家山汉墓竹简[二四七号墓](释文修订本)》,第59页。
② 苏俊林:《西汉列侯的社会史研究》,硕士学位论文,长沙:湖南大学岳麓书院,2010年,第33—36页。
③《汉书》卷一八《外戚恩泽侯表》,第712—713页。
④《汉书》卷一九上《百官公卿表上》,第736页。
⑤《后汉书》卷四《孝和孝殇帝纪》注引《续汉志》,第173页。
⑥《后汉书》卷四《孝和孝殇帝纪》,第172页。

书·景帝纪》:"王薨,遣光禄大夫吊襚祠赗,视丧事,因立嗣子。列侯薨,遣大中大夫吊祠,视丧事,因立嗣。"① 依此诏书中提到的大鸿胪两次向朝廷推荐海昏侯嗣子之事,可能发生在刘贺生前。照此理解则充国死时,刘贺尚在人世。

再联系上述诏书处理的时间顺序,从九月乙巳刘贺去世到十月丙戌诏书下至海昏侯国的时间仅四十余日,且充国、奉亲在豫章太守上书前均已去世,这一时间点应距刘贺薨逝日期较近。

诏书中廖的奏文另有"贺常与诸妻子饮酒……无恐惧之心,陛下仁恩不忍加诛,削邑户三千,贺不悔过,毋须臾间自责,妻子死未葬,常饮酒醉……"。《武五子传》解释了"削户三千"是由于扬州刺史柯上奏其与孙万世交通受到的惩罚。奏文中言受处罚后,刘贺仍"不悔过,毋须臾间自责",最大的恶劣表现就是"妻子死未葬,常饮酒醉……"《左传》昭公十五年记六月乙丑王大子寿卒,秋八月戊寅,王穆后崩。叔向曰:"王一岁而有三年之丧二焉,……虽贵遂服。礼也。"大子寿,杜预注:"周景王子。"穆后,杜注:"大子寿之母也。"② 故杨伯峻注"三年之丧二"为"太子寿卒与穆后死","遂服"谓"如礼服丧三年"。③ 王为太子服丧三年,《仪礼·丧服》有明文,为其妻,《丧服》:"《传》曰:为妻何以期也?妻,至亲也。"④ 期,指服丧一年,据此则礼制要求妻丧后需要服丧一年。无论服丧一年还是三年,⑤ 居丧之礼,饮酒食肉作乐近妇

---

① 《汉书》卷五《景帝纪》,第145页。
② 《春秋左传正义》卷四七昭公十五年,[清]阮元校刻:《十三经注疏(清嘉庆刊本)》,第4511 4513 页。
③ 杨伯峻:《春秋左传注(修订本)》,第1374页。
④ 《仪礼注疏》卷三〇《丧服》,[汉]郑玄注,[唐]贾公彦疏:《仪礼注疏》,[清]阮元校刻:《十三经注疏(清嘉庆刊本)》,第2389页。
⑤ 《墨子·节葬下》《非儒下》《公孟》篇也有夫为妻服丧三年的记述,顾颉刚先生曾疏解此矛盾云:"《丧服》一经当有二本,甲本如《墨子》及《左传》作者之所见,乙本则汉以来诵习者也。"参见顾颉刚:《顾颉刚读书笔记》卷一六《史林杂识初编》,《顾颉刚全集》,北京:中华书局,2011年,第346页。

第三章 简牍典籍所见秦汉时期的政治与学术

人均在禁止之列。①

"妻子",《诗经·小雅·常棣》"妻子好合,如鼓瑟琴",②其意仅是指妻,但战国秦汉时期文献中的"妻子"多是"妻"与"子"并指,如《孟子·梁惠王上》"必使仰足以事父母,俯足以畜妻子",③《后汉书·吴祐传》"祐问长有妻子乎?对曰:'有妻未有子也。'"④《汉书·贾谊传》"以承祖庙,以奉六亲,至孝也",应劭曰:"六亲,父母兄弟妻子也。"⑤《武帝纪》征和三年"六月,丞相屈氂下狱要斩,妻(子)枭首",校勘记云:"妻(子)枭首。景祐本无'子'字。王念孙说'子'字乃后人依《屈氂传》加之也。"⑥同书《刘屈氂传》"屈氂厨车以徇,要斩东市,妻子枭首华阳街。贰师将军妻子亦收。贰师闻之,降匈奴,宗族遂灭"。⑦由出于刘贺墓中的其妻"妾待"上书皇太后的奏牍可知,"妾待"的去世与下葬均应在刘贺之前。如此,文中妻应指"妾待",子似指"充国""奉亲"。

另一方面,上述理解的首要窒碍之处,即《汉书·武五子传》明记"海昏侯贺死,上当为后者子充国;充国死,复上弟奉亲;奉亲复死,是天绝之也","上当为后者"有一明确前提"海昏侯贺死"。由此,"为后者"并非选嗣子,而是选择可以袭爵的继承人。充国、奉亲可以被选择,似说明刘贺死时二子均尚在世。

由此,则"国前上当为后者大鸿胪初上子充国"句断为"国前上当为后者大鸿胪,初上子充国……"则更为可能。前述韦玄成袭爵事,"使家丞上书言大行,以大河都尉玄成为后"。"大行"为鸿

---

① 杨树达:《汉代婚丧礼俗考》,上海:上海古籍出版社,   年,第219—223页。
② 《毛诗正义》卷九·二《小雅·常棣》,[清]阮元校刻:《十三经注疏(清嘉庆刊本)》,第872页。
③ 《孟子注疏》卷一下《梁惠王章句上》,[汉]赵岐注,[宋]孙奭疏:《孟子注疏》,[清]阮元校刻:《十三经注疏(清嘉庆刊本)》,第5810页。
④ 《后汉书》卷六四《吴祐传》,第2101页。
⑤ 《汉书》卷四八《贾谊传》,第2231—2232页。
⑥ 《汉书》卷六《武帝纪》,第210—215页。
⑦ 《汉书》卷六六《刘屈氂传》,第2883页。

163

胪属官。诸王列侯薨逝，大鸿胪还负责评定与上奏谥号。应劭曰："皇帝延诸侯王，宾诸侯王，皆属大鸿胪。故其薨，奏其行迹，赐与谥及哀策诔文也。""列侯薨及诸侯太傅初除之官，大行奏谥、诔、策。……列侯薨，遣大中大夫吊祠，视丧事，因立嗣。"①诸王列侯的丧事由大鸿胪及其属官大行等负责，颜师古注："事之尊重者遣大鸿胪，而轻贱者遣大行。"②

与扶阳侯治丧、袭爵事一致，刘贺死后，因事关重大，豫章太守廖按制上书大鸿胪建议袭爵人选（当然人选的确立需要海昏侯宗家同意，亦不排除刘贺临终指定的可能），建议由刘充国袭爵，书未至，充国死，又上奉亲，奉亲复死。二子在短时间内相继去世，廖在奏议中提到"数水旱，多灾害"，也即是气候环境恶劣。正因为接连丧失继承人，廖引《传》曰："义主于仁，而制仁者，义也"，其意即延续海昏侯国祚是"仁"，但"仁"为"义"所制，"天绝之"是大"义"，是故上书建议除国。

这样看，这四十天中廖可能向长安发送了三封文书，最后的除国奏议是第三封，也是应二子接连急丧而"上急变"之奏，中央政府最终针对最后这第三封奏议形成了诏书下发。《武五子传》记"征王，乘七乘传诣长安邸"，③王子今先生曾论定"其日中，贺发，晡时至定陶"的时速应为18.7公里或至28.1公里，④"乘七乘传"是史籍所见规格最高的交通等级。《汉官旧仪》："奉玺书使者乘驰传。其驿骑也，三骑行，昼夜行千里为程。"⑤若依1汉里为414米计算，1 000汉里即414千米。除以24小时，时速约17公里，应该符合马

---

① 《汉书》卷五《景帝纪》，第145页。
② 《汉书》卷五《景帝纪》，第145页。
③ 《汉书》卷六三《武五子传》，第2764页。
④ 王子今：《刘贺昌邑—长安行程考》，《南都学坛（人文社会科学学报）》2018年第1期，第1—8页。
⑤ ［汉］卫宏撰，［清］孙星衍校：《汉官旧仪》卷上，王云五主编：《丛书集成初编：汉礼器制度及其他五种》，第1页。

的速度。由此从当时的交通速度与时间上看是大致吻合的，也更符合对"上急变"的理解。

海昏墓园的考古发掘，特别是 M5 刘充国墓的规制，则有助于对上述问题的理解。发掘中发现 M5 的祠堂紧邻 M1，[①] 即刘贺墓的封土，M5 缺失为拜祭所用的广场，也就是说刘贺墓的封土占据了原本 M5 规划的广场。前引《汉书·景帝纪》："令……列侯薨及诸侯太傅初除之官，大行奏谥、诔、策。……列侯薨，遣大中大夫吊祠，视丧事，因立嗣。"[②] 侯国官员将列侯去世的消息上报朝廷后，由大行奏定死去列侯的谥号和诔文。再由朝廷派遣大中大夫前往侯国吊唁，监督丧事的办理，并对嗣侯进行查验。丧事结束后，列侯嗣子方能正式成为新的列侯，即所谓"既葬，当袭爵"，[③] 诏书中也见有"葬谨议"等相关内容。

由上述，列侯下葬须遵循一定程序，应耗时不短。杨树达先生指出，两汉自始死至葬，其间最短者七日，最长者有"迟至四百三十三日始葬者"。[④] 由诏书看，刘贺葬期在四十余日以上，刘充国并未袭爵，所以他的下葬应该在刘贺之前，这也解释了为何其墓中会有马蹄金、韘形佩等文物。由于刘充国下葬时间仓促，而刘贺的下葬需要朝廷批准和大中大夫的监督。这两件事之间似乎存在时间差，即充国下葬时，朝中商议刘贺墓规制时没有考虑到 M5 的问题，以至于下发的需要大中大夫监督实施的刘贺墓葬制侵占了刘充国墓的范围。

至于"妻子死未葬"等语，目前并未有确切证据证明"子"即

---

① 赵化成、焦南峰等先生认为 M5 的祠堂应为寝，西汉时墓前是否均有祠堂仍需要讨论。相关问题的讨论又可参见张闻捷：《西汉陵庙与陵寝建制考——兼论海昏侯墓墓园中的祠堂与寝》，《故宫博物院院刊》2019 年第 4 期，第 20—31 页；刘尊志《西汉列侯墓葬墓园及相关问题》，《考古》2020 年第 1 期，第 82—92 页等。
② 《汉书》卷五《景帝纪》，第 145 页。
③ 《汉书》卷七三《韦贤传》，第 3108 页。
④ 杨树达：《汉代婚丧礼俗考》，第 108—120 页。

"充国"或"奉亲"。一来因《武五子传》记载刘贺有"妻十六人，子二十二人，其十一人男，十一人女"。① 二者史载豫章地方官员与刘贺关系不睦，亦不排除其上疏时有移花接木、夸大渲染之可能，且举证刘贺恶行，子未葬时饮乐是否逾礼，亦有可商之处。

重要的是，《后汉书·班固传》记班固可得"典校秘书"，"显宗甚奇之，召诣校书部，除兰台令史……迁为郎，典校秘书"。② 诏书所见廖之奏文与《武五子传》所记内容基本相同，印证了班固撰作《汉书》时可以参阅中央秘藏档案、公文的史实。因此我们有理由相信，《武五子传》相关内容撰述时，班固是可以见到这部诏书的，其中"海昏侯贺死，上当为后者子充国"云云，班固是有根据或者裁断理由的。

以上是目前所见材料推断之两种可能，无论哪种可能，解决的一个基本问题是刘贺父子三人在很短的时间内接连去世，时间最大上限在削户三千之后，下限在神爵三年九月乙巳至十月甲申之前，刘充国、刘奉亲均未能袭爵即先后去世。

《海昏侯国除诏书》的整理还在初步阶段，排序、阙文等具体情况尚待最后确定，以上讨论，难免疏误，对上述问题的理解亦有待进一步深化。仅就目前所见，《国除诏书》是保存较好的汉代高等级公文实物，反映了汉代官文书制度。诏书木牍形制为汉一尺、书写格式为两行、书写文字为隶书，是标准的"罪免"诏策。《海昏侯国除诏书》的流程为"地方官员提议→中央官员会议→皇帝同意后成为最高意志→向地方逐级传达"，有着清晰的成文过程与确切的转发记录，基本构建出较为完整的汉代高等级文书成文流程与传达体系。

《海昏侯国除诏书》是汉代公卿会议的翔实资料，也是西汉中晚期朝廷政治状态的体现。结合《汉书》中的有关记载，宣帝一朝的

---

① 《汉书》卷六三《武五子传》，第2768页。
② 《后汉书》卷四〇上《班固传》，第1334页。

两场公卿会议——刘贺的废立与除国,均与《海昏侯国除诏书》相关,诏书不仅涉及了当时朝廷的大部分高官,还隐含了汉宣帝的政治权谋,是宣帝一朝政治生态的实况体现。

《海昏侯国除诏书》提供了刘贺与其家族的史实、昌邑王国与海昏侯国的基本状况。刘贺"九月乙巳死"、昌邑王国"合六县以为国"、海昏侯国"数水旱,多灾害"等,均为史之未载,可补《汉书》记载之缺佚。诏书中印证了《汉书》《后汉书》中关于班固作《汉书》时担任"兰台令史""迁为郎,典校秘书",能够参阅朝廷秘藏公文的史实,亦有助于对《汉书》撰述史料来源的理解。

相信随着清理拼缀工作的进一步开展,有关刘贺家族与海昏侯国的史实、汉代官文书制度与汉代诸王列侯制度等问题,当会有更多的发现。

第二节 海昏侯刘贺与儒家"六艺"典籍的承传

一、刘贺对《诗》与"孝经"的传习

两汉儒家典籍的传习情况,向来受学界重视。过去研究,多据传世文献中传承典籍的博士官所职入手。张汉东先生《论秦汉博士制度》即对乾嘉以来两汉博士制度的研究情况论之甚详。① 方麟先生近年又踵继王国维开创的博士制度研究格局,将明清以来关于秦汉博士制度的研究状况,分为综论、起源、建置、职掌、考选以及与经学、政治、社会、地域的关系诸类,作了详尽梳理。② 清人胡秉虔《汉西

---

① 张汉东:《论秦汉博士制度》,安作璋、熊铁基:《秦汉官制史稿》附录,济南:齐鲁书社1985年,第461463页。
② 方麟:《秦汉博士制度研究综述》,北京大学《儒藏》编纂与研究中心:《儒家典籍与思想研究》,北京:北京大学出版社2010年,第683707页。

京博士考》两卷、①张金吾《两汉五经博士考》三卷等专书，②在考证汉代博士姓名的同时，也兼及诸经立学问题。王国维曾评价道：

> 张氏书征引虽博，而苦无鉴裁，又前后往往失次。胡氏之书……其于六艺流别及两汉制度均有所未究，不独于诸经立学之事。茫然无可考也。③

是故王氏有《汉魏博士考》一文，对于经立博士，博士职掌、人名及弟子诸问题，均有深入考证。④不同于王氏胶着于制度本身，钱穆《两汉博士家法考》则紧扣学术源流历时性分析两汉博士师法、家法，提出了不少值得继续探究的议题。⑤孙钦善先生《中国古文献学史》据《史记·儒林列传》《汉书·艺文志》《汉书·儒林传》《后汉书·儒林传》《隋书·经籍志》及《经典释文·叙录》等传世文献，对两汉时期"六艺"典籍的传授情况有详尽整理。⑥

因传世文献中明记《鲁诗》为王式所传、《齐论》为王吉所传，是故前辈学者对上述二人及其博士弟子均有关照，⑦但正如前所述，前辈学者的论著视野宏阔，多从两汉博士制度沿革与经学学术源流的角度来纵向立论；而恰处"五经博士"设置的历史节点，又作为典型历史人物的刘贺，则可为上述问题的进一步讨论提供一个剖面，

---

① ［清］胡秉虔：《汉西京博士考》，北京：中华书局，1985年。
② ［清］张金吾：《两汉五经博士考》，北京：中华书局，1985年。
③ 王国维：《书绩溪胡氏〈西京博士考〉昭文张氏〈两汉博士考〉后》，《观堂集林（附别集）》卷二一，第1063—1068页。
④ 王国维：《汉魏博士考》，《观堂集林（附别集）》卷四，第174—217页。
⑤ 钱穆：《两汉博士家法考》，《国立中央大学文史哲季刊》1944年第1期，第1—43页，后收入《两汉经学今古文评议》，北京：商务印书馆，2015年，第181—262页。
⑥ 孙钦善：《中国古文献学史》，北京：中华书局，1994年，第46—53页。
⑦ ［清］胡秉虔：《汉西京博士考》，第10—11页；［清］张金吾：《两汉五经博士考》，第30、33页；孙钦善：《中国古文献学史》，第49、53页；张汉东：《论秦汉博士制度》，第481—482页；曾磊：《两汉博士表》，雷依群、徐卫民主编：《秦汉研究》第2辑，西安：三秦出版社，2007年，第362—363页。

即海昏简本不仅能进一步揭示作为诸侯王的刘贺所接受儒家经典的情况，同时可借此明晰在这一特殊历史节点前后"六艺"典籍传承中的一些争议问题。

　　武帝时儒学为重，建元元年"置五经博士"，① 儒家"六艺"经典成为官学的主要内容。武帝诸子亦见以"六艺"进学或选大儒教授，如戾太子据"少壮，诏受《公羊春秋》，又从瑕丘江公受《穀梁》"，② 燕刺王旦"壮大就国，为人辩略，博学经书杂说，好星历数术倡优射猎之事"，③ 昌邑王刘髆更是得到由武帝亲选的太傅夏侯始昌教授。夏侯始昌，《汉书·夏侯始昌传》云："夏侯始昌，鲁人也。通五经，以《齐诗》《尚书》教授。自董仲舒、韩婴死后，武帝得始昌，甚重之。……时昌邑王以少子爱，上为选师，始昌为太傅。"④ 不惟如此，刘贺本人亦得见"衣短衣大绔，冠惠文冠，佩玉环，簪笔持牍趋谒"的儒生形貌。⑤ 这似应得益于其师王式及另两位大儒郎中令龚遂、中尉王吉的影响。刘贺的学习内容，《汉书·循吏传》记述龚遂进谏昌邑王刘贺选择郎中张安等十位"通经术有行义者与王起居，坐则诵《诗》《书》，立则习礼容"。若准，则《诗》《书》《礼》等均曾为刘贺所诵习，但史载刘贺只坚持了几天，"居数日，王皆逐去安等"。⑥ 当然，刘贺究竟诵习了何种典籍，传世文献亦非无迹可寻。

　　夏侯始昌授其父刘髆《齐诗》《尚书》，刘贺师王式则得见以《鲁诗》教授，《汉书·儒林传》记王式"事免中徐公及许生"。免中徐公及许生所学，即为传自申公一脉的《鲁诗》。⑦ 此外《儒林传》对王式将《诗》"朝夕授王（刘贺）"的具体情境亦有描述：

---

① 《汉书》卷六《武帝纪》，第159页。
② 《汉书》卷六三《武五子传》，第2741页。
③ 《汉书》卷六三《武五子传》，第2751页。
④ 《汉书》卷七五《眭两夏侯京翼李传》，第3154页。
⑤ 《汉书》卷六三《武五子传》，第2767页。
⑥ 《汉书》卷八九《循吏传》，第3637—3638页。
⑦ 《汉书》卷八八《儒林传》，第3608—3610页。

式为昌邑王师。昭帝崩，昌邑王嗣立，以行淫乱废，昌邑群臣皆下狱诛，唯中尉王吉、郎中令龚遂以数谏减死论。

式系狱当死，治事使者责问曰："师何以亡谏书？"

式对曰："臣以**《诗》三百五篇**朝夕授王，至于忠臣孝子之篇，未尝不为王反复诵之也；至于危亡失道之君，未尝不流涕为王深陈之也。臣以三百五篇谏，是以亡谏书。"

使者以闻，亦得减死论，归家不教授。①

《汉书·武五子传》则记载了刘贺诵诗的详细事迹：

初贺在国时，数有怪。尝见白犬，高三尺，无头，其颈以下似人，而冠方山冠。后见熊，左右皆莫见。又大鸟飞集宫中。王知，恶之，辄以问郎中令遂。遂为言其故，语在《五行志》。

王卬天叹曰："不祥何为数来！"

遂叩头曰："臣不敢隐忠，数言危亡之戒，大王不说。夫国之存亡，岂在臣言哉？愿王内自揆度。**大王诵《诗》三百五篇**，人事浃，王道备，王之所行中《诗》一篇何等也？大王位为诸侯王，行汙于庶人，以存难，以亡易，宜深察之。"

后又血汙王坐席，王问遂，遂叫然号曰："宫空不久，祅祥数至。血者，阴忧象也。宜畏慎自省。"

贺终不改节。居无何，征。既即位，后王梦**青蝇**之矢积西阶东，可五六石，以屋版瓦覆，发视之，青蝇矢也。

以问遂，遂曰："**陛下之《诗》不云乎？'营营青蝇，至于藩；恺悌君子，毋信谗言。'**陛下左侧谗人众多，如是青蝇恶矣。宜进先帝大臣子孙亲近以为左右。如不忍昌邑故人，信用谗谀，必有凶咎。愿诡祸为福，皆放逐之。臣当先逐矣。"

---

① 《汉书》卷八八《儒林传》，第 3610 页。

贺不用其言，卒致于废。①

郎中令龚遂的谏言同样提到刘贺"诵《诗》三百五篇"，又引《小雅·青蝇》"营营青蝇，至于藩；恺悌君子，毋信谗言"。值得留意的是，今传阮刻十三经注疏本《毛诗正义》卷一四《小雅·青蝇》则云："营营青蝇，止于樊；岂弟君子，无信谗言。"②显而易见，二者是存在用字差异的。清人王先谦认为《鲁诗》之《青蝇》"樊"作"藩"，"至于藩"之"至"，疑或误文。③

龚遂言所谓"陛下之《诗》"不能确指，但是《汉书·王吉传》记昌邑中尉王吉因昌邑王"好游猎，驱驰国中，动作亡节"所上谏书中亦引《诗》云：

> 臣闻古者师日行三十里，吉行五十里。《诗》云："匪风发兮，匪车揭兮，顾瞻周道，中心怛兮。"说曰：是非古之风也，发发者；是非古之车也，揭揭者。盖伤之也。
>
> 今者大王幸方与，曾不半日而驰二百里，百姓颇废耕桑，治道牵马，臣愚以为民不可数变也。昔召公述职，当民事时，舍于棠下而听断焉。是时人皆得其所，后世思其仁恩，至虖不伐甘棠，《**甘棠**》**之诗**是也。④

今传十三经注疏本《桧风·匪风》相应语句则为："匪风发兮，匪车偈兮，顾瞻周道，中心怛兮。"⑤王先谦据此以为《韩诗》之《匪风》

---

① 《汉书》卷六三《武五子传》，第 2766 页。
② 《毛诗正义》卷一四·三《小雅·青蝇》，[清]阮元校刻：《十三经注疏（清嘉庆刊本）》，第 1039 页。
③ [清]王先谦：《诗三家义集疏》，吴格点校，北京：中华书局，1987 年，第 781 页。
④ 《汉书》卷七二《王吉传》，第 3058 页。
⑤ 《毛诗正义》卷七·二《桧风·匪风》，[清]阮元校刻：《十三经注疏（清嘉庆刊本）》，第 815 页。

"偈"作"揭","怛"作"愬"。海昏简本《匪风》相应章句则为"匪风发兮……劳心憪兮"。今本毛诗《匪风》二章"匪风飘兮"句,《鲁诗故》亦作"匪风飘兮",故王先谦云:"明《鲁》《毛》文同。"① 海昏简本则作"匪风僄兮"。今本毛诗《匪风》三章四句"谁能亨鱼?溉之釜鬵。谁将西归?怀之好音",《鲁诗》章句则为"孰能亨鱼?溉之釜鬵。孰将西归?怀我好音"。② 海昏简本为"谁耐……谁将西归?褱之好音",③ 与今传《鲁诗》辑本不同。④ 清人辑本如马国瀚所辑《鲁诗故》、黄奭所辑《鲁诗传》、⑤ 王谟所辑《鲁诗传》《韩诗翼要》、⑥ 王仁俊所辑《韩诗翼要》《韩诗赵氏学》等多有揣测成分,⑦ 且均为汉人所引零散文字,原貌难以得知。专就《匪风》所见异文,海昏简本《诗经》虽为《韩诗》之可能性较大,但其确切情况似还有待简文的进一步整理与学界的讨论。

与之相关,《汉书·艺文志》记述王吉所教授之《论语》为《齐论》:"传《齐论》者,昌邑中尉王吉、少府宋畸、御史大夫贡禹、尚书令五鹿充宗、胶东庸生,唯王阳名家。"颜师古注云:"王吉字子阳,故谓之王阳。"⑧ 传世文献有关刘贺的记述并未见到其诵读《论语》。惟《王吉传》中记述昭帝去世之后,霍光派人迎立刘贺为帝的时候,王吉审度时事,所上"戒"书中劝告他对霍光要"事之敬之,

---

① [清]王先谦:《诗三家义集疏》,第491页;[清]马国翰辑:《玉函山房辑佚书》卷一二《鲁诗故》,长沙娜嬛馆,清光绪九年(1883),第26页。
② [清]王先谦:《诗三家义集疏》,第492页。
③ 不惟《诗经》,简本《齐论》亦是"能"皆作"耐",参见江西省文物考古研究院、北京大学出土文献研究所、荆州文物保护中心:《江西南昌西汉海昏侯刘贺墓出土简牍》,《文物》2018年第11期,第87—96页。
④ 朱凤瀚:《海昏竹书〈诗〉初读》,朱凤瀚主编,柯中华副主编:《海昏简牍初论》,第79—119页。
⑤ [清]黄奭:《黄氏逸书考》卷一三《鲁诗传》,南京:江苏广陵古籍刻印社,1984年。
⑥ [清]王谟:《汉魏遗书钞·鲁诗传》《韩诗翼要》,清嘉庆三年(1798)刻本。
⑦ [清]王仁俊:《玉函山房辑佚书续编三种》,上海:上海古籍出版社,1989年,第28—29页。
⑧ 《汉书》卷三〇《艺文志》,第1717—1718页。

政事壹听之",自己惟"垂拱南面"做个傀儡皇帝而已,①辛德勇先生指出其借用了《论语·阳货》篇的文句。②海昏简本《论语》保存有"智(知)道"篇题和一些不见于今本的简文,③除"孔子知道之易(易)也。易(易)易(易)云者三日。子曰:'此道之美也'"(《金关》73EJT22:6)一句外,④肩水金关《论语》残简中"子贡曰:'九变复贯,知言之篡'"(《金关》73EJC:608)、⑤"子曰:'自爱,仁之至也;自敬,知之至也。'"(《金关》73EJT31:139)诸句,⑥均可由海昏简本互证为《齐论·知道》篇章句,⑦表明此本应与《汉书·艺文志》中记述的《齐论》有关。

简本与《齐论》有关,给海昏《诗》简为《韩诗》的论断也增加了旁证。王国维已注意到,王吉所传为《韩诗》。⑧王吉师从蔡谊,蔡谊其师赵子,"事燕韩生",⑨所习为《韩诗》一脉。王吉以《齐论》

---

① 《汉书》卷七二《王吉传》,第3061—3062页。
② 辛德勇:《海昏侯新论》,第175—184页。
③ 杨军、王楚宁、徐长青:《西汉海昏侯刘贺墓出土〈论语·知道〉简初探》,《文物》2016年第12期,第72—75、92页;江西省文物考古研究院、北京大学出土文献研究所、荆州文物保护中心:《江西南昌西汉海昏侯刘贺墓出土简牍》,《文物》2018年第11期,第87—96页;陈侃理:《海昏竹书〈论语〉初论》,朱凤瀚主编,柯中华副主编:《海昏简牍初论》,第154—179页。
④ 甘肃简牍博物馆、甘肃省文物考古研究所、甘肃省博物馆、中国文化遗产研究院古文献研究室、中国社会科学院简帛研究中心:《肩水金关汉简(贰)》,上海:中西书局,2012年,第94页。
⑤ 甘肃简牍博物馆、甘肃省文物考古研究所、甘肃省博物馆、中国文化遗产研究院古文献研究室、中国社会科学院简帛研究中心:《肩水金关汉简(伍)》,上海:中西书局,2016年,第244页。
⑥ 甘肃简牍博物馆、甘肃省文物考古研究所、甘肃省博物馆、中国文化遗产研究院古文献研究室、中国社会科学院简帛研究中心:《肩水金关汉简(叁)》,上海:中西书局,2013年,第227页。
⑦ 肖从礼、赵兰香:《金关汉简"孔子知道之易"为〈齐论·知道〉佚文蠡测》,卜宪群、杨振红主编:《简帛研究(二〇一三)》,桂林:广西师范大学出版社,2014年,第184—187页;王楚宁、张予正:《肩水金关汉简〈齐论语〉的整理》,《中国文物报》2017年8月11日第6版。
⑧ 王国维:《汉魏博士考》,第181页。
⑨ 《汉书》卷八八《儒林传》,第3614页。

《韩诗》教授,刘贺墓中已见有《齐论》,则墓中所出《诗经》为《韩诗》的可能性增大。朱凤瀚先生近期将海昏简本《诗经》与汉熹平石经相较,指出简本与石经本在编排结构上基本吻合,因熹平石经所刻为《鲁诗》,这则为简本《诗经》属于《鲁诗》提供了相当重要的证据。① 这是否可以提示我们,在考察西汉时期《诗经》文本流变时,是否可不先区分《韩诗》《鲁诗》《毛诗》,能不能反过来,从分析西汉中期的抄本出发,考察《诗经》文本的变化。当然,因为简文尚在整理,其具体情况仍有待简文的进一步整理与学界的切磋。

无论如何,刘贺本人对《诗经》应该是熟悉的。海昏简本《诗经》中亦见有"诗三百五扁(篇)"的记述。不惟如此,简本极为重视诗篇的结构严谨与完整,不厌其烦地在每组末皆录其篇、章、句数,在篇末录其章、句数,在章末记其章序、句数,似均显示出刘贺对《诗经》的熟稔。值得注意的是简本总章数为1 076章,与今传本《毛诗》的1 142章之间存在不小差距。无论海昏简本为《鲁诗》抑或《韩诗》,其与《毛诗》分章有66章之差。

《汉书·霍光传》记载霍光等人废黜刘贺时,"光令王起拜受诏,王曰:'闻天子有争臣七人,虽亡道不失天下。'"颜师古注:"引《孝经》之言。"② 此为传世文献所见刘贺诵《诗》之外于"六艺"之学的另一重要记录。汉代以孝治天下,《汉书·惠帝纪》"孝惠皇帝"下有颜师古注曰:"孝子善述父之志,故汉家之谥,自惠帝已下皆称孝也。"③ 发现和推荐孝子亦是察举的主要内容之一,《汉书·武帝纪》:"元光元年冬十一月,初令郡国举孝廉各一人。"颜师古注:"孝谓善事父母者。廉谓清洁有廉隅者。"④ 在此种社会氛

---

① 朱凤瀚:《海昏竹书〈诗〉初读》,朱凤瀚主编,柯中华副主编:《海昏简牍初论》,第79—119页。
② 《汉书》卷六八《霍光传》,第2946—2947页。
③ 《汉书》卷二《惠帝纪》,第85—86页。
④ 《汉书》卷六《武帝纪》,第160页。

围下，刘贺于《孝经》有深厚的修养是很容易理解的。有趣的是，《霍光传》所见刘贺所引"天子有争臣七人"句，简本所见语句与传世文献记述相同。

王国维《汉魏博士考》中曾有著名的论断，指出《论语》《孝经》受经与不受经者皆诵习，"汉时但有受《论语》《孝经》、小学而不受一经者，无受一经而不先受《论语》《孝经》者。……通经之前皆先通《论语》《孝经》"。① 海昏简牍中除竹简本《齐论》外，另见有抄写着《论语·子路》《子罕》等篇语句的书牍，此似与"天子有争臣七人"句一道显示出刘贺本人对《论语》《孝经》的诵习情况，同时也印证了王国维判断的准确。值得留意的是，简本《孝经》类文献并非《孝经》原文，而是对经义的阐释。如简文"何若则可谓孝？曰事……"，说解阐释的特点颇为明显，② 是否反映着西汉时期对皇室贵族在"孝"之一道上的特殊强调，值得待简本全部公布后继续探究。③

二、《易》《春秋》"礼"及刘贺对朝仪的熟谙

《汉书·宣帝纪》记述接替刘贺继任皇帝的刘询，"至今年十八，师受《诗》《论语》《孝经》，操行节俭，慈仁爱人"。④ 刘询与刘贺

---

① 王国维：《汉魏博士考》，第180+82页。
② 江西省文物考古研究院、北京大学出土文献研究所、荆州文物保护中心：《江西南昌西汉海昏侯刘贺墓出土简牍》，《文物》2018年第11期，第87—96页；何晋：《海昏竹书〈孝经〉说解简初论》，朱凤瀚主编，柯中华副主编：《海昏简牍初论》，第180—224页。
③ 邢义田先生注意到，秦汉西北边塞除《论语》残简外，居延简中还可见"孝慎戒之"（居延482.3）、"孝妇苦田禾（和）"（居延478.30）等与"言孝儒典"相关的残文，推测汉代言及孝道的典籍当不止《孝经》。秦汉基层吏员在识字教育及精神素养方面亦深受《论语》及《孝经》类儒家典籍的影响，"儒经用以修文"。参见邢义田：《秦汉基层吏员的精神素养与教育——从居延牍506.7〈吏〉篇说起》，李宗焜主编：《古文字与古代史》第3辑，台北："中研院"史语所，2012年，第426-427页，订补稿后收入氏著《今尘集：秦汉时代的简牍、画像与文化流播》，上海：中西书局，2019年，第127+28页。
④ 《汉书》卷八《宣帝纪》，第238页。

同受《诗》《论语》《孝经》，不得不说是历史的吊诡。又《景十三王传》云广川王去"师受《易》《论语》《孝经》皆通"。①《昭帝纪》云昭帝"通《保傅传》《孝经》《论语》《尚书》"。②是《论语》《孝经》入门之外，《诗》《易》《尚书》等均为"所受一经"。于此，王国维说："汉博士皆专经教授，魏则兼授五经。"③钱穆则认为一经博士不限于一人，博士不限于专治一经。④海昏简本也为此问题的讨论提供了新的资料。

汉代《易》的传承可见有儒门《易》与数术《易》，简报所主要介绍的为数术《易》。儒门《易》与数术《易》，两者时有交叉。值得留意的是另可见简文有类似《说卦传》中以卦象配姓氏的情况。《汉书·儒林传》又记：

> 梁丘贺……年老终官。传子临，……临学精孰，专行京房法。
>
> **琅邪王吉通五经，**闻临说，善之。
>
> 时宣帝选高材郎十人从临讲，**吉乃使其子郎中骏上疏从临受《易》**。⑤

王吉兼通五经，事亦见《汉书·王吉传》："初，吉兼通五经，能为驺氏《春秋》，以《诗》《论语》教授，好梁丘贺说《易》，令子骏受焉。"⑥《汉书》言王吉受到梁丘贺所传《易》之影响在海昏事后。梁丘氏所传为京房法，《汉书·艺文志》收录有《孟氏京房》十一篇，章句施、孟、梁丘氏各两篇。⑦《周易孟氏章句》《周易梁丘氏章句》

---

① 《汉书》卷五三《景十三王传》，第2428页。
② 《汉书》卷七《宣帝纪》，第223页。
③ 王国维：《汉魏博士考》，第199页。
④ 钱穆：《两汉博士家法考》，第206—208页。
⑤ 《汉书》卷八八《儒林传》，第3600—3601页。
⑥ 《汉书》卷七二《王吉传》，第3066页。
⑦ 《汉书》卷三〇《艺文志》，第1703—1704页。

久佚，清道光年间马国翰所辑《玉函山房辑佚书》中收有《周易孟氏章句》二卷、《周易梁邱氏章句》一卷。①据此残篇《说卦传》，简本以卦象配以姓氏、里程的形式与上述二章句行文方式相类，均为"乾（卦名）为某为某"的句式，同为记述解说乾、坤、艮、兑、坎、离、震、巽八经卦所象征的各类事物。无论简本性质如何，似均有理由推测简本《易》与王吉有关。

王吉也能为驺氏《春秋》。《汉书·艺文志》记有《邹氏传》十一卷。春秋《公羊》《穀梁》《邹氏》《夹氏》四家之中，"《公羊》《穀梁》立于学官，《邹氏》无师，《夹氏》未有书"。②海昏简本《春秋》经传有部分内容见于今本《春秋》三传，但有些内容仅见于《公羊传》。此种情况说明简文似应出自《公羊传》。另需留意的是，简文与今传十三经注疏本《公羊传》也存在较大差异。如简文："使宰周公来聘。宰周公者何也？天子之……"案今本《春秋公羊传注疏》卷十二僖公三十年："冬，天王使宰周公来聘。"③卷十一僖公九年："夏，公会宰周公、齐侯、宋子、卫侯、郑伯、许男、曹伯于葵丘。宰周公者何？天子之为政者也。"是简文前、后两句，④在今本《公羊传》中分别见于两处。⑤若依《汉书·王吉传》记述，联系前述海昏简本《齐论语》的情况，目前似不能排除简本与《邹氏传》之间的关系。⑥

---

① ［清］马国翰辑：《玉函山房辑佚书》卷二《周易孟氏章句》，第 6—10 页；［清］马国翰辑：《玉函山房辑佚书》卷二《周易梁邱氏章句》，第 3 页。按，清避孔子讳改"丘"为"邱"。
② 《汉书》卷三〇《艺文志》，第 1715 页。
③ 《春秋公羊传注疏》卷一二僖公三十年，［汉］何休解诂，［唐］徐彦疏：《春秋公羊传注疏》，［清］阮元校刻：《十三经注疏（清嘉庆刊本）》，第 4913 页。
④ 《春秋公羊传注疏》卷一一僖公九年，［清］阮元校刻：《十三经注疏（清嘉庆刊本）》，第 4890—4891 页。
⑤ 江西省文物考古研究院、北京大学出土文献研究所、荆州文物保护中心：《江西南昌西汉海昏侯刘贺墓出土简牍》，《文物》2018 年第 11 期，第 87—96 页；陈苏镇：《海昏竹书〈春秋〉初读》，朱凤瀚主编，柯中华副主编：《海昏简牍初论》，第 146—153 页。
⑥ 当然亦不能排除异文的存在或与《公羊传》的诸家融合有关。

《易》《春秋》可系于王吉，上述《保傅传》亦见存于简本。《保傅传》属今本之《大戴礼记》，《曲礼》《中庸》《祭义》等多篇属《礼记》之篇章，海昏简本亦能得见。对此，《汉书·儒林传》另记王式在海昏废黜事后的一段事迹亦值得注意：

> 山阳张长安幼君先事式，后东平唐长宾、沛褚少孙亦来事式，问经数篇，式谢曰："闻之于师具是矣，自润色之。"不肯复授。
>
> 唐生、褚生应博士弟子选，诣博士，**抠衣登堂，颂礼甚严**，试诵说，有法，疑者丘盖不言。诸博士惊问何师，对曰事式。
>
> 皆素闻其贤，共荐式。诏除下为博士。式征来，**衣博士衣而不冠**，曰："刑余之人，**何宜复充礼官**？"既至，止舍中，会诸大夫博士，共持酒肉劳式，皆注意高仰之。
>
> 博士江公世为《鲁诗》宗，至江公著《孝经说》，心嫉式，谓歌吹诸生曰："歌《骊驹》。"式曰："闻之于师：客歌《骊驹》，主人歌《客毋庸归》。今日诸君为主人，日尚早，未可也。"江翁曰："经何以言之？"式曰："**在**《**曲礼**》。"江翁曰："何狗曲也！"式耻之，阳醉逿墜。
>
> 式客罢，让诸生曰："我本不欲来，诸生强劝我，竟为竖子所辱！"遂谢病免归，终于家。

其事缘起王式的学生唐长宾、褚少孙等应博士弟子选，因弟子颂礼甚严，诸博士共荐王式，王式衣博士衣而不冠，自云其不宜"复充礼官"。其后，王式与博士江公的争论择其要者有二：

其一，江公所歌《骊驹》，服虔曰："逸《诗》篇名也，见《大戴礼》。客欲去，歌之。"文颖曰："其辞云'骊驹在门，仆夫具存；骊驹在路，仆夫整驾'也。"①

---

① 《汉书》卷八八《儒林传》，第 3610 3611 页。

其二，王式所对答者"今日诸君为主人，日尚早，未可也"等出自《曲礼》。

由"颂礼甚严""衣博士衣而不冠"到"在《曲礼》"，似均说明王式其人于《礼》谙熟，且执行甚笃。《曲礼》一篇见于海昏简本。《骊驹》见《大戴礼》，《曲礼》为《小戴礼》，二者并行答对，这与简本所见大量昌邑王、海昏侯国礼仪文献及《大戴礼》《小戴礼》分卷并行的情形也是一致的。

值得一提的是，即使被贬谪海昏，无论出于自保还是何种目的，此种情形下的刘贺仍然表现出熟谙朝仪的情态。海昏侯墓所出编号为M1499-48的奏牍，其上墨书文字有云："……海昏侯臣贺昧死再拜上书言……再拜为秋请……元康四年"文中的"再拜为秋请"指的就是"朝聘之礼"。①《礼记·王制》云："诸侯之于天子也，比年一小聘，三年一大聘，五年一朝。"②汉代的朝聘可细分为"春朝""秋请"两种，《史记·吴王濞列传》裴骃集解引孟康曰："律，春曰朝，秋曰请，如古诸侯朝聘也"。③可见刘贺在任海昏侯期间仍然积极履行着"春朝秋请"的义务。以上亦不由使人联想起"立则习礼容"的相关叙述。

由上所述，《论语》《孝经》之外，简本《易》《春秋》《诗》系于王吉，《诗》《礼》见于王式，如此则在西汉时期皇室及诸侯王等贵族子弟教育中，"汉博士皆专经教授"的论断有误；"西汉学者专守一经"的认识，④似属于昭宣以降家法兴起之通例。《汉书·东平思

---

① 王意乐、徐长青：《海昏侯刘贺墓出土的奏牍》，《南方文物》2017年第1期，第91—97页；张予正、杨军、王楚宁、徐长青：《海昏侯墓出土奏牍选释》，《南方文物》2018年第2期，第108+4页；王意乐、李文欢：《海昏奏牍初读》，朱凤瀚主编，柯中华副主编：《海昏简牍初论》，第324—340页。
② 《礼记正义》卷一一《王制》，[清]阮元校刻：《十三经注疏（清嘉庆刊本）》，第2874页。
③ 《史记》卷一〇六《吴王濞列传》，第2823页。
④ 孙钦善：《中国古文献学史》，第53页。

王传》记其上疏求诸子及《太史公书》，大将军王凤提出不许之辞宜曰："五经圣人所制，万事靡不毕载。王审乐道，傅相皆儒者，旦夕讲诵，足以正身虞意。"① 研习五经应是汉人对诸王、列侯教育的基本认识。②

这里尚需讨论的是有关五经博士中《礼》博士的设置问题。《汉书·儒林传》论赞中讲"至孝宣世，复立……《大小戴礼》"。论者早已明确指出此有谬误，③《礼》博士的设置至早不过昭宣时，简本所见似亦可为补充。前述简本《中庸》《祭义》和《大戴礼记·曾子大孝》等篇出土时与《论语》简混杂在一起，其形制、容字和书体亦与《论语》完全相同，此部分内容多为记录孔子及其弟子言论，其与《论语》简形制和书体完全相同且混杂在一起，一方面说明《礼记》中这部分内容与《论语》关系密切甚至存在"交集"；另一方面简本《礼记》类文献包括形制、书体各异的多个简本，还有一些不见于传世文献的佚文，似说明《礼记》类文献直到宣帝时期仍处于"单篇别行"的状态，④ 相关问题详见下文讨论。

此外，海昏简牍中有一组记录礼仪行事的文献，文本本身的形式与性质。"礼仪简"的用词和内容，与《仪礼》《乡饮酒礼》《燕礼》等篇十分相似，是一种记录、指导礼仪行事的文本。篇题《王会饮仪》之"仪"，应是这类文本的名称。这说明，至迟至武帝中后期，诸侯国内的各项礼仪的施行，都有成文的"仪"类文献规

---

① 《汉书》卷八〇《宣元六王传》，第3324—3325页。
② 不惟诸王列侯，儒门"六艺"之学亦是汉晋时期名士蒙学的重要内容。如东汉三国时期声名显赫的钟会，"年四岁授《孝经》，七岁诵《论语》，八岁诵《诗》，十岁诵《尚书》，十一诵《易》，十二诵《春秋左氏传》《国语》，十三诵《周礼》《礼记》，十四岁诵成侯《易记》，十五使入太学"。参见王子今：《秦汉儿童的世界》，北京：中华书局，2018年，第247页。
③ 王国维：《汉魏博士考》，第184页；张汉东：《论秦汉博士制度》，第419—424页。
④ 江西省文物考古研究院、北京大学出土文献研究所、荆州文物保护中心：《江西南昌西汉海昏侯刘贺墓出土简牍》，《文物》2018年第11期，第87—96页；韩巍：《海昏竹书〈保傅〉初探》，朱凤瀚主编，柯中华副主编：《海昏简牍初论》，第120—136页。

范。①沈文倬先生曾指出，今文《礼经》传授的第一阶段，即《礼》博士设置之前，与"礼"有关的学者有汉仪学者与《礼经》学者两种。"汉代实行的礼仪是排除古礼的；《礼经》只单纯供经学传授者研习。"②海昏简本的情况为上述论断增添了新的实物证据，同时也说明在宣帝时期《礼》博士的设置应仍仅有《后氏礼》，后苍以前并无《礼》经为博士的论断是有道理的。③

综上所述，透过海昏简本与《汉书》记述的对照，似可得出刘贺父子之儒家"六艺"典籍传承学术谱系亦即简本所见儒家经典的学脉渊源如下：

1.《易》：韩婴→赵子→蔡谊→王吉→刘贺。

2.《书》：伏生→济南张生→夏侯都尉→夏侯始昌→刘髆。

3.《诗》：（1）辕固→夏侯始昌→刘髆。

（2）申公→瑕丘江公→鲁许生、免中徐公→王式→刘贺。

（3）韩婴→赵子→蔡谊→王吉→刘贺。

4.《礼》：王式→刘贺。

5.《春秋》：（1）申公→瑕丘江公→鲁许生、免中徐公→王式→刘贺。

（2）王吉→刘贺。

6.《论语》：王吉→刘贺。

值得一提的是，《汉书》记昌邑王刘髆得到《齐诗》《尚书》的传授，然其子墓中并不见《尚书》，这也与上论刘贺"坐则诵《诗》《书》，立则习礼容"的记述存在矛盾。若试推测其原因，当然不能排除原本下葬有《尚书》，由于保存因素出土时已然不见之可能。重

---

① 田天：《海昏竹书"仪"类文献初论》，朱凤瀚主编，柯中华副主编：《海昏简牍初论》，第137—145页。

② 沈文倬：《从汉初今文经的形成说到两汉今文〈礼〉的传授》，《纪念顾颉刚学术论文集》，成都：巴蜀书社，1990年，后收入《菿闇文存》，北京：商务印书馆，2006年，第531—534页。

③ 钱穆：《两汉博士家法考》，第208—210页。

要的是，海昏侯其师王式及辅弼王吉、龚遂诸人皆传《诗》，简本《诗经》亦结构严谨、分章有序，由是似可推测刘贺其人虽诵习五经，但还应是以《诗经》等为主要研习方向的。

西汉经学纷杂家派的确立，始自宣帝石渠阁会议，① 时距刘贺去世业已八年之遥。此后产生的各家学派叙述中对于西汉前、中期儒家"六艺"典籍的传流情况，不免有所失真。这样来看，抄写于宣帝时代及以前的儒家经典文献，则是最好的第一手资料。海昏简本《论语》用字、用词的不同，说明西汉中期《齐论》《鲁论》与《古论》的区分、定型远未完成；② 简本《公羊传》的不同断句，似亦可循此理解。简本《诗经》同样各自带有《汉书·艺文志》所述《鲁诗》或《韩诗》的某些特征，但又存在区别于该系统的地方，无法用西汉末年以后人们所述的家法来简单概括，这些文本相对稳定但又尚未固化的诸多情况，其实反映的均是经学在西汉中期的实际面貌。由此可见，当时《诗经》《论语》乃至《礼记》《春秋》经传等"六艺"典籍流传的复杂情况，远非《汉书·艺文志》的概略归结所能总括。③

第三节　出土简牍与西汉中期以前的"礼"书形态

"礼"是早期中国规范社会秩序的重要形式，也实际上是中国最古早的学术总成。"礼"的文本，即今传本《周礼》《仪礼》《礼记》

---

① 钱穆：《两汉博士家法考》，第 205—220 页。
② 陈侃理：《海昏竹书〈论语〉初论》，朱凤瀚主编，柯中华副主编：《海昏简牍初论》，第 154—179 页。
③ 以《汉书·艺文志》为基础，出土简牍典籍的大发现使我们逐渐明确《汉书·艺文志》所述图书典籍的分类、纂辑等均非空中楼阁，如北大藏秦简诸卷的堆叠关系中，已可见依据简册所记述之文献内容而将简册分类放置的情况。详前文，又可参杨博：《北大藏秦简〈田书〉初识》，《北京大学学报（哲学社会科学版）》2017 年第 5 期，第 63—68 页。

（包括大、小戴《礼记》）等"三礼"文本的定谳，学界往往将之系于东汉末年郑玄的校订整理，或将今传《仪礼》《礼记》溯源至西汉末年刘向校书时"另编新本"。① 由此上溯至先秦秦汉时期，"三礼"的文本形态在中西学界长期存在一些争议，② 幸赖地不爱宝，出土简牍为探索西汉中期以前的"礼"书形态提供了实物证据。前文已部分涉及海昏简牍所见"礼"类文献及刘贺本人对朝仪的熟谙，下文拟就此相关问题续作讨论。

一、"礼记"的单篇并行

作为一部先秦到秦汉时期的礼学文献汇编，《礼记》在东汉经郑玄作注后始大行于世。"礼记"之名在秦汉时期并不专指《礼记》，如《史记·孔子世家》"故《书传》《礼记》自孔氏"，③ 这里说的就是《礼》经，而不是今本小戴《礼记》。《诗·召南·采蘩》，郑玄笺："《礼记》：'主妇髲鬄。'"④ 所引文字即见于今本《仪礼·少牢馈食礼》。同样，古书中也不乏用《礼》指称《礼记》的例子。于此，学者多有关注，⑤ 也逐渐认识到战国秦汉时期礼学的传授非常复杂，学者对于"礼"的认识也较为模糊，汉代流传的"礼学"有今古文《礼》、新制定的汉仪和"容礼"之别。⑥ 战国时期流行的"礼"类文

---

① 邓骏捷：《刘向校本整理模式探论》，《文学与文化》2011年第1期，第109—120页。
② 廖名春：《论六经并称的时代兼及疑古说的方法论问题》，《孔子研究》2000年第1期，第46—58、65页；程一凡：《出土文献与先秦的"五经"》，《中国哲学史》2014年第2期，第96—102页；刘跃进：《中国早期文献稳定性与可信度的矛盾问题》，《复旦学报（社会科学版）》2016年第1期，第1—4页。
③ 《史记》卷四七《孔子世家》，第1936页。
④ 《毛诗正义》卷一·三《召南·采蘩》，[清]阮元校刻：《十三经注疏（清嘉庆刊本）》，第597页。
⑤ 邢文：《〈礼〉古记与子思之学》，《湖南大学学报（社会科学版）》2009年第3期，第5—11页。
⑥ 沈文倬：《宗周礼乐文明考论》，杭州：杭州大学出版社，1999年，第219页；王锷：《〈礼记〉成书考》，北京：中华书局，2007年，第300—307页。

献,也有"经礼""曲礼"和"礼意"等三部分内容。① 为便于讨论,下文仍以今本"三礼"为标准结合出土简牍所见情况来展开。

郭店楚简《缁衣》、上博楚简《缁衣》《武王践阼》等存于今本大、小戴《礼记》中的篇章及其章序、异文,长久以来引起学界的广泛重视。不仅有助于说明《礼记》定本之前单篇并行的流传状态,由此对于今本《礼记》诸篇章的来源,特别是《汉书·艺文志》所云"'记'百三十一篇,七十子后学者所记也"之"七十子"的长时代跨度,② 也有了更加具体的认知。今本《礼记》中不仅保留有孔子讲学时的记录和传经遗文,还保留有许多孔门七十二子讲学的记录和传经遗文。如今本《大戴礼记》即保留有不少孔子讲学的记录,而小戴《礼记》的《缁衣》《中庸》《坊记》《表记》等篇被认为源于《子思子》,《乐记》出于《公孙尼子》,《大学》《曾子问》等则与《曾子》有关。③ 其中,汉儒的作用并不仅仅是董理儒家经学、子学文献,在编辑这些不同文体的儒家文献时,也会加进自己的著作,其中一些还托名孔子及其门人。④

上述论断也日益得到新出简牍典籍文献的证明。首先可以战国楚竹书为例,《缁衣》《武王践阼》之外,郭店、上博楚简中还见有不少篇章与今本大、小戴《礼记》有关。如李学勤先生指出,郭店《尊德义》的句式类于《曲礼》,体例亦与《中庸》相近;《五行》的文字与《礼记》中多篇近似,为七十子后学所作;郭店《性情论》、上博《性自命出》主要讲"乐"的上半部分,其根本思想与《乐记》也是一致的;⑤ 上博《民之父母》的内容也基本见于《孔子闲居》。此

---

① 杨博:《战国楚竹书史学价值探研》,第93—97页。
② 《汉书》卷三〇《艺文志》,第1709页。
③ 王锷:《〈礼记〉成书考》,第25—114页。
④ 朱汉民:《儒学的六经、诸子与传记》,《北京大学学报(哲学社会科学版)》2016年第5期,第26—34页。
⑤ 李学勤:《重写学术史》,石家庄:河北人民出版社,2002年,第104—115、260—266页。

外，上博《天子建州》第一章与《大戴礼记·礼三本》关系密切，《内豊》与《昔者君老》合编后的内容接近今本《大戴礼记·曾子立孝》和《曾子事父母》。①

这些与今本《礼记》篇章近似的文献分篇并行的情况，在西汉中期以前仍得延续。海昏简牍所出 109 枚木楬中，编号第八十一的木楬，原纵十余列文字可辨者存四："燕礼""芗饮酒""乐记""昏礼"等，可分别与今本《小戴礼记》中之《燕义》《乡饮酒义》《乐记》《昏义》一一对应。②整理者已指出，海昏简本与传世本《礼记》和《大戴礼记》有关者共四组，第一组四道编绳的为《曲礼》；第二组有《礼记·祭义》《丧服四制》和《大戴礼记·曾子疾病》《曾子事父母》等篇；第三组有《礼记·中庸》和《大戴礼记·曾子大孝》等篇；第四组则为《保傅》。这不仅无可辩驳的说明《礼记》诸篇在西汉中期以前单篇流传的形态，后两组的相关情况也值得进一步探讨。

第三组《中庸》《曾子大孝》等出土时与《论语》诸篇混杂在一起，揭示的是西汉时期《礼记》《论语》等儒家经典文本的流动形态。这也解释了一个重要的历史现象，即战国秦汉之际，流传着很多关于孔门言行的记述，有不少现在还保留在《韩诗外传》《说苑》《新序》《孔子家语》等各类传世文献中，除上述郭店、上博竹书之外，也见于定州汉墓出土的《儒家者言》、北大汉简《儒家说丛》等。它们的体裁和内容有很多与《礼记》《论语》相似之处，却不属于今本《礼记》《论语》的范围。这些文献不仅可视作成型之前的《礼记》乃至《论语》等经传类文献的原始古本来源，也显示出孔子之后以迄西汉中期，儒家后学继承孔子合经文、传记、诸子为一体的儒家学术、思想体系的多重建构。海昏简本《保傅》的重要

---

① 骈宇骞:《简帛文献纲要》，第 215—217 页。
② 西汉海昏侯刘贺墓出土简牍整理与研究课题组:《典册琳琅——海昏简牍整理与研究的新进展》,《中国史研究动态》2020 年第 6 期，第 69—77 页；韦心滢:《海昏木楬初论》,朱凤瀚主编，柯中华副主编:《海昏简牍初论》，第 341—352 页。

异文为这一历史过程的追索提供了可能。下文据整理者韩巍先生所言试举几例：①

第一，传世各本中殷周为天子"三十余世"的世代数，海昏简《保傅》作"累世相授"。这是海昏简与传世各本最大的不同之处。传世各本"三十余世"是指"在位"而言，而"累世相授"则是指君位传递而言，故传世各本"秦为天子，二世而亡"，海昏简作"一世而亡"。若就"在位"而言，秦朝为"二世"，若就"相授"而言，则仅为"一世"。

第二，简本"天子"，《大戴礼记》《新书》《汉书》皆作"太子"。《保傅》讲帝王自幼的教育，是举周成王为例；而在文献记载中，成王即位时还是襁褓之中的婴儿，故有"三公三少"之设；此时的成王，其身份已经是"天子"而非"太子"。因此海昏简《保傅》全文均作"天子"，似与文意更为相符。

第三，简本"选左右，蚤（早）喻（谕）教，万事要"，传世各本皆作"选左右、早谕教最急"此句连用三个三字短语，句式整齐，且"教""要"古韵同属宵部，形成韵文。战国秦汉时期流行的格言、成语、俗谚常常采用短小、整齐的韵文形式。而且此句前面的"故曰"二字，也是战国秦汉时人引用成语、格言时常用的套语。《新书》《汉书》将"故曰"改为"故臣曰"，其后的"选左右早谕教最急"就变成了贾谊自己的话。

简本《保傅》与传世本《大戴礼记》《新书》的几处重要异文，说明《保傅》篇以及《贾谊书》的一些篇章在西汉时期应该有多个文本系统在平行发展，即使在文本基本定型之后，二者之间也仍然在不断互相参校而进行改动。综上所述，出土简牍使我们得以《礼记》为中心窥见早期儒学的文献体系和儒学思想学术的大体建构过

---

① 韩巍：《海昏竹书〈保傅〉初探》，朱凤瀚主编，柯中华副主编：《海昏简牍初论》，第120—136页。

程。这其中不仅有《缁衣》《中庸》等传统认识上所谓"孔门七十子"后学之作;海昏竹书《保傅》的发现,证明了其与贾谊《新书》的密切联系,也反映出《礼记》文本形成过程中的汉儒加工形态。

二、"仪礼"的多种形态

简牍典籍中《仪礼》文本的发现,首推武威汉简《仪礼》,其内容包括甲、乙、丙三个文本。甲本,存与今本《仪礼》有关者七篇,包括:《士相见礼第三》《服传第八》《特牲第十》《少牢第十一》《有司第十二》《燕礼第十三》《泰射第十四》,均为木简。二是《仪礼》乙本,乙本仅存《服传第八》一篇,也是木简。三是《仪礼》丙本,丙本仅存《丧服》一篇,材质为竹简。甲、乙本中《服传》只有传文没有经文,丙本为《丧服》经文,没有传文。[①]值得留意的是,甲、乙本诸篇目在篇首都存有题记和篇次,不仅可以根据这些内容判定七篇的次序;甲、乙本分篇并行与篇次本身也说明经过序次整理的《仪礼》文本在西汉中后期的流传情况。

沈文倬先生曾比对指出,简本《服传》在汉初已经过隶写,形成接近于《仪礼》古文本的面貌,存西汉古隶较多,今本则以今隶书写习惯为主。[②]而传文的叙述顺序,简本与郑玄注本接近一致。今本《服传》传文有"何以大功也?妾为君之党服,得与女君同",郑玄以为是《丧服》经文"大夫之妾为君之庶子"的传文,礼家多采此说。传文"下言为世父母、叔父母、姑、姊妹者,谓妾自服其私亲也",杨天宇先生曾指出此句为武威汉简《丧服》所无,当属郑玄注文而误入传文内。[③]在简本《服传》中"何

[①] 中国社会科学院考古研究所、甘肃省博物馆:《武威汉简》,第89—135页。
[②] 沈文倬:《汉简〈服传〉考(下)》,《文史》第25辑,北京:中华书局,1985年,第33—52页。
[③] 杨天宇:《仪礼译注》,上海:上海古籍出版社,2004年,第324页。

以大功也？妾为君之党服，得与女君同"，与今传本一致，亦在传文"嫁者，其嫁于大夫者也。未嫁者，成人而未嫁者也"之后。可见，武威汉简《服传》单传本改编为经传合编本后，传文虽然编列至经文下，其顺序没有更动过。沈文倬先生根据《隋书·经籍志》有马融注《丧服经传》，有郑玄注《丧服经传》，认定《仪礼》的合编始于马融："为别行《丧服》作注，就今所知，始于马融。"① 其结论应是可信的。由简本所见《服传》虽然有不少传本，传本之间也有古隶今隶混杂但郑玄却没有为其出注的情况，可见当时学者看待《服传》的态度到了东汉末期也没有发生大的改变，仍然不将其视为《仪礼》的一个组成部分，而只是类似《礼记》的篇目，这与后来学者看待合在《丧服》篇中《服传》的眼光很不同，② 反映出西汉时《仪礼》的文本形态。

《仪礼》在汉代还有《士礼》之名，因其并非专记士礼，还有天子、诸侯各种礼仪，故其得名原因，尚难确证。蒋伯潜先生提出"《士礼》以首篇得名"，因其"首篇为《士冠礼》，遂通称全书为《士礼》"，③ 或可为一解。而其所记对汉人而言多为古礼，确是不争的事实。前文已略述汉代流传的"礼学"有今古文《礼》、新制定的汉仪和"容礼"之别，简牍中也有此类形态的文本发现，如睡虎地汉墓 M77 出土有《葬律》，内容即关于诸侯王丧葬制度。④ 海昏简牍中更有两种"仪"类文本的首次发现。

第一种为昌邑王的"会饮仪"。其中有类似篇名的"右方王会饮义（仪）"，内容多记载参与者的站位、进退，主持者的号令等。其

---

① 沈文倬：《汉简〈服传〉考（下）》，《文史》第 25 辑，第 33—52 页。
② 徐渊：《从武威汉简〈仪礼〉再谈古今文问题》，"古典学的重建"出土文献与早期中国经典研究国际学术研讨会论文集》，珠海，2020 年 12 月 19—20 日，第 303—317 页。
③ 蒋伯潜：《十三经概论》，上海：上海古籍出版社，1983 年，第 325 页。
④ 湖北省文物考古研究所、云梦县博物馆：《湖北云梦睡虎地 M77 发掘简报》，《江汉考古》2008 年第 4 期，第 31—37 页；彭浩：《读云梦睡虎地 M77 汉简〈葬律〉》，《江汉考古》2009 年第 4 期，第 130—134 页。

中相对较为完整的简文如："……践登东堂。宾者、吏大夫皆反走复立（位）。王西乡（向）定立。"

第二种文献与诸侯王主持的祭祀仪式有关。有一枚记载总字数者："……史、祝赞曰：嗣王某□尽如义（仪）。·凡八百六十五字。"与之相应，《礼记·曲礼下》有："践阼，临祭祀，内事曰'孝王某'，外事曰'嗣王某'。"①简文的"嗣王某"即可能涉及昌邑王主持的祭祀礼仪。

整理者田天先生指出，简文用词与内容，与《仪礼》中《乡饮酒礼》《燕礼》等篇十分相似，是一种记录、指导礼仪行事的文本。篇题"王会饮仪"之"仪"，即是此类文本的名称。这类被称为"仪"的文献，内容可能主要为进退容止、站立位次。西汉初年，诸事均属草创，叔孙通为高祖拟定朝会礼仪的故事常见于学者引用。《史记·叔孙通列传》有"仪：先平明，谒者治礼，引以次入殿门"。②叔孙拟定的礼仪，"采古礼与秦仪杂就之"，即以秦代仪节参合古代礼书，拟定一套行事规范。此处"秦仪"之"仪"，应当指文本。文献中更常见的说法是"如仪"，如《叔孙通列传》又有"御史执法举不如仪者辄引去"。③如《汉书·武五子传》记载刘贺奔丧，将至未央宫东阙，郎中令龚遂劝他下车，刘贺"到，哭如仪"。③此"如仪"之"仪"，也应该是文本已经写定的行事规范，而不应是泛泛的"礼仪"或"仪节"。简文中"嗣王某□尽如仪"的"如仪"，类于传世文献中的"如仪"，均指符合"仪"类文献的规定。由此似可推断，至迟至武帝中后期，诸侯国内的各项礼仪的施行，都有成文的"仪"类文献规范和文本存在。④

---

① 《礼记正义》卷四《曲礼下》，[清]阮元校刻：《十三经注疏（清嘉庆刊本）》，第2728页。
② 《史记》卷九九《叔孙通列传》，第2723页。
③ 《汉书》卷六三《武五子传》，第2765页。
④ 田天：《海昏竹书"仪"类文献初论》，朱凤瀚主编，柯中华副主编：《海昏简牍初论》，第137—145页。

自先秦至于西汉中期之前，以进退容止为核心的容礼，一直是儒家礼学中十分重要的组成部分，通过海昏简本的发现，学者有可能认识西汉"仪"类文献的形态，也为"容礼"的进一步讨论提供了可能。故由武威汉简《仪礼》与海昏竹书《王会饮仪》诸篇，不仅明了《仪礼》的西汉文本形态，亦可得见《仪礼》衍生且与叔孙通所制朝"仪"同类之篇章。

三、"周礼"的历史渊源

《周礼》在汉代原称《周官》，多见于《史记》《汉书》记载。据《汉书·河间献王传》，是书在汉初最早被献于河间献王，递经整理之后藏入秘府，至新莽时经刘向、刘歆父子校理得以重新传播。关于其成书、作者与流传，是学界长期探索的问题。① 出土简牍中尚未见到与今传本《周礼》直接相关的篇章，惟李零先生曾透露，上博简中有一种类似《周礼》的"政书"类文本，只是目前尚未公布。② 学者也注意到《周礼》所载礼制与《左传》相合者共 161 例之多，说明《周礼》所载大部分内容与《左传》所反映的时代相距不远，反映的应是古礼的真实面貌。③《左传》成书于战国，④ 与之相应，出土战国楚竹书特别是清华简中有不少篇章亦可与《周礼》所载制度系联，显示出《周礼》成书的历史渊源，以下试举数例。

---

① 彭林：《〈周礼〉主体思想与成书年代研究》，北京：中国社会科学出版社，1991 年；杨天宇：《关于〈周礼〉书名、发现及其在汉代的流传》，《史学月刊》1999 年第 4 期，第 14—20 页；沈长云、李晶：《春秋官制与〈周礼〉比较研究——〈周礼〉成书年代再探讨》，《历史研究》2004 年第 6 期，第 3—26 页。
② 李零：《简帛古书与学术源流（修订本）》，第 300—301 页。
③ 张君蕊：《〈左传〉礼制与〈周礼〉合异探析》，《中州学刊》2014 年第 12 期，第 133—137 页。
④ 杨博：《裁繁御简：〈系年〉所见战国史书的编纂》，《历史研究》2017 年第 3 期，第 5—23 页。

清华简《成人》是一篇与先秦法律制度有关的文献，全文主要内容是"成人"针对"王"问所作关于法律制度的言辞，他在申明司法官员职责时，对司法原则及断狱程序都有说明。简文所记"成人"的职司，即《周礼·天官·大宰》所云："掌建邦之六典，以佐王治邦国：……五曰刑典，以诘邦国，以刑百官，以纠万民。"① 简文中讲一般狱讼都要审讯"有众"，对于一些特殊情况，如"有众"无法察辨时，需要"中凡之于示所"。所谓"示所"即神事之所，也即盟证之处。《周礼·秋官·司盟》："有狱讼者，则使之盟诅。"② 同样的处理程序亦多见于包山司法简。与"中凡之于示所"的"凡"字用法相同的，简文还有"狱成有凡""凡辞于岁"，指的应是在规定时间内完成司法审理程序。"凡辞于岁，属之于乡里"更可与《秋官·小司寇》"岁终，则令群士计狱弊讼，登中于天府"合观，③ 均是有关岁末要将审结的案件整理归档的明确记录。④

清华简《晋文公入于晋》叙述晋文公结束流亡，自秦返国之后，励精图治至于城濮一战而霸的史事。简文论述最为详备的军政改革中，提到"交龙之旂""日月之旗"，《春官·司常》："司常掌九旗之物名，各有属以待国事。日月为常，交龙为旂，……熊虎为旗，鸟隼为旟。"⑤ 简文"为熊旗大夫出，为豹旗士出"亦应与"熊虎为旗"相类。⑥ 简文所述旗物虽与《司常》并非一一对应，但也可见《司

---

① 《周礼注疏》卷二《天官·大宰》，[清]阮元校刻：《十三经注疏（清嘉庆刊本）》，第1389页。
② 《周礼注疏》卷三六《秋官·司盟》，[清]阮元校刻：《十三经注疏（清嘉庆刊本）》，第1905页。
③ 《周礼注疏》卷三五《秋官·小司寇》，[清]阮元校刻：《十三经注疏（清嘉庆刊本）》，第1888页。
④ 贾连翔：《清华简〈成人〉及有关先秦法律制度》，《文物》2019年第9期，第50—55页。
⑤ 《周礼注疏》卷二七《春官·司常》，[清]阮元校刻：《十三经注疏（清嘉庆刊本）》，第1783页。
⑥ 马楠：《〈晋文公入于晋〉述略》，《文物》2017年第3期，第90—92页。

常》所述确有制度依据，并非向壁虚造。清华简《筮法》是一种占筮用书，其系统地记述了占筮的理论和方法。它讲到十七命，"曰果，曰至，曰享，曰死生，曰得，曰见，曰瘳，曰咎，曰男女，曰雨，曰取妻，曰战，曰成，曰行，曰雠（售），曰旱，曰祟"，《春官·大卜》云："以邦事作龟之八命：一曰征，二曰象，三曰与，四曰谋，五曰果，六曰至，七曰雨，八曰瘳，以八命者赞三兆、三易、三梦之占。"① 其中果、至、雨、瘳四命相同，李学勤先生指出"八命"可能即由之扩展而来。②

清华简《摄命》中摄的主要职事包含出入王命、处理周王的礼仪事务与排解民间冤苦等三个方面，《夏官·太仆》职事亦主要包括出入王之大命、掌诸侯之复逆、正王之服位与赞王礼事等四个方面，其中还包含有针对民间申冤这一特殊情况而制定的路鼓制度等，二者是基本一致的。③ 清华简《行称》以"凡行称之道，月六称，岁四合"起首，分别记述"六称"日期和行事宜忌。简文所记称行诸事均与布政有关，整理者认为其应专为执国柄者所作，与《周礼》体国经野、设官分职的理念暗合。吊劳为简文"六称"之一，其云"旬有五日称吊劳"；《夏官·司马》"王吊劳士庶子则相"，④《太仆》"掌三公孤卿之吊劳"，⑤《小臣》"掌士大夫之吊劳"，⑥ 两类文本均是吊祭存问的意涵。⑦

---

① 《周礼注疏》卷二四《春官·大卜》，[清] 阮元校刻：《十三经注疏（清嘉庆刊本）》，第 1734—1735 页。
② 李学勤：《清华简〈筮法〉与数字卦问题》，《文物》2013 年第 8 期，第 66—69 页。
③ 许兆昌、史宁宁：《从〈周礼·太仆〉看清华简〈摄命〉》，《古代文明》2019 年第 4 期，第 41—48 页。
④ 《周礼注疏》卷二九《夏官·司马》，[清] 阮元校刻：《十三经注疏（清嘉庆刊本）》，第 1812 页。
⑤ 《周礼注疏》卷三一《夏官·太仆》，[清] 阮元校刻：《十三经注疏（清嘉庆刊本）》，第 1840 页。
⑥ 《周礼注疏》卷三一《夏官·小臣》，[清] 阮元校刻：《十三经注疏（清嘉庆刊本）》，第 1841 页。
⑦ 贾连翔：《略论清华简〈行称〉的几个问题》，《文物》2020 年第 9 期，第 82—85 页。

清华简《祝辞》中记述了三则以弓名为标识的祝诵之辞,简中称为"徥弓""外弓"和"踵弓",不同的弓有不同的用途,即"射戎也""射禽也""射音(函)也",正与祝诵之辞的"将注为死""将注为肉""将射得(扞)音(函)"相应。《夏官·司弓矢》:"掌六弓……及其颁之:王弓、弧弓,以授射甲革、椹质者;夹弓、庾弓,以授射犴侯、鸟兽者;唐弓、大弓,以授学射者、使者、劳者。"①"戎"为敌军,"禽"是猎物,"音(函)"即作为箭靶的革甲,敌军是远射,鸟兽为近射。这与《司弓矢》所载"六弓"的用途恰相呼应。同时,外弓是"往体多来体寡"的,即外向弯曲的部分多,故以"外"为名。《冬官考工记·冶氏》"是故倨句外博",②"倨句"是指戈援与胡之间的弯角,"外博"指角度向外扩大。"外弓"之"外"即"外博"之义。《祝辞》不仅印证了《夏官》所载"六弓"按功能、长度分类的可信,对《考工记》所载器物形制、工艺的认识亦不无裨益。③

今天对《三礼》文本的订正辨伪工作,实际上都是以恢复郑玄等整理校订的原貌为最终目标,"一般而言,无法再追溯到郑玄等人校订以前的状态"。这是因为今天我们没有比郑玄他们更早的、完备的文献资料可以拿来对照,进而判断他们的正误,但是日渐丰富的出土简牍典籍似乎为了解郑玄以前的"三礼"文本形态提供了重要捉手,新发现的"先秦遗物细节和屡经历代学者改造的传世文献"能否建立密切的学术系联,④需要更多的方家来共同探讨。

---

① 《周礼注疏》卷三二《夏官·司弓矢》,[清]阮元校刻:《十三经注疏(清嘉庆刊本)》,第1847—1848页。
② 《周礼注疏》卷四〇《冬官考工记·冶氏》,[清]阮元校刻:《十三经注疏(清嘉庆刊本)》,第1979页。
③ 胡宁:《清华简〈祝辞〉弓名和射姿考论》,《古代文明》2014年第2期,第37—40页。
④ 乔秀岩先生语,转引自李纯一、于颖:《今天,如何研究礼》,《文汇学人》2015年1月30日第T5版。

第四节　出土简牍视野下的《论语》文本形态演进

基本篇章成书于战国的儒家重要典籍《论语》，秦汉以降作为儒学教育的基础教材，影响遍及"东亚简牍文化圈"。① 如学者曾以《论语》简牍为中心，考察古代东亚社会儒学普及和汉字的读写。② 出土《论语》简牍也被视作东亚地区"行走的文化符号"。③ 专就出土《论语》类文献本身考察《论语》成书、流传诸方面，④ 也是长期引起学者重视的问题。而简册文物本身体现出的考古学特性，即简帛在长期使用过程中形成的各项制度与习俗，简牍典籍"文物性"或者说"物质性"的史料特点，似应是研究的前提。下文拟由此入手，在出土文献所见《论语》类文献不同文本形态的基础上，观察典籍文本形态演进的历史过程。

一、战国楚地的前《论语》形态

《汉书·艺文志》收录《论语》类文献时曾提到，当时流传的

---

① ［韩］尹在硕：《东亚简牍文化圈的形成与发展》，《河南师范大学学报（哲学社会科学版）》2016年第5期，第102—104页。
② ［韩］金庆浩：《出土文献〈论语〉在古代东亚社会中的传播和接受》，戴卫红译，《史学集刊》2017年第3期，第51—64页；丁红旗：《从敦煌、吐鲁番出土写卷看唐代〈论语〉读习的历史进程》，杜文玉主编：《唐史论丛》第33辑，西安：三秦出版社，2021年，第317—332页。
③ 裴永亮：《出土〈论语〉简牍：东北亚地区行走的文化符号》，《宁夏大学学报（人文社会科学版）》2020年第4期，第157—161页。
④ 陈良武：《出土文献与〈论语〉研究》，《漳州师范学院学报（哲学社会科学版）》2008年第3期，第99—105页；孔漫春：《〈论语〉出土文献研究》，博士学位论文，开封：河南大学文学院，2010年；田旭东：《浅议〈论语〉在西汉的流传及其地位——从海昏侯墓出土〈齐论〉说起》，梁安和、徐卫民主编：《秦汉研究》第12辑，西安：西北大学出版社，2018年，第1—8页。

有《鲁论》20篇、《古论》21篇、《齐论》22篇等共12家，229篇文献。《论语》是"孔子应答弟子时人及弟子相与言而接闻于夫子之语也。当时弟子各有所记。夫子既卒，门人相与辑而论纂，故谓之《论语》"。[①] 据《汉志》可知，其一，西汉以前《论语》文献的流传有分章、分篇的区别。其二，《论语》所记录的是孔子与弟子的"相与言"。孔门弟子是"孔子遗说"的记录者、整理者。《论语》的编纂一方面出于对孔子的尊敬，另一方面出于对孔门的依恋和对孔门分化的担忧，是孔门弟子缅怀和纪念夫子，维护这个学派的团结和统一的一种方式。[②] 文献流传的篇、章差异与战国秦汉时孔门分化的实际情况相辅相成。在此意义上不妨将其时流传的有关孔子与弟子的"相与言"的文献均视作"《论语》类"文献，通过简册等"物质性"载体观察其文本形态的分合演变。

上博竹书的简册可依简端形状分为三种：其中两端梯形的简册只有《缁衣》一篇；《子羔》《孔子诗论》《鲁邦大旱》抄写在一处，简册两端圆弧；其余简册基本两端平齐。两端平齐的简册中儒家典籍的简长最长，如《性情论》简长57厘米，《孔子见季桓子》《君子为礼》的简长也在54厘米以上。按照后世文献分类来看，上博竹书的简册形制较为复杂，儒家简的编绳也是既有3道编，又有2道编。值得注意的是部分同类文献在简册形制上的联系，如《颜渊问于孔子》《民之父母》等两篇"《论语》类"文献简册两端平齐，简长46.2厘米，3道编绳，形制完全一致。这种体现着时人使用相同形制的简册，将同类文献汇集的情况，在郭店竹书中更为突出。周凤五先生等学者早年即有精到论述。如两端梯形的《五行》《缁衣》为一组，《成之闻之》《尊德义》《性自命出》《六德》为一组，《穷达

---

① 《汉书》卷三〇《艺文志》，第1716—1717页。
② 宋立林：《出土简帛与孔门后学新探》，北京：中国社会科学出版社，2018年，第276—277页。

以时》《鲁穆公问子思》为一组等等。① 上述论断存在的扞格在于，竹书的分卷、分篇是古人分类还是今人的分类？实际研究过程中往往是二者杂糅的，如有篇题的完整分卷，可视作古人的命名与分类，散乱而无篇题的情况下，整理者的意见就更为重要。研究者已注意到整理者对郭店竹书分卷、分篇的问题，② 如《成之闻之》《尊德义》简背的文字，似乎显示其在当时人眼中原被视为一篇。③ 由这些文字、刻划等近也引起学界对郭店竹书重新分卷的思考。④

就目前而言，如果郭店、上博竹书的分篇、分卷并不能代表时人的文献分类，那么有没有材料可以确定当时"《论语》类"文献的流传状况？安大简《仲尼》和荆州王家嘴楚简《孔子曰》似能解答上述问题。

《仲尼》由13支完整竹简组成，简长43厘米，2道编绳。简1~7背面有编号，简7、8、12背面有文字。简文原无篇题，不分章，内容为25条孔子言论，除一条开头为"康子使人问政于仲尼"外，其他简文均以"仲尼曰"起始。整理者推测，简文所记25条孔子言论条，均出自战国时期的《论语》，由此推断其性质是类似《论语》的孔子言论辑录，它有可能是早期《论语》的一个摘抄本。⑤

王家嘴简《孔子曰》与安大简《仲尼》有相似之处。《孔子曰》室内揭取约1000个编号，初步判断原为330支左右。其中较完整的约110支。完简长46厘米，3道编绳，部分简背有刻划线。内容主题及文体与《论语》极为相似。全文分为多篇。篇中分章，每章多以"孔子曰"起始。部分简背有篇题，如"居川上之下""智（知）之乐

---

① 周凤五：《郭店竹简的形式特征及其分类意义》，《郭店楚简国际学术研讨会论文集》，第53—63页。
② 郭沂：《郭店竹简与先秦学术思想》，上海：上海教育出版社，2001年，第230—266页。
③ 官琼梅：《郭店楚简背面新发现的字迹》，《中国文物报》2013年5月8日第8版。
④ 杨博：《由篇及卷：区位关系、简册形制与出土简帛的史料认知》，《史学月刊》2021年第4期，第5—17页。
⑤ 徐在国、顾王乐：《安徽大学藏战国竹简〈仲尼〉篇初探》，《文物》2022年第3期，第75—79页。

之""可智（知）也之下"，均不见于今本《论语》。据最后一支简记录为"贰百囗十又五（篇）"。简文的一篇相当于今本《论语》的一章，多以"孔子曰"起始。整理者推断战国时期儒家分为多个流派，不同地域应该存在多个版本的"论语"，王家嘴简《孔子曰》与安大简《仲尼》即为楚地儒者诵习的经典。《孔子曰》大约三分之一的内容，可以在今本《论语》中查到，另外三分之二的内容并不见于《论语》的传世版本，简背各篇题亦不见于今本《论语》，这些超出《论语》记载范围的内容，反而与《礼记》《孟子》等传世古籍重合。①

安大简《仲尼曰》、王家嘴楚简《孔子曰》其实就是"弟子共纪孔子之言行""数十百篇"中的一部分。《汉志》中已记述西汉以前《论语》文献流传的多样性，其与《礼记》等相关儒家典籍的紧密联系亦可由海昏竹书的情况得到证明。

二、西汉时期的单篇流传

学界已熟知，《齐论》《鲁论》《古论》等多家《论语》经西汉张禹、东汉郑玄先后两次校订后，形成今本。此前考古发现的简本《论语》有定州汉墓竹简、朝鲜平壤贞柏洞汉墓竹简、海昏侯墓竹简三种。上述几种简本与今本相较，在章句、篇目分合上尤有差异。

海昏简本《论语》保存有"智（知）道"篇题和一些不见于今本的简文，② 除"孔子知道之易（易）也。易（易）易（易）云者

---

① 荆州博物馆：《湖北"六大"终评项目——荆州王家咀 798 号战国楚墓》，江汉考古微信公众号，https://mp.weixin.qq.com/s/6E9Er8MxbK_QFfxoLHwekg，2022-05-10；赵晓斌：《湖北荆州王家嘴 M798 出土战国楚简〈孔子曰〉概述》，《江汉考古》2023 年第 2 期，第 43—48 页。
② 杨军、王楚宁、徐长青：《西汉海昏侯刘贺墓出土〈论语·知道〉简初探》，《文物》2016 年第 12 期，第 72—75、92 页；江西省文物考古研究院、北京大学出土文献研究所、荆州文物保护中心：《江西南昌西汉海昏侯刘贺墓出土简牍》，《文物》2018 年第 11 期，第 87—96 页。

三日。子曰：'此道之美也'"（《金关》73EJT22：6）一句外，① 肩水金关《论语》残简中"子贡曰：'九变复贯，知言之篡'"（《金关》73EJC：608）、② "子曰：'自爱，仁之至也；自敬，知之至也。'"（《金关》73EJT31：139）诸句，③ 均可由海昏简本互证为《齐论·知道》篇章句，④ 表明此本应与《汉书·艺文志》中记述的《齐论》有关。⑤

齐地应有为数不少的传习《齐论》的学者。肩水金关之中有一定数量的来自齐地的官吏与戍卒，如"齐郡临菑吉羊里簪弱王光年廿三 长七尺三尺黄色疾 字子叔（《金关》73EJT9：3）""齐郡临菑满羊里公乘薛弘年（《金关》73EJT9：20）""齐郡临菑西通里大夫侯寿年五十长七尺二寸黑色（《金关》73EJT9：28）""齐郡钜定县壮里不更宿建年（《金关》73EJT9：126）"⑥ "齐郡钜定广里不更宿延（《金关》73EJT37：470）"等等。⑦ 由此是否可以推测，金关《齐论》简牍是否是由某位齐人自齐地带来，或就地默写传抄、学习遗留而成的？

重要的是，海昏简本《论语》每简约容24字，三道编绳，简背有斜向划痕。各篇凡存有较完整首简的，简背均有篇题，如"雍也""子路""尧"（对应今本《尧曰》）和"智道"等，陈侃理先

---

① 甘肃简牍博物馆等编：《肩水金关汉简（贰）》，第94页。
② 甘肃简牍博物馆等编：《肩水金关汉简（伍）》，第244页。
③ 甘肃简牍博物馆等编：《肩水金关汉简（叁）》，第227页。
④ 肖从礼、赵兰香：《金关汉简"孔子知道之易"为〈齐论·知道〉佚文蠡测》，卜宪群、杨振红主编：《简帛研究（二〇一三）》，桂林：广西师范大学出版社，2014年，第182—187页；王楚宁、张予正：《肩水金关汉简〈齐论语〉的整理》，《中国文物报》2017年8月11日第6版。
⑤ 杨博：《海昏侯墓出土简牍与儒家"六艺"典籍》，《江西社会科学》2021年第3期，第140—148页。
⑥ 甘肃简牍博物馆、甘肃省文物考古研究所、甘肃省博物馆、中国文化遗产研究院古文献研究室、中国社会科学院简帛研究中心编：《肩水金关汉简（壹）》，上海：中西书局，2011年，第196、198、199、213页。
⑦ 甘肃简牍博物馆、甘肃省文物考古研究所、甘肃省博物馆、中国文化遗产研究院古文献研究室、中国社会科学院简帛研究中心编：《肩水金关汉简（肆）》，上海：中西书局，2015年，第79页。

生由此推测此书原来很可能是每篇独立成卷的。《汉志》称《齐论》"多《问玉》《知道》",王楚宁等先生在汉代边塞也发现可能属于《问玉》篇的残简。① 据此,当是第二十一篇《问玉》在前,《知道》最后为第二十二篇。但简本《论语》却以《知道》为第二十一篇,且简本中也尚未发现属于《问玉》的文句,故而陈侃理先生认为简本《论语》并非《汉书·艺文志》所谓的齐《论语》。它有《知道》却无《问玉》,可能体现了齐《论语》形成过程中的一个中间形态。②

前文已述,海昏简本内容与今本《礼记》和《大戴礼记》有关者,韩巍先生将其大致分为四组,③ 其中第三组出土时与《论语》简混杂在一起,三道编绳,完简容字 24 字,内容与传世本《礼记》相合者首先是《中庸》篇,另有见于传世本《礼记·祭义》和《大戴礼记·曾子大孝》的内容。《中庸》《祭义》和《大戴礼记·曾子大孝》等出土时与《论语》混杂在一起,其形制、容字和书体亦与《论语》完全相同。这些内容的交接点在于,其共同记录孔子及其弟子言论,一方面说明《礼记》中这部分内容与《论语》关系密切甚至存在"交集";另一方面揭示简本《礼记》类文献包括形制、书体各异的多个简本,还有一些不见于传世文献的佚文,似说明"《礼记》类"、"《论语》类"诸文献迟至西汉宣帝时期仍处于"单篇别行"的状态。

可以再次强调,郭店楚简《缁衣》、上博楚简《缁衣》《武王践阼》等存在于今本大、小戴《礼记》中的篇章及其章序、异文,长久以来引起学界的广泛重视。它们不仅有助于说明《礼记》定本之

---

① 王楚宁、张予正:《肩水金关汉简〈齐论语〉的整理》,《中国文物报》2017 年 8 月 11 日第 6 版;王楚宁、张予正、张楚蒙:《肩水金关汉简〈齐论语〉研究》,《文化遗产与公众考古》第 4 辑,第 66—74 页。
② 陈侃理:《海昏竹书〈论语〉初论》,朱凤瀚主编,柯中华副主编:《海昏简牍初论》,第 154—179 页。
③ 韩巍:《海昏竹书〈保傅〉初探》,朱凤瀚主编,柯中华副主编:《海昏简牍初论》,第 120—136 页。

前单篇并行的流传状态，由此对于今本《礼记》诸篇章的来源，特别是对《汉书·艺文志》所云"'记'百三十一篇，七十子后学者所记也"之"七十子"的时代跨度，① 也有了更加具体的认知。今本《礼记》中不仅保留有孔子讲学时的记录和传经遗文，还保留有许多孔门七十二子讲学的记录和传经遗文。如今本《大戴礼记》即保留有不少孔子讲学的记录，而《礼记》的《缁衣》《中庸》《坊记》《表记》等被认定为出于《子思子》，《乐记》出于《公孙尼子》，《大学》《曾子问》等则与《曾子》有关。② 这其中，汉儒的作用并不仅仅是董理儒家经学、子学文献，在编辑这些不同文体的儒家文献时，也会加进自己的著作，其中一些还托名孔子及其门人。③

《缁衣》《武王践阼》之外，郭店、上博楚简中还见有不少篇章与今本大、小戴《礼记》有关。如李学勤先生曾指出，郭店《尊德义》的句式类似《曲礼》，体例与《中庸》相近；《五行》的文字与《礼记》中不少篇近似，为七十子后学所作；郭店《性情论》、上博《性自命出》主要讲"乐"的上半部分，其根本思想与《乐记》也是一致的。④ 上博《民之父母》的内容也基本见于《孔子闲居》。此外，上博《天子建州》第一章与《大戴礼记·礼三本》关系密切，《内豊》与《昔者君老》合编后的内容接近今本《大戴礼记·曾子立孝》和《曾子事父母》。⑤ 这些与今本《礼记》篇章近似的文献分篇并行的情况，在西汉中期以前仍得延续。海昏侯刘贺墓中所出109枚木楬，其中编号第八十一的木楬，原纵十余列文字可辨者存四："燕礼""芗饮酒""乐记""昏礼"等，可分别与今本《小戴礼记》中之

---

① 《汉书》卷三〇《艺文志》，第1709页。
② 王锷：《〈礼记〉成书考》，第25—114页。
③ 朱汉民：《儒学的六经、诸子与传记》，《北京大学学报（哲学社会科学版）》2016年第5期，第26—34页。
④ 李学勤：《重写学术史》，第104—115、260—266页。
⑤ 骈宇骞：《简帛文献纲要》，第215—217页。

《燕义》《乡饮酒义》《乐记》《昏义》一一对应。①

海昏简本《中庸》《曾子大孝》等出土时与《论语》诸篇混杂在一起，揭示的是西汉时期《礼记》《论语》等儒家经典文本的流动形态。这也解释了一个重要的历史现象，即战国秦汉之际，流传着很多关于孔门言行的记述，有不少现在还保留在《韩诗外传》《说苑》《新序》《孔子家语》等各类传世文献中，除郭店、上博竹书之外，也见于定州汉墓出土的《儒家者言》、北大汉简《儒家说丛》等。它们的体裁和内容有很多与《礼记》《论语》存在相似之处，却不属于今本《礼记》《论语》的范围。这些文献不仅可视作成型之前的《礼记》乃至《论语》等经传类文献的原始古本来源，也显示出孔子之后以迄西汉年间，儒家后学继承孔子的合经文、传记、诸子为一体的儒学思想体系和学术体系的建构过程。

三、西北所见今本定本前后的文本演变

根据肩水金关遗址出土的纪年简来看，其最早为昭帝时代，最晚不过新莽。如"始元五年（前82）三月丁巳"（《金关》73EJT21∶422）②"始建国三年（11）八月癸□"（《金关》73EJT24∶228）等。③除肩水金关外，西北地区还有数处汉唐遗址中出土了《论语》相关文献，如罗布淖尔（楼兰）汉简有《公冶长》的残句，如"☐亦欲毋加诸人子曰赐非"（59）。④甲渠候官有《为政》篇的内容，"□曰观之所安人焉叟哉人焉叟"（4.6A）。⑤悬泉汉简中有不少

---

① 西汉海昏侯刘贺墓出土简牍整理与研究课题组：《典册琳琅——海昏简牍整理与研究的新进展》，《中国史研究动态》2020年第6期，第69—77页。
② 甘肃简牍博物馆等编：《肩水金关汉简（贰）》，第83页。
③ 甘肃简牍博物馆等编：《肩水金关汉简（贰）》，第307页。
④ 黄文弼著，黄烈编：《黄文弼历史考古论集》，北京：文物出版社，1989年，第408页。
⑤ 中国社会科学院考古研究所编：《居延汉简甲乙编》，北京：中华书局，1980年，下册第2页。

《子张》篇的语句，如"☐☐子张曰执德不弘通道不笃焉能为有焉能为亡・子夏之门人问交于子张子张曰"（V92DXT1812②：215）、"乎张也难与并而为仁矣・曾子曰吾闻诸子人未有自致也者必也亲丧乎・曾子曰吾闻诸子孟庄子之孝其他可能也其不改父之臣与父之"（V92DXT1812②：119）。①悬泉汉简的年代已到东汉安帝永初元年（107）。上述有关《论语》诸篇的内容，似乎可以说明，经刘向、刘歆校理后的诸家《论语》文本，两汉时期一直在西北地区广泛流传。

至东汉郑玄后，《论语》定本出现。值得留意的是，魏晋以降，《论语》定本亦在西北地区流传。如吐鲁番洋海一号台地出土十六国时期白文《论语》写本，②吐鲁番阿斯塔那出土唐写本有《论语集解》《论语郑氏注》《〈论语〉习书》《〈论语〉经义对策》，③敦煌唐写本也见有《论语》《论语集解》《论语注》《论语疏》《论语摘抄》《论语目录》等。④

自金关汉简《齐论语》开始，《论语》在西北地区多地多处频繁出现，这种发现并非一时一地，而是汉唐千余年间延绵不断。西北地区历代出土的《论语》版本并不一致。汉时曾传抄《齐论》篇章；《齐论》失传后的魏晋南北朝，又见有白文《论语》；到了唐代，敦煌吐鲁番出土的《论语》以《论语郑氏注》最多，《论语集解》《论语注》等注疏本《论语》也大量涌现。这与《隋书・经籍志》中关于内地《论语》版本演变的记载基本一致。⑤而出土文献

---

① 郝树声、张德芳：《悬泉汉简研究》，兰州：甘肃文化出版社，2009年，第268页。
② 辛吉：《〈论语〉写本》，《光明日报》2011年3月24日第9版。
③ 国家文物局出土文献研究室等编：《吐鲁番出土文书（全十册）》，北京：文物出版社，1981—1991年。
④ 张涌泉主编，许建平撰：《敦煌经部文献合集（第4册）・群经类论语之属》，北京：中华书局，2008年，第1437—1881页。
⑤ 王楚宁、张予正、张楚蒙：《肩水金关汉简〈齐论语〉研究》，《文化遗产与公众考古》第4辑，第66—74页。

所见《论语》类文献的丰富文本形态，即由战国楚地的前《论语》文本，至西汉时期《论语》类文献的单篇复本流传，再到《论语》定本后的白文本、注解普及本，体现出《论语》文献萌芽、衍生、定本以至普及的复杂历史进程。《论语》是儒家最重要的典籍，它的影响遍及"东亚简牍文化圈"。肩水金关《齐论语》章句出自汉代西北地区戍卒之手，著名的卜天寿抄本出自唐代西北地区 12 岁私学生卜天寿之手，贾忠礼抄本则出自唐代官学生贾忠礼之手。西北地区出土的《论语》文献反映出中央政府对西北地区进行的有效治理，包含有中华优秀传统文化的浸润。而在整个"东亚简牍文化圈"，以儒家为代表的统治理念的普及，是东亚地区古代国家成立的关键因素。出土《论语》类文献，在此意义上提供着了解古代东亚社会状况的实证材料。①

最后需要留意的是，今天或对"论语"或对"礼"等儒家经典文本的订正辨伪工作，实际上都是以恢复刘向、郑玄等人整理校订的原貌为最终目标，"一般而言，无法再追溯到郑玄等人校订以前的状态"。②这是因为今天我们没有比他们更早的、完备的文献资料可以拿来对照，进而判断他们的正误。但是日渐丰富的出土简牍典籍似乎为了解当时的文本形态提供了重要捉手。战国秦汉时期流行的典籍文献可暂以成篇时间为据分为"旧有"与"新作"两种。无论是"旧有"还是"新作"，其文本的最小单位均是"篇"。"旧有"文献有单篇流传者，如荆州夏家台所出《吕刑》，而绝大多数"新作"文献更是单篇留存，如安大简《仲尼》。"单篇别行、以类相从"或可基本概括这一时期典籍文献的留存形式。在此基础上得见有"复本多见"的情况。其中秦汉时期复本多见的表现形式就是多时多地出现内容上有密切关联的文献。如《论语》类文献即除定州

---

① ［韩］金庆浩：《出土文献〈论语〉在古代东亚社会中的传播和接受》，戴卫红译，《史学集刊》2017 年第 3 期，第 51—64 页。
② 李纯一、于颖：《今天，如何研究礼》，《文汇报》2015 年 1 月 30 日第 T5 版。

汉墓竹简、平壤贞柏洞汉简与海昏汉墓简牍等三种抄本之外，还有散见于西北边塞汉简中的断简残章。这些"六艺"类简册文本相对固定但又尚未固化的诸多情况，揭示出典籍在定本成书之前的文本发展形态。

小　结

作为保存较好的汉代高等级公文实物，《海昏侯国除诏书》反映了汉代官文书制度。一尺两行隶书的"罢免"诏策，其流程为"地方官员提议→中央官员会议→皇帝同意后成为最高意志→向地方逐级传达"，有着清晰的成文过程与确切的转发记录，基本构建出较为完整的汉代高等级文书成文流程与传达体系。结合《汉书》中的有关记载，宣帝一朝的两场公卿会议——刘贺的废立与除国，均与《海昏侯国除诏书》相关，诏书不仅涉及了当时朝廷的大部分高官，还隐含了汉宣帝的政治权谋，是宣帝一朝政治生态的实况体现。《海昏侯国除诏书》提供了刘贺与其家族的史实、昌邑王国与海昏侯国的基本状况。刘贺"九月乙巳死"、昌邑王国"合六县以为国"、海昏侯国"数水旱，多灾害"等，均为史之未载，可补《汉书》记载之缺佚。诏书中印证了《汉书》《后汉书》中关于班固作《汉书》时担任"兰台令史""迁为郎，典校秘书"，能够参阅朝廷秘藏公文的史实，亦有助于对《汉书》撰述史料来源的理解。

汉武帝晚年到昭帝时期，宗室近亲已经开始接受儒学教育。刘贺父子通过与当时大儒的师承辅弼，得以汇通"六艺"、兼习五经。《鲁诗》《韩诗》《邹氏》《公羊》等不同学脉汇同于海昏侯刘贺一身，既构建了其"簪笔持牍趋谒"的儒生形貌，又为西汉前、中期儒门典籍的官学传承提供了鲜活的视角。刘贺本人对《论语》《孝经》的熟悉，验证了通经之前先通《论语》《孝经》的传统认识；墓中所出简本《易》《诗》《春秋》系于王吉，《诗》《礼》又见于王式，修正了"汉博士皆专经教授"的论断，"博士不限于专治一经"；简本《礼记》诸篇与《王会饮仪》的单篇别行，既是"立则习礼容"的鲜明体现，又反映出至迟在宣帝时期《礼》博士的设置情况。

出土简牍典籍也为西汉中期以前的"礼"书形态的探索提供了实物证据。"三礼"定本虽肇基于西汉，但其初始文本至迟在战国时期已出现，为20世纪末出土的郭店楚简所证明；而西汉中期以前《仪礼》《礼记》与《周礼》三种"礼"书文本形态的不均衡性，亦日渐由层出不穷的简牍典籍所揭示。郭店、上博以至海昏竹书《缁衣》《中庸》《保傅》诸篇，使我们得以《礼记》为中心窥见早期儒学的文献体系和儒学思想学术的大体建构过程。这其中不仅有《缁衣》《中庸》等传统认识上所谓"孔门七十子"后学之作；海昏竹书《保傅》的发现，证明了其与贾谊《新书》的密切联系，也反映出《礼记》文本形成过程中的汉儒加工形态。武威汉简《仪礼》与海昏竹书《王会饮仪》诸篇，不仅有助于明了《仪礼》的西汉文本形态，亦可得见《仪礼》衍生且与叔孙通所制朝"仪"同类之篇章。由清华简《成人》《摄命》《筮法》《晋文公入于晋》《行称》《祝辞》等篇中蕴含的史迹，则可得见《周礼》相关各条设计的史料依据。

儒家典籍《论语》的影响遍及"东亚简牍文化圈"。日渐丰富的出土《论语》类文献为考察《论语》的成书、流传提供了宝贵材料。郭店竹书、上博竹书目前的分篇、分卷似不能代表战国时人的文献分类，而新见安大简《仲尼》和荆州王家嘴楚简《孔子曰》，已显示出西汉之前《论语》类文献流传的多样性。出土汉代《论语》类文献，除定州汉墓竹简、平壤贞柏洞汉简与海昏汉墓简牍等抄本之外，还有散见于西北边塞汉简中的断简残章。这些

《论语》类简册"单篇别行"的情况,揭示出《论语》等"六艺"典籍在定本之前的文本发展形态。经刘向校理后的诸家《论语》文本,在两汉时期一直在西北地区流传。《论语》定本出现后,魏晋以降,其亦在西北地区的出土文献中得见。由战国楚地的前文本形态,至西汉时期的单篇复本流传,再到定本后的白文本、注解普及本,出土文献已可基本恢复《论语》典籍萌芽、衍生、定本至普及的历史进程。

第四章 简牍所见战国秦汉时期的社会生活

第一节　北大秦简《田书》与秦代田亩、田租问题新释　209
第二节　出土简牍所见《齐民要术》成书的现实渊源　226
第三节　海昏竹书"容成阴道"与房中养生　241
第四节　海昏竹书与六博棋游戏　261
小结　277

出土战国秦汉魏晋简牍中，不乏有关农业的内容，虽然资料零散各地，如甘肃河西敦煌、居延及肩水金关等地，湖南云梦睡虎地、长沙走马楼、湘西里耶，江苏连云港尹湾，山东临沂银雀山，四川青川郝家坪等多处，所记内容亦多与农业管理制度与田亩、租税有关。北大藏秦简《田书》更为研究秦人田亩、田租等问题提供了新资料。利用这些新资料与传世文献进行比较研究，可以初步得出关于秦代田亩、田租问题的一些新认识。《齐民要术》是我国留存至今的最早的完整农书，而四川青川更修田律木牍、睡虎地秦简《田律》、长沙走马楼西汉简牍所见《都乡七年垦田租簿》、尹湾汉简东海郡某年《集簿》及张家山汉简《二年律令》的相关内容，所论虽与《齐民要术》并非直接相关，但其却提供了汉晋时期社会生活中对农业经济的重视和田亩租税，乃至农业礼俗方面的生活背景与社会氛围。《容成阴道》等"房中"养生书和《六博》棋谱的发现，让我们看到了当时基层社会丰富多彩的一面，在整体上加深了对中国古代社会多样性的认识。

第一节　北大秦简《田书》与秦代田亩、田租问题新释

战国秦汉时期的田亩、田租问题，向来为学界所重视。尤其是近年来利用睡虎地秦简、龙岗秦简、里耶秦简、岳麓秦简及张家山汉简等出土简牍，讨论其时大亩、小亩的区别，[①] 田租的征收标准

[①] 胡平生：《青川秦墓木牍"为田律"所反映的田亩制度》，《文史》第19辑，北京：中华书局，1983年，第216—220页；张学锋：《战国秦汉时期的大小亩制》，《汉唐考古与历史研究》，北京：生活·读书·新知三联书店，2013年，第107—142页。

与方式,①以及对有关"税田"②"舆田""取程"③等词语的理解等方面,④学界均取得了丰硕成果,但是仍然存在一些分歧,并且囿于材料,研究关注点集中在田租的征收,于田亩的情况涉及不多。

在北京大学收藏的秦简牍中,卷七《成田》、卷八《田书》的形式整齐划一,内容仅有数字的差别,并未出现任何具体的地名、人名,其应不是当时丈量田亩、征收租税的档案记录,⑤而是供人学习田亩、租税计算的一种特殊教材或参考书。笔者曾撰小文介绍过,其虽可归入《汉志·数术略》所列历谱书中,但其与《汉志》中经过文献整理与汇集的"算术"书不同,似处于数学文献的初始阶段,故可名之为"算数"书。由于推测整批简牍出自江汉平原的墓葬,

---

① 李恒全:《汉初限田制和田税征收方式——对张家山汉简再研究》,《中国经济史研究》2007年第1期,第122—131页;杨振红:《从新出简牍看秦汉时期的田租征收》,武汉大学简帛研究中心主办:《简帛》第3辑,上海:上海古籍出版社,2008年,第331—342页;于振波:《秦简所见田租的征收》,《湖南大学学报(社会科学版)》2012年第5期,第8—10页;孙铭:《简牍秦律中的田租征收事务》,《农业考古》2014年第6期,第46—51页;慕容浩:《新出简牍所见秦与汉初的田租制度及相关问题》,《社会科学研究》2017年第2期,第171—176页;高智敏:《秦及西汉前期的垦田统计与田租征收——以垦田租簿为中心的考察》,邬文玲主编:《简帛研究》(二〇一七春夏卷),桂林:广西师范大学出版社,2017年,第44—60页。

② 臧知非:《说"税田":秦汉田税征收方式的历史考察》,《历史研究》2015年第3期,第22—39页;李恒全:《试论"税田"和秦的田租征收方式》,复旦大学出土文献与古文字研究中心网站,http://www.gwz.fudan.edu.cn/Web/Show/4211,2018年1月20日。

③ 杨振红:《龙岗秦简诸"田""租"简释义补正——结合张家山汉简看名田宅制的土地管理和田租征收》,卜宪群、杨振红主编:《简帛研究》(二〇〇四),桂林:广西师范大学出版社,2006年,第79—98页;王勇:《税田与取程:秦代田租征收方式蠡测》,杨振红、邬文玲主编:《简帛研究》(二〇一六秋冬卷),桂林:广西师范大学出版社,2016年,第86—93页。

④ 肖灿:《从〈数〉的"舆田""税田"算题看秦田地租税制度》,《湖南大学学报(社会科学版)》2010年第4期,第11—14页;彭浩:《谈秦汉数书中的"舆田"及相关问题》,武汉大学简帛研究中心主办:《简帛》第6辑,上海:上海古籍出版社,2011年,第21—28页。

⑤ 北京大学出土文献研究所:《北京大学藏秦简牍概述》;韩巍:《北大秦简中的数学文献》,均载《文物》2012年第6期,第65—73、85—89页。

墓主人身份与征收租税的基层官吏有关,《田书》因之亦为研究战国至汉初的"税田""取程"等问题提供了新的材料,也与战国秦汉时期的田亩、田租存在密切联系。[①] 这里拟据《田书》就上述问题再作简单讨论。

一、《田书》中的秦人田亩计量标准

为便利讨论,似可先将两卷《成田》《田书》有关田亩与田租计算之相关内容汇总如下表:

表 11:《田书》田亩与田租计算统计表

分卷	广	纵	步数	成田亩数			税田步数		税率(程)	田租(升)			
				顷	亩	步	步	余数		石	斗	升	余数
七、八	15	16	240		1		20		3		6	6	$\frac{2}{3}$
七、八	24	20	480		2		40		4	1			
七	20	36	720										
八	24	30	720		3		60		5	1	2		
七	20	48	960										
八	32	30	960		4		80		6	1	3	3	$\frac{1}{3}$
七、八	30	40	1 200		5		100		7	1	4	2	$\frac{6}{7}$
七、八	30	48	1 440		6		120		8	1	5		

---

① 杨博:《北大藏秦简〈田书〉初识》,《北京大学学报(哲学社会科学版)》2017 年第 5 期,第 63—68 页;《"簿籍"与"取程":北大藏秦简〈田书〉性质再探》,《农业考古》2018 年第 4 期,第 47—52 页。

续 表

分卷	广	纵	步数	成田亩数			税田步数		税率（程）	田租（升）			
				顷	亩	步	步	余数		石	斗	升	余数
七、八	40	42	1 680		7		140		9	1	5	5	$\frac{5}{9}$
七	30	64	1 920		8								
八	40	48	1 920		8		160		10	1	6		
七	30	72	2 160		9								
八	40	54	2 160		9		180		12	1	5		
七、八	40	60	2 400		10		200		6	3	3	3	$\frac{1}{3}$
七、八	40	66	2 640		11		220		7	3	1	4	$\frac{2}{7}$
七	40	72	2 880		12								
八	48	60	2 880		12		240		8	3			
七	40	78	3 120		13								
八	52	60	3 120		13		260		5	5	2		
七、八	56	60	3 360		14		280		24	1	1	6	$\frac{2}{3}$
七、八	60	60	3 600		15		300		8	3	7	5	
七、八	60	64	3 840		16		320		9	3	5	5	$\frac{5}{9}$
七、八	60	68	4 080		17		340		6	5	6	6	$\frac{2}{3}$
七、八	60	72	4 320		18		360		16	2	2	5	
七、八	60	76	4 560		19		380		17	2	2	3	$\frac{9}{17}$
七、八	60	80	4 800		20		400		18	2	2	2	$\frac{1}{9}$

续　表

分卷	广	纵	步数	成田亩数 顷	成田亩数 亩	成田亩数 步	税田步数 步	税田步数 余数	税率（程）	田租（升）石	田租（升）斗	田租（升）升	田租（升）余数
七	60	84	5 040		21								
八	63	80	5 040		21		420		19	2	2	1	$\frac{1}{9}$
八	66	80			22		440		20	2	2		
八	69	80			23		460		21	2	1	9	$\frac{1}{21}$
八	72	80			24		480		22	2	1	8	$\frac{1}{11}$
八	75	80			25		500		8	6	2	5	
八	78	80			26		520		6	8	6	6	$\frac{2}{3}$
八	80	81			27		540		5	10	8		
八	80	84			28		560		4	14			
八	80	87			29		580		3	19	3	3	$\frac{1}{3}$
八	80	90			30		600		7	8	5	7	$\frac{1}{7}$
八	80	90			30		600		10	6			
八	80	93			31		620		9	6	8	8	$\frac{8}{9}$
八	80	96			32		640		10	6	4		
八	90	90			33	180	675		10	6	7	5	
八	90	100			37.5		750		12	6	2	5	
八	95	100			39	140	791	$\frac{2}{3}$	13	6	8		$\frac{38}{39}$
八	100	100			41	160	833	$\frac{1}{3}$	11	7	5	7	$\frac{19}{33}$

续 表

分卷	广	纵	步数	成田亩数			税田步数		税率（程）	田租（升）			
				顷	亩	步	步	余数		石	斗	升	余数
八	120	100			50		1 000		20	5			
八	110	110			50	100	1 008	$\frac{1}{3}$	12	8	4		$\frac{5}{18}$
八	115	110			52	170	1 054	$\frac{1}{6}$	11	9	5		$\frac{5}{6}$
八	120	120			60		1 200		30	4			
八	130	130			70	100	1 408	$\frac{1}{3}$	40	3	5	2	$\frac{1}{12}$
八	150	140			81	60	1 625		25	6	5		
八	140	160			93	80	1 866	$\frac{2}{3}$	16	11	6	6	$\frac{2}{3}$
八	120	200		1			2 000		12	16	6	6	$\frac{2}{3}$
八	150	200		1	25		2 500		20	12	5		
八	180	220		1	65		3 300		8	41	2	5	
八	220	200		1	83	80	3 666	$\frac{2}{3}$	40	9	1	6	$\frac{2}{3}$
八	220	240		2	20		4 400		18	24	4	4	$\frac{4}{9}$
八	300	300		3	75		7 500		9	83	3	3	$\frac{1}{3}$

上表首先可见，《田书》中反映的秦人田亩计量单位有三个，即步、亩与顷。

《史记·秦始皇本纪》"六尺为步"。①《说文·田部》云："六尺

---

① 《史记》卷六《秦始皇本纪》，第238页。

为步，步百为亩。秦田二百四十步为亩。"① 慧琳《一切经音义》卷七七引《风俗通》曰："秦孝公以二百四十步为亩。"② 四川青川郝家坪秦墓出土木牍所载秦武王二年（前309）颁布的《为田律》，以广一步、袤八则为畛，每亩田两畛，可见其以二百四十平方步为一亩。③ 岳麓秦简《数》有：

> □田之述（术）曰："以从（纵）二百卌步者，除广一步，得田一亩，除广十步，得田十亩，除广百步，得田一顷。"【1714简正】④

张家山汉简《租吴（误）券》亦有："田一亩租之十步一斗，凡租二石四斗。"【96】⑤ 可知其亦以二百四十平方步为一亩。

与青川木牍不同的是，《田书》中的亩是广、纵均有数量变化的。《田书》组成一亩的二百四十平方步，其广是从十五步，纵是从十六步开始计算的，一亩即十五步与十六步相乘之积。组成二百四十及其倍数的步数并非全是偶数，也会有如"广八十步，从（纵）八十一步，成田廿七亩"【8-015】这样的奇数。广、纵相乘之积有时也会有余数，如"广九十步，从（纵）九十步，成田卅三亩百八十步"【8-036】。即便是相同的成田亩数，卷七、卷八亦多有变化。但是相对而言，卷七结构较为顺畅，基本按次序罗列了从

---

① ［清］段玉裁：《说文解字注》一三篇下《田部》，第695—696页。
② ［汉］应劭撰，王利器校注：《风俗通义校注》，《风俗通义佚文》，北京：中华书局，2010年，第581页。
③ 四川省博物馆、青川县文化馆：《青川县出土秦更修田律木牍——四川青川县战国墓发掘简报》，《文物》1982年第1期，第1—21页；胡平生：《青川秦墓木牍"为田律"所反映的田亩制度》，《文史》第19辑，第216—220页。
④ 朱汉民、陈松长主编：《岳麓书院藏秦简（贰）》，上海：上海辞书出版社，2011年，第66页。
⑤ 张家山二四七号汉墓竹简整理小组编：《张家山汉墓竹简［二四七号墓］（释文修订本）》，第145页。

成田一亩到成田廿一亩的步数，卷八则增加到了第卅三亩之后，从卅七亩半亩到三顷七十五亩不等。

对此情况的理解有二，或是《为田律》与《田书》分别代表了不同地区所实行之田亩制度，抑或由青川木牍的广只有一步，显示出律法中强调的是二百四十平方步的整体数量，而实际操作中会根据不同情况而因地制宜。[①] 学者近亦指出，随着人口增加、农民散居四野，即使是在平原沃野地区，土地质量也各不相同，无论如何也是无法统一实行这种整齐划一的方块田的，农民实际耕作的土地只能是因地而异。龙岗秦简、岳麓秦简都提供了这一方面的实证。特别是龙岗秦简《田律》中的"町"，这些面积不等、形状不一的田块，即是农民实际占有的田地样态。[②]

再就地理环境而言，青川地处成都平原，似存在按广袤划分耕地之可能。根据北大秦简《道里书》及以往出土秦简墓葬情况，北大藏秦简牍可能出自今湖北省中部的江汉平原地区，江汉平原河流纵横交错，湖泊星罗棋布，水网交织，垸堤纵横，从而为田亩的广、纵变化提供了地理环境之注脚。

更进一步而言，成田廿一亩以下的卷七、卷八共有 42 条。以广六十步计算的卷七有 7 条，卷八有 6 条，共 13 条。其次是广卌步，卷七有 5 条，卷八有 5 条，共 10 条。第三是广卅步，卷七有 4 条，卷八有 2 条。前三项已占总数约 69%。需要说明的还有卷八在成田廿一亩以上的 29 条中，以广八十步记数的有 7 条，约占剩余条数的四分之一。

[①] 于豪亮先生据《为田律》曾提出每块田并不是恰好都是一亩，也许会不足一亩，即考虑到田亩划分时的一些实际情况。参见于豪亮：《释青川秦墓木牍》，《文物》1982 年第 1 期，第 22—24 页，后收入《于豪亮学术论集》，上海：上海古籍出版社，2015 年，第 62—64 页。

[②] 臧知非：《简牍所见秦和汉初田亩制度的几个问题——以阡陌封埒的演变为核心》，《人文杂志》2016 年第 12 期，第 80—86 页。

表12:《田书》横向计步统计表(部分)

步数(广)	卷 七	卷 八	总条数	比 例
六十步	7	6	13	31%
卌步	5	5	10	24%
卅步	4	2	6	14%

据表13可以看出,六十步的占比仍是最高的,且八十步的条数在卷八剩余的条数中尚有5条,占剩余条数的17%。

表13:《田书》纵向计步统计表(部分)

步数(纵)	卷 七	卷 八	总条数	比 例
六十步	3	5	8	19%
卌八步	2	2	4	9.5%
七十二步	3	1	4	9.5%

据此看来,二百四十的整数约数如六十、八十等在步数计算中所起到作用不能忽视,究其原因,固然可能是由于数学文献便于演算所致。然而取整数便于演算,一方面,与卷八计租时税田面积与田租额的数据精确到分数的情况存在一些矛盾,如卷八有"广百步,从(纵)百步,成田卌一亩百六十步。税田八百三步少半步,十一步一斗,租七石五斗卌七升卌三分升十九"【8-020】。另一方面,亦与数学文献本身的性质不符,因为数学文献本身即是为了教人学会复杂数字的运算的。故其是否有可能揭示出的江汉平原的地理环境下,秦人田亩的划分是以广、纵六十、八十等二百四十的整数约数来进行的,是值得进一步探讨的问题。

《田书》所反映的另一个秦人田亩制度中值得注意的问题是,百亩以上的占比较少。传统认识中多以战国秦汉以百亩为单位授田。

相关传世文献记载，如《汉书·食货志》《礼记·王制》等早已为学界熟知，兹不赘举。另据扬州胥浦所出先令券书，秦汉时人田宅往往不止一处，①《田书》反映的或仅为时人所有田的一处，但是社会生活中的实际情况也可能更加复杂。

《史记·陈丞相世家》云："陈丞相平者，阳武户牖乡人也。少时家贫，好读书，有田三十亩，独与兄伯居。"②此谓陈平只有田30亩。《汉书·食货志》记晁错上疏曰："今农夫五口之家，其服役者不下二人，其能耕者不过百亩，百亩之收不过百石。"③显示出至西汉早期一户所能获得的耕地面积亦没有超过百亩之数。同书《地理志》记西汉极盛时：

> 地东西九千三百二里。……提封田一万万四千五百一十三万六千四百五顷，其一万万二百五十二万八千八百八十九顷，邑居道路，山川林泽，群不可垦，其三千二百二十九万九百四十七顷，可垦不可垦，定垦田八百二十七万五百三十六顷。民户千二百二十三万三千六十二，口五千九百五十九万四千九百七十八。④

照此记载，按简单的数字换算，每户亦不得百亩之数。岳麓秦简《数》中亦有："田五十五亩，租四石三斗，而三室共叚（假）之，一室十七亩，一室十五亩，一室二十三亩。"【842 简正】⑤不宁唯是，湖北江陵凤凰山10号汉墓出土的一组竹简（简9～34），记

---

① 陈平、王勤金：《仪征胥浦101号西汉墓〈先令券书〉初考》，《文物》1987年第1期，第20—25、36页；陈雍：《仪征胥浦101号西汉墓〈先令券书〉补释》，《文物》1988年第10期，第79—81页。
② 《史记》卷五六《陈丞相世家》，第2051页。
③ 《汉书》卷二四上《食货志上》，第1132页。
④ 《汉书》卷二八下《地理志下》，第1640页。
⑤ 朱汉民、陈松长主编：《岳麓书院藏秦简（贰）》，第57页。

录了郑里农户的田亩数量，其25户共有田地617亩，均每户只有24.7亩，其中最少的8亩，最多的54亩，而且这也是唯一超过50亩的农户，大部分农户土地在30亩以下。① 依此看来《田书》依据计算的田亩数的比例情况，应该是比较合乎秦汉社会实际的。

步、亩以外，《田书》中亦有顷这一单位面积，据其计算的标准可推知百亩为一顷。面积最大的是："广三百步，从（纵）三百步，成田三顷七十五亩。"【8-031】亦有一顷的，如："广百廿步，从（纵）二百步，成田一顷。"【8-017】反映当时亦存在持有土地在百亩甚至数百亩以上的，这不仅在地广人稀的偏远地区可能存在，而且在平原或内陆地区通过军功受田等方式亦是容易达到的数额。张家山汉简《二年律令·户律》即记有军功受田的标准：

> 关内侯九十五顷，大庶长九十顷……，簪袅三顷，上造二顷，公士一顷半顷，公卒、士五（伍）、庶人各一顷，司寇、隐官各五十亩。【313】②

《户律》中记载了关内侯以下至司寇、隐官等不同爵位、身份者的受田标准，以《田书》卷八最大数值比照，则只到簪袅一级左右，公卒、庶人等有一顷。

二、《田书》中的"税田"

秦汉征收的田地税主要包括田租与刍稿。其中刍稿的征收，睡虎地秦简《田律》："入顷刍稿，以其受田之数，无垦不垦，顷入刍

---

① 湖北省文物考古研究所编：《江陵凤凰山西汉简牍》，北京：中华书局，2012年，第106—113页。
② 张家山二四七号汉墓竹简整理小组：《张家山汉墓竹简［二四七号墓］（释文修订本）》，第52页。

三石、稿二石。"【8】① 张家山汉简《二年律令·户律》:"卿以上所自田户田,不租,不出顷刍稿。"【317】② 由此,似可知虽均属基于土地征收之土地税,刍稿与田租还是有区别的。刍稿征收单位似以顷为主,而田租则是按亩计征。③

过去有关秦汉田税的征收方式,传统的观点主要有三种:第一种是浮动税说,即秦汉田租的数量与每年的收成相关,采取的是一种比例租的形式;④ 第二种是定额税说,即田租额是一个参照数年情况制定的固定数额;⑤ 第三种观点主张田税依照田亩与产量相结合的办法征收,即将田亩与产量都纳入田租征收的考量范围之内。⑥ 这三种看法其实都暗含着田税征收是按实有亩数来计算的。⑦ 近年学者多认为,秦代征收田租是从农户耕种的土地中划出一部分作为"税田",税田收成的百分之百即是田租。⑧ 亦有学者提出不同意见,认为秦代的做法是从总农田中划出部分税田作为农田产量的采样标本,根据其产量"取程",以此为标准对其余农田征收田租。⑨

---

① 睡虎地秦墓竹简整理小组:《睡虎地秦墓竹简》,第21页。
② 张家山二四七号汉墓竹简整理小组:《张家山汉墓竹简[二四七号墓](释文修订本)》,第52页。
③ 杨振红:《从新出简牍看秦汉时期的田租征收》,《简帛》第3辑,第331—342页;亦有学者以为刍稿同样是按亩计征的,参见张金光:《试论秦自商鞅变法后的土地制度》,《中国史研究》1983年第2期,第26—41页。
④ 劳榦:《秦汉史》,台北:中华文化出版委员会,1955年,第135页。
⑤ 韩连琪:《汉代的田租、口赋和徭役》,《文史哲》1956年第7期,后收入《先秦两汉史论丛》,济南:齐鲁书社,1986年,第464—519页。
⑥ 高敏:《秦汉史论集》,郑州:中州书画社,1982年,第117页。
⑦ 李恒全:《汉初限田制和田税征收方式——对张家山汉简再研究》,《中国经济史研究》2007年第1期,第122—131页。
⑧ 彭浩:《谈秦汉数书中的"舆田"及相关问题》,《简帛》第6辑,第21—28页;于振波:《秦简所见田租的征收》,《湖南大学学报(社会科学版)》2012年第5期,第8—10页;孙铭:《简牍秦律中的田租征收事务》,《农业考古》2014年第6期,第46—51页;臧知非:《说"税田":秦汉田税征收方式的历史考察》,《历史研究》2015年第3期,第22—39页。
⑨ 王勇:《税田与取程:秦代田租征收方式蠡测》,《简帛研究》(二〇一六秋冬卷),第86—93页。

"税田"见于里耶、岳麓秦简及张家山汉简,尤在岳麓秦简《数》与张家山汉简《算数书》的租税类算题中多见。如张家山《算数书·税田》:"税田廿四步,八步一斗,租三斗。"【68】①岳麓秦简《数》:

租误券。田多若少,耤令田十亩,税田二百卌步,三步一斗,租八石。·今误券多五斗,欲益田。其述(术)曰:以八石五斗为八百。【0939】②

禾舆田十一亩,税二百六十四步,五步半步一斗,租四石八斗……【1654】③

以首题为例,总土地面积为十亩,"税田"为"二百卌步",即一亩,"税田"占总土地面积的十分之一。"税田"交纳的田租共八石,并不是"田二百卌步"应交纳的田租,而是"田十亩"应交纳的田租。"税田"交纳的田租,占"田十亩"总产量的十分之一。根据《数》中相关算题,"税田"是应纳税的总土地面积的一部分,其缴纳全部产量作为总土地面积应缴纳的田租。

卷八《田书》提供了四十余条"税田"的资料,所得田租多少不等,均为税田收成的全部,作为总成田亩数需缴纳之田租,如:"广廿四步,从(纵)卅步,成田三亩。税田六十步,五步一斗,租一石二斗。"【8-033】但是与岳麓秦简《数》等存在差异的是,④其"取程"标准为十二分之一。这种情况是否存在,里耶秦简中或有蛛

---

① 张家山二四七号汉墓竹简整理小组:《张家山汉墓竹简[二四七号墓](释文修订本)》,第141页。
② 朱汉民、陈松长主编:《岳麓书院藏秦简(贰)》,第38页。
③ 朱汉民、陈松长主编:《岳麓书院藏秦简(贰)》,第53页。
④ 北大藏秦简另有《算书》甲篇,其涉及田亩租税类的算题,似亦取十一之数。参见韩巍:《北大秦简中的数学文献》,《文物》2012年第6期,第85—89页;韩巍:《北大秦简〈算书〉土地面积类算题初识》,《简帛》第8辑,第29—42页。

丝马迹可循：

> 迁陵卅五年垦田舆五十二顷九十五亩，税田四顷□□
> 户百五十二，租六百七十七石。率之，亩一石五；户婴四石四斗五升，奇不率六斗。【8-1519】
> 启田九顷十亩，租九十七石六斗。
> 都田十七顷五十一亩，租二百卌一石。
> 貳田廿六顷卅四亩，租三百卅九石三。
> 凡田七十顷卌二亩。·租凡九百一十。【8-1519背】

"卅五年"即秦始皇三十五年，公元前212年，与《田书》所记年代大略。简文中启陵乡、都乡、貳春乡三乡所垦田亩总计五十二顷九十五亩，田租总计六百七十七石九斗，均与简文正面所载迁陵三十五年所垦舆田数和田租数相同。① 笔者将这组数据汇总列为表14：

表14：迁陵及各乡税田情况表（约）

区划\税田	垦田（亩）	田租（石）	税田（亩）	税田比例
启陵乡	910	97.60	65.07	13.98
都 乡	1 751	241	160.67	10.90
貳春乡	2 634	339.30	226.20	11.64
迁陵县	5 295	677②	451.3	11.73
凡	7 042	910	606.67	11.61

---

① 陈伟主编：《里耶秦简牍校释》第1卷，武汉：武汉大学出版社，2012年，第345—347页。
② 迁陵县之总数与启陵乡、都乡、貳春乡三乡之和有些许差异，三乡之和为677.9，照此推算，其税田为451.93亩，税田比例约为11.72，考虑到简文原文如此，且二者数据相去并不远，故取原简文记录数值计算。

据上表，迁陵县的各税田比例均要小于十一之数，特别是新垦田面积5 295亩，租677石，每亩税1.5石，可知计税田亩约为451.3亩，将垦田总数与之相除约等于11.73，可得迁陵舆田的税田比例约为十二税一之数，似可与《田书》记述相印证。①

由《田书》来看，秦人的田租是按照田亩与产量相结合的办法征收的，如："广廿四步，从（纵）廿步，成田二亩。税田卌步，四步一斗，租一石。"【8-007】可见田租是根据亩数不同，取十二分之一的。北大秦简中地名以安陆、江陵为多，在南郡范围内，②而岳麓秦简亦见安陆、江陵，反映的也是南郡的情形。故是否秦对种谷物的农田既有如地区岳麓秦简《数》所记收十一之税者，也有地区取十二税一者，值得进一步讨论。③

三、《田书》中的"取程"

二亩四百八十步的十二分之一是四十步，三亩七百二十步的十二分之一是六十步，但四步一斗、五步一斗的税率是存在变化的。这本身似容易理解，其原因也可从以下两方面来考虑：

其一，地力不一。如银雀山汉简《田法》有："岁收，中田小亩亩廿斗，中岁也。上田亩廿七斗，下田亩十三斗……"【937】④存在上、中、下三等田亩之差。《汉书·食货志》亦记载有田亩的上、中、下之别："民受田：上田夫百亩，中田夫二百亩，下田夫三百

---

① 笔者校改小文时，发现晋文先生亦注意到这一点，晋文先生由此更认为《田书》就是"当时丈量田亩、征收租税的档案记录"，参见晋文：《睡虎地秦简与授田制研究的若干问题》，《历史研究》2018年第1期，第158—177页。
② 北京大学出土文献研究所：《北京大学藏秦简牍概述》，《文物》2012年第6期，第65—73页。
③ 代国玺：《休耕制与战国秦汉的土地制度》，《社会科学》2019年第10期，第125—144页。
④ 银雀山汉墓竹简整理小组编：《银雀山汉墓竹简（壹）》，北京：文物出版社，1985年，第146页。

亩。"① 由于地力不一，其产量并不会相同，则征收的标准也会随之增减。

其二，种植的作物不同而产量不同。学者曾指出岳麓秦简《数》中即反映出作物枲的产量与枲的不同种类、枲的生长高度、枲的种植面积大小、枲的种植密度等多因素有关，因此租税的量也与这些因素有关。② 湖北江陵凤凰山10号汉墓竹简"记田租的大竹简"记有："市阳租五十三石三斗六升，其六石一升当槀物，其一斗大半当麦……"③ 张家山汉简《算数书·并租》：

> 禾三步一斗，麦四步一斗，荅五步一斗，今并之租一石，问租几何。得曰：禾租四斗卌七分［斗］十二，麦租三斗［卌七］分［斗］九，【43】荅租二斗［卌七］分［斗］廿六。【44】④

此题是关于征收田租粟、麦、小豆，使之并为一石的题目，题干中即明确显示，禾、麦与荅三种作物的税率并不相同。由上述两条材料可以看出，由于种植作物产量不同，其税率亦不同。⑤

税率的变化其实与"取程"的关系更为密切。《田书》卷八若干步一斗的方式，学者或称为"取程"。⑥ 岳麓秦简《数》："取禾程述（术），以所已干为法，以生者乘田步数为实，（实）如法一步。"

---

① 《汉书》卷二四上《食货志上》，第1119页。
② 肖灿：《从〈数〉的"舆田""税田"算题看秦田地租税制度》，《湖南大学学报（社会科学版）》2010年第4期，第11—14页。
③ 湖北省文物考古研究所编：《江陵凤凰山西汉简牍》，第104—105页。
④ 张家山二四七号汉墓竹简整理小组：《张家山汉墓竹简［二四七号墓］（释文修订本）》，第137页。
⑤ 学者亦从岳麓秦简、睡虎地秦简中看到由于土地地力不同，亩产量及每亩田税亦不相同的情况，参见朱德贵：《岳麓秦简所见田税问题探讨》，《税务研究》2017年第5期，第123—128页；晋文：《睡虎地秦简与授田制研究的若干问题》，《历史研究》2018年第1期，第158—177页。
⑥ 杨振红：《龙岗秦简诸"田""租"简释义补正——结合张家山汉简看名田宅制的土地管理和田租征收》，《简帛研究》（二〇〇四），第86—93页。

【0887】①《汉书·高帝纪》:"张苍定章程。"如淳注:"章,历数之章术也。程者,权衡丈尺斗斛之平法也。"颜师古注:"程,法式也。"②《东方朔传》:"武帝既招英俊,程其器能"。颜师古注:"程谓量计之也。"③取禾程,即取得禾的标准。岳麓秦简《数》与张家山汉简《算数书》中,"程"即是计算田租的基本单位,同样表述为"若干步一斗"。以其为标准,则可将税田换算成若干程,程数与一斗之积即为田租数量。

"取程"用"若干步一斗"的方式便利了田租的征收。一方面,一斗是一个整数,容易计算。另一方面,一斗所合土地的步数,即程较小,容易计算小块土地的田租率。④这样,程的确定就十分重要。

由表11(第211页)可见,程数覆盖的范围较广,可能会从三步一斗至卌步一斗不等,变化的频率亦较快,最多的只有四次,如六步、八步、九步、十步等,余一般只有一至两次。这似从侧面反映出不同作物应该有不同的程,同一作物不同品种亦应有不同的程,同一作物品种的程也应该是有区别的。这种情况同样见于岳麓秦简《数》与张家山汉简《算数书》,学者已多有研究,兹不赘述。⑤实际的田租征收中,"程"的确定可能即依据田亩质量优劣、作物及产量不同而有所变化。

龙岗秦简有关程田的简文:"程田以为臧(赃),与同法。田一町……"【133】⑥岳麓秦简《为吏治官及黔首》:"部佐行田,度稼得

---

① 朱汉民、陈松长主编:《岳麓书院藏秦简(贰)》,第33页。
②《汉书》卷一下《高帝纪下》,第81页。
③《汉书》卷六五《东方朔传》,第2863—2864页。
④ 杨振红:《从新出简牍看秦汉时期的田租征收》,《简帛》第3辑,第331—342页。
⑤ 王勇:《税田与取程:秦代田租征收方式蠡测》,《简帛研究》(二〇一六秋冬卷),第86—93页。
⑥ 中国文物研究所、湖北省文物考古研究所:《龙岗秦简》,北京:中华书局,2001年,第117页。

租。"【0002+1581】①学者指出,龙岗程田简与其他有关"程""程租""租"以及"匿田"的简文,应是针对乡部啬夫、部佐等乡官部吏征收田租制定的专门法律。②验之以岳麓秦简,部佐度稼,应即取程。"度稼"与"得租"相连,一方面表明"取程"与田租征收的关系;另一方面说明"取程"的工作应由乡官部吏组织进行,这样程的适用范围或在乡及以下。这样,《田书》卷八所体现的程的多样性与低重复性在此层面即可得到圆融之理解。

附带一提的是"取程"与《田书》性质之关系。在卷八首枚简的背面有"田书"的篇题,卷七无篇题,内容上亦无卷八所涉的租税等情况,而仅有田亩的面积计算,故可名之为"成田",以示区别。两卷记述的核心目的,似在于田亩的划分与田租的收取,而"取程"是田租收取的关键步骤。因之,卷七、卷八,特别是卷八《田书》与征收田租的"取程"文书是否存在联系,也是一个值得继续探讨的问题。

第二节 出土简牍所见《齐民要术》成书的现实渊源

《齐民要术》是我国留存至今的最早的完整农书。全书除《序》和《杂说》外,③分为十卷九十二篇,约十二万字。④正文十卷中的

---

① 朱汉民、陈松长主编:《岳麓书院藏秦简(壹)》,上海:上海辞书出版社,2010年,第112—113页。
② 杨振红:《龙岗秦简诸"田""租"简释义补正——结合张家山汉简看名田宅制的土地管理和田租征收》,《简帛研究》(二○○四),第86—93页。
③ 卷前《杂说》论者或云非贾思勰所作,参见柳士镇:《从语言角度看〈齐民要术〉卷前〈杂说〉非贾氏所作》,《中国语文》1989年第2期,第143—148页;汪维辉:《〈齐民要术〉卷前"杂说"非贾氏所作补证》,《古汉语研究》2006年第2期,第85—90页。
④ [北魏]贾思勰:《齐民要术》,北京:中华书局,1956年。

前六卷内容分别与农、林、牧、副、渔诸业相关：第一卷至五卷是粮食、蔬菜、果树、种桑养蚕等的栽培技术；第六卷是畜禽和渔业类。第七卷至第九卷有关农副产品的加工储藏，包括酿造、腌藏、饮浆、制糖，兼及煮胶和制墨；第十卷引载有实用价值的热带与亚热带作物，其中包括149种非中国（北魏）物产。《齐民要术》虽以讲授农业为主，但又包含了文献学、史学、哲学等各方面内容。[1] 可以说《齐民要术》总结并反映了南北朝时期黄河中下游地区的农业科技，包罗丰富，也是世界上最早最有价值最成系统的农学科学名著。[2]

出土战国秦汉魏晋简牍中，不乏有关农业的内容，虽然资料零散分布在各地，如甘肃河西敦煌、居延及肩水金关等地，湖南云梦睡虎地、长沙走马楼、湘西里耶，江苏连云港尹湾，山东临沂银雀山，四川青川郝家坪等多处，所记内容亦多与农业管理制度与田亩、租税有关。[3] 如四川青川更修田律木牍、睡虎地秦简《田律》、北大秦简《田书》、长沙走马楼西汉简牍所见《都乡七年垦田租簿》、尹湾汉简东海郡某年《集簿》及张家山汉简《二年律令》等相关内容，所论虽与《齐民要术》并非直接相关，但却提供了汉晋时期社会生活中对农业经济的重视和田亩租税，乃至农业礼俗方面的生活背景

---

[1] 孙金荣：《〈齐民要术〉研究》，博士学位论文，济南：山东大学儒学高等研究院，2014年，第1页。
[2] 刘洁：《中古时期一部重要的文献——〈齐民要术〉》，《古籍整理研究学刊》2004年第3期，第27—30页。
[3] 参见杨际平：《从东海郡〈集簿〉看汉代的亩制、亩产与汉魏田租额》，《中国经济史研究》1998年第2期，第76—82页；王勇：《秦汉地方农官建置考述》，《中国农史》2008年第3期，第16—23页；于振波：《秦简所见田租的征收》，《湖南大学学报（社会科学版）》2012年第5期，第8—10页；魏永康：《秦汉"田律"研究》，博士学位论文，长春：东北师范大学历史文化学院，2014年；苏俊林：《吴简所见孙吴田租及相关问题》，《中国农史》2015年第1期，第42—48页；臧知非：《说"税田"：秦汉田税征收方式的历史考察》，《历史研究》2015年第3期，第22—39页；张信通：《秦汉乡官里吏发展管理农业职能》，《中国农史》2017年第6期，第41—51页；李恒全：《从新出简牍看秦田租的征收方式》，《中国经济史研究》2018年第2期，第23—37页。

与社会氛围。① 重要的是，有关农、林、牧、副等农产品种植与农业科技等方面的内容同样不可忽视。

《齐民要术》的重要性，② 除上述其所蕴涵的农业科技知识以外，③ 还体现在长期以来学界对其体现的农业及相关历史、④ 编纂与成书背景、⑤ 文献保存、⑥ 版本流传以及中日文化交流等诸方面的重视与研究上面。⑦ 然而，纵观学界对《齐民要术》成书及流传的研究可

---

① 参见吕亚虎：《试论秦汉时期的祠先农信仰》，《江西师范大学学报（哲学社会科学版）》2013年第5期，第103—111页；李国强：《周家台"祠先农"简的释、译与研究》，《中国文化研究》2016年第2期，第80—100页。

② 万国鼎：《论"齐民要术"——我国现存最早的完整农书》，《历史研究》1956年第1期，第79—102页。

③ 参见万国鼎：《齐民要术所记农业技术及其在中国农业技术史上的地位》，《南京农学院学报》1956年第1期，第89—100页；石声汉：《从齐民要术看中国古代的农业科学知识——整理齐民要术的初步总结》，《西北农学院学报》1956年第2期，第1—27页；《从齐民要术看中国古代的农业科学知识——整理齐民要术的初步总结（续）》，《西北农学院学报》1956年第4期，第77—101页；熊大桐：《〈齐民要术〉所记林业技术的研究》，《中国农史》1987年第1期，第52—58页；王水霞、殷淑燕、赵芮芮：《〈齐民要术〉中农作物物候记载及其气候变化指示分析》，《江西农业学报》2017年第5期，第94—100页；杨坚：《〈齐民要术〉中的农产品加工特色初探》，《古今农业》2008年第1期，第60—65页。

④ 参见马宗申：《〈齐民要术〉征引农谚注释并序》，《中国农史》1985年第3期，第85—93页；倪根金：《〈齐民要术〉农谚研究》，《中国农史》1998年第4期，第79—88页；陈明、柴福珍、张法瑞：《从〈齐民要术〉中的农谚看北魏农业文明》，《农业考古》2015年第6期，第289—292页；刘志国：《〈齐民要术〉中"宅田七十步之地"及"亩产百石"考释》，《农业考古》2018年第1期，第237—242页。

⑤ 参见胡行华：《经学方法与古代农书的编纂——以〈齐民要术〉为例》，《河北农业大学学报（农林教育版）》2006年第4期，第121—124页；程雅倩、彭光华：《贾思勰身世背景与官阶仕途考证——〈齐民要术〉成书原因分析》，《古今农业》2018年第1期，第31—38页；刘志国：《〈齐民要术〉的重要历史人物线索刘仁之考证》，《古今农业》2018年第1期，第39—45页。

⑥ 参见吕宗力：《谶纬与〈齐民要术〉》，《中国农史》2015年第1期，第116—127页；孙金荣、孙文霞：《〈齐民要术〉引存亡佚〈异物志〉资料的文献史料价值》，《山东农业大学学报（社会科学版）》2015年第4期，第105—110页。

⑦ 参见肖克之：《〈齐民要术〉的版本》，《文献》1997年第3期，第249—254页；杨直民：《从几部农书的传承看中日两国人民间悠久的文化技术交流（上）》，《世界农业》1980年第10期，第16—21页；《从几部农书的传承看中日两国人民间悠久的文化技术交流（下）》，《世界农业》1980年第11期，第30—33页；周朝晖：《〈齐民要术〉在日本》，《书城》2019年第2期，第18—26页。

以发现，对《齐民要术》的著录始于《隋书·经籍志》。论者对其版本流传的讨论，亦多自北宋"天圣本"始，或提早至流入日本的唐代手抄本，即日本平安时代宽平年间（公元889—897年间）藤原佐世为天皇家馆藏汉籍图书编写《日本国见在书目》时著录的手抄本，即晚唐抄本，①其年代亦未早过《隋志》记载之范围。上述研究情况的缺环，当然与文献不足征有密切关系。古代典籍有"五厄""十厄"等说。隋文帝灭周后，接受北周图书后"御书单本，合一万五千余卷"。开皇初年，牛弘掌秘书监"以典籍遗逸"上书"请开献书之路"，指出春秋之后，图书已历"五厄"，如今南北乱离，政府典籍亟须扩充。隋文帝遂下诏求书，"献书一卷，赉缣一匹"。藏书最盛时，有正副本三十七万余卷。事见《隋志》②及《牛弘传》。③《齐民要术》即在此时见于《隋志》著录。

同时值得留意的是《齐民要术》的成书问题。论者亦径言为贾思勰所作，言及成书背景亦多与贾氏本人经历有关。据孙金荣先生考证，《齐民要术》引用、参阅图书文献达180余种，引用文献资料极为丰富。一方面，通过《齐民要术》的引用而保存下来的亡佚文献资料，有助于了解古代书目、版本和内容。④另一方面亦可想见，贾思勰在作是书时，应是有着丰厚的社会现实与文献积淀的。而这相关的文献积淀，是否可从传世及出土文献中爬梳，当是值得重视的问题。⑤幸赖地不爱宝，出土秦汉魏晋简牍中不乏与农业相关之记述，前辈学者对此亦多有论述。下文将在前辈时贤研究基础上以《齐民要术》十卷记述为序分别予以简要介绍，借以说明出土简牍所见秦汉时期的社会经济生活情况。

---

① 周朝晖：《〈齐民要术〉在日本》，《书城》2019年第2期，第18—26页。
② ［唐］魏征等撰：《隋书》卷三二《经籍志》，北京：中华书局，1973年，第908页。
③ 《隋书》卷四九《牛弘传》，第1297—1300页。
④ 孙金荣：《〈齐民要术〉研究》，第1—2页。
⑤ 田富强、张洁、池芳春：《传统史学的史料开掘与农史研究的题材拓展》，《西北农林科技大学学报（社会科学版）》2003年第3期，第115—118页。

一、粮食作物的耕作、贮存与农田水利建设

《齐民要术》卷一有耕田、收种、种谷各一篇。简牍中亦可见谷物等粮食作物由播种到贮存的管理规定。如睡虎地秦简《秦律十八种》中的《仓律》《田律》等内容就涉及农作物从播种、生长到仓储的多个层面,其中针对不同情况规定了具体的法律措施加以规范与管理,包括种子腐坏、灾害上报、粮食存贮与提取,防治病害等。特别是防治病害,学者指出睡虎地秦简《日书》《法律答问》有用火熏防治农作物虫害和寄生虫的相关记述。《秦律十八种·仓律》简文中规定见到小虫到了粮堆上,就要加重堆积,即使用隔绝空气的办法来灭杀害虫。这种注意粮仓密封的情形,《齐民要术·杂说》载"九月,治场圃,涂囷仓,修箪、窖",同样是说要重视囷仓的密闭与防潮等性能。① 此外,《日书》中也见有喷洒土灰防治虫害的办法。②

兴修水利是作物生长必不可少的要素。简牍可见汉代在河西地区兴修的灌溉工程,有敦煌马圈口堰、居延驿马田官穿泾渠、玉门塞外海廉渠等多处,此外有按序数命名的灌溉渠道,如居延汉简中有"第五渠"、悬泉汉简中有"民自穿渠""第二左渠、第二右内渠"等记载。水门是用土、石及木等原料修筑,用于主干渠道与各支渠之间分水所用的闸门。地湾汉简"右水门凡十四",即表明肩水候官的某渠道共设有十四处分水闸门,可以想见该渠广袤的灌溉范围。③汉代河西的水利工程除了分布各屯区的灌溉渠道外,还挖掘有不少

---

① 刘向明:《从睡虎地秦简看秦代粮仓虫害、鼠害的防治》,《农业考古》2008年第3期,第18—20页。
② 刘向明:《从出土简牍看秦朝应对农作物虫害的举措》,《农业考古》2008年第4期,第264—268页。
③ 高荣:《汉代河西的水利建设与管理》,《敦煌学辑刊》2008年第2期,第74—82页。

水井。敦煌汉简、居延汉简中均有许多"井"的记载。修渠、治渠之外，水利运输与管理，河西汉简同样有不少反映。①

走马楼吴简《诸乡枯兼波唐田顷亩簿》是临湘县对境内农田水利工程"枯兼"的调查统计簿。据简文所记，从灌溉面积看，这些"波唐（溏）"多为小型灌溉工程；从"枯兼"年份看，这些"波溏"多为东汉时所兴修。"波溏田"超过500顷者至少有3个乡，整个临湘县则超过数千顷，亦可见汉晋长沙地区农田水利工程之发达。②

《齐民要术》卷二记述作物种类如谷类豆、麦、麻、稻、瓜、瓠、芋等十三篇。里耶秦简的内容是迁陵县与上官洞庭郡及下属司空、仓官、田官诸署以及都乡、启陵、贰春三乡的往来文书与各种簿籍。李兰芳研究指出，简文可见粮食作物有粟、稻、秫、粲粟、菽荅和芋等。传统认为秦汉时期南方以稻为主，但就里耶秦简所见，粟在南方的重要性并不亚于稻。简文还可见粟、稻的两种特殊品种——秫和需米。秫为黏稷，需米即糯米。除了谷物，菽荅、芋也是当时重要的粮食作物。菽荅泛指豆类作物。芋，古代所说的"芋"范围很广，一些植物储藏大量淀粉的根或地下茎通称为芋。芋是亚热带和热带植物，适宜在温湿环境中生长。湘西地区迁陵县正是亚热带季风性湿润气候。③ 迁陵县还种有小麦。④

麦作在汉晋时期的普及是一个逐渐的过程。西汉时期由于西北边关地区气候适宜种麦，且政府在此地区长年保持较大规模驻军，粮食耗费巨大，故而重视麦的种植。居延、肩水金关和敦煌汉简中

---

① 马智全：《汉简所见汉代肩水地区水利》，《中国社会经济史研究》2013年第2期，第1—6页。
② 方高峰：《从走马楼吴简看长沙地区的农田水利建设》，《中国社会经济史研究》2010年第2期，第1—6页。
③ 李兰芳：《里耶秦简所见秦迁陵一带的农作物》，《中国农史》2017年第2期，第59—69页。
④ 谢坤：《里耶秦简所见秦代农作物考略》，《农业考古》2017年第3期，第31—35页。

小麦即多次出现,可见其在边关地区的重要地位。① 从走马楼吴简来看,麦作在三国时期的长沙地区已得到普遍推广。② 不惟如此,在肩水金关、敦煌悬泉置和马圈湾汉代烽燧等遗址中,还发现有粟、糜、青稞、大麦、小麦和豌豆等粮食籽粒。汉代河西种植的粮食作物则主要见有粟、大麦、小麦、穬麦、青稞、黍、糜、䅯穄、豆等。学者研究指出,河西汉简简文中谷是粮食的总称;粟又称禾,即谷子,去壳后为小米;粱既指好米,又指好粟;麦有大麦、小麦之别,河西汉简中的麦主要是指小麦;穬麦是一种类似青稞的抗寒抗旱能力较强的作物;稷就是粟而非穄;黍、糜、穄等皆同物异名,俗称糜子,去壳后为黄米;青黍即青稞;豆(胡豆)即今之豌豆。它们均是河西民众和边塞吏卒的日常食物,也被用作畜禽的饲料,有的还可以酿酒。③

简牍中另可见同一粮食作物有许多不同品种。据学者研究,湖北江陵凤凰山 M167 出土简牍记载的稻米有粢米、白稻米、精米、稻穤米与粺米等多种,且该墓所出 4 束品种纯正的粳稻穗,出土时穗、茎、叶等外形保存完好。此外,马王堆 M1 简牍所记的稻米亦有稻、籼、米、黄粢与白粢等多种。④

二、蔬果与蚕桑、林木等经济作物

《齐民要术》卷三是种葵(蔬菜)、蔓菁、苜蓿等十三篇。蔬菜的种类方面,里耶秦简中可见的蔬菜作物有芹、韭、冬瓜、巴葵等

---

① 徐定懿、王思明:《从西汉边关汉简看麦作在当地的推广情况》,《中国农史》2018年第6期,第11—22页。
② 李文涛:《走马楼吴简所见孙吴时期长沙地区的麦作》,《古今农业》2012年第1期,第48—52页。
③ 高荣:《汉代河西粮食作物考》,《中国农史》2014年第1期,第21—29页。
④ 刘尊志:《浅论秦汉三国时期的食物品种》,《中原文化研究》2017年第1期,第113—120页。

4种。①李兰芳又引谢坤的研究,指出简文"求菌日久"之"菌"当指野生食用菌。②河西汉简见有葵、韭菜、荠、芫菁、葱、姜、芥、苜蓿和慈其(野菜)③等9种蔬菜。④马王堆 M1 出土葵籽、芥菜籽及蕹菜籽。该墓出土的5件笥内还发现有植物茎叶,亦应为蔬菜一类的东西,M1:100号漆鼎内有藕片半鼎,而简文记载的蔬菜种类则有笋、藕、芋、蘘荷、蒢等。罗泊湾 M1 出土简牍还记有竹笋腌制的酢菜。在汉代,萝卜也得到食用。⑤

卷四为园篱、栽树(园艺)各一篇,枣、桃、李等果树栽培十二篇。先说果树的种类与栽培。睡虎秦简《日书》简文记载当时人工种植的树木品种有榆、漆、桑、枣、李等,⑥其中枣、李是果树。里耶秦简中可见的果类作物有梅、橘、枳枸等3种。⑦马王堆 M1 简文涉及的果品有枣、梨、梅、杨梅、楠等。⑧马王堆 M3 竹笥签牌文字反映的水果种类有枇杷、梨、枣、橙和柚等。据马王堆汉墓出土的医典记载,早在西汉以前我国已栽种石榴。⑨

桑树与栽桑养蚕有关,卷五有栽桑柘养蚕一篇,榆、白杨、竹

---

① 谢坤:《里耶秦简所见秦代农作物考略》,《农业考古》2017年第3期,第31—35页。
② 李兰芳:《里耶秦简所见秦迁陵一带的农作物》,《中国农史》2017年第2期,第59—69页。
③ 王子今先生指出,慈其或应是饲草,参见王子今:《汉代河西的"茭"——汉代植被史考察札记》,《甘肃社会科学》2004年第5期,第97—101页。
④ 孙占鳌、刘生平:《从出土简牍看汉代河西饮食》,《甘肃社会科学》2014年第6期,第90—94页。
⑤ 刘尊志:《浅论秦汉三国时期的食物品种》,《中原文化研究》2017年第1期,第113—120页。
⑥ 吴小强:《秦简〈日书〉与战国秦代农业经济生活》,吴永琪主编:《秦文化论丛》第10辑,西安:三秦出版社,2003年,第213页。
⑦ 李兰芳:《里耶秦简所见秦迁陵一带的农作物》,《中国农史》2017年第2期,第59—69页。
⑧ 刘尊志:《浅论秦汉三国时期的食物品种》,《中原文化研究》2017年第1期,第113—120页。
⑨ 周世荣:《从马王堆出土古文字看汉代农业科学》,《农业考古》1983年第1期,第81—90页。

以及漆等染料作物九篇，此外尚有伐木一篇。桑树的种植，见于睡虎地秦简《日书》。① 里耶秦简中出现专门种植桑树的"桑地"与"桑田"，且仅"南里寡妇慭"一户的桑田面积就达到"百廿步"（即半亩），说明秦迁陵县的农桑业已经有较大规模。② 武威汉代医简中有"蚕桑矢""桑叶"等药物名称。这些医简系民间验方，因而可以认为云蚕、桑应系当地生产。居延汉简中亦多见"禄用帛××匹"，帛是蚕丝织品的总称，这里所谓"禄帛"，论者疑是出自酒泉郡禄福县的产品。西汉成帝时的著名农学家氾胜之亦曾在敦煌定居。《氾胜之书》中记桑、黍混合播种以充分利用土地并抑制杂草，当年桑苗截干以保证来年苗木生长旺盛并增肥地力等经验，恐怕与敦煌地区关系密切。③

养蚕种桑树是为了生产丝织品。马王堆汉墓中出土了大量丝织品，简文中亦记有"非衣一长丈二尺""白绮乘云绣橼中纽度一赤橼（缘）"等多种，还出土了非常完好的麻织品。④ 里耶秦简中所见麻的种类主要是"枲"。里耶秦简中有不少"大枲""枲参絇緘冣三丈"之类的记载。"枲参絇緘冣"是指用三股麻丝搓成的绳索，搓麻绳似是秦时重要的劳作内容。⑤

里耶当地最重要的经济作物应是竹、漆。此外还见有檀木和柏木等。竹的种类里耶秦简中只见有"箫（篠）"及"竹箭（篠）"，篠或是当地特有的品种。另外，简文还见有笥、筥、匲等各种竹制品。里耶秦简的记载表明，漆园在此地大面积存在，产漆、用漆量亦值得

---

① 吴小强：《秦简〈日书〉与战国秦代农业经济生活》，《秦文化论丛》第 10 辑，第 213 页。
② 谢坤：《里耶秦简所见秦代农作物考略》，《农业考古》2017 年第 3 期，第 31—35 页。
③ 李并成：《古文牒简牒档案史料中所见河西走廊的桑蚕业》，《档案》1990 年第 2 期，第 40—41 页。
④ 周世荣：《从马王堆出土古文字看汉代农业科学》，《农业考古》1983 年第 1 期，第 81—90 页。
⑤ 李兰芳：《里耶秦简所见秦迁陵一带的农作物》，《中国农史》2017 年第 2 期，第 59—69 页。

注意。漆的品种有和漆、水漆等。取漆与蓐芋一样，似都由女性来完成。漆存放于县库，由库佐管理。漆的成色，库工会用专门的方法以检验。① 马王堆汉墓出土的日常生活用器中，绝大部分也是漆器。

"伐木"有助于改造自然环境与促进农业生产。睡虎地秦简《秦律十八种》的《田律》有"春二月，毋敢伐材木山林及雍（壅）隄水。"河西汉简除"伐茭"外，又有关于"伐苇"和"伐蒲"的内容。居延汉简可见有"大司农茭"或"大农茭"，说明河西地区数量可观的生长"茭草"之土地，在规划中即被辟为农田。居延士兵见有"除陈茭地"为任务的劳作内容，反映出河西地区自然植被状况被人为因素改变的情形。"苇"和"蒲"都是水生草本植物。"伐苇"数量一例竟然多至"五千五百廿束"，亦可反映居延地区植被和水资源的状况。② 江苏连云港尹湾6号汉墓出土木牍《集簿》有"春种树"。东海郡在"春种树"中的田亩，高敏先生认为是指春季种植树木的亩数，③ 滕昭宗先生又解释为桑田面积，那么春种树似就是春季种植桑树。④

三、马政、禽畜与兽医

《齐民要术》卷六讲畜牧，包括畜、禽和养鱼等六篇。睡虎地秦简《日书》"六畜"排序为马、牛、羊、豕、犬、鸡，与传世文献

---

① 李兰芳：《里耶秦简所见秦迁陵一带的农作物》，《中国农史》2017年第2期，第59—69页。
② 王子今：《汉代河西的"茭"——汉代植被史考察札记》，《甘肃社会科学》2004年第5期，第97—101页。
③ 高敏：《〈集簿〉的释读、质疑与意义探讨——读尹湾汉简札记之二》，《史学月刊》1997年第5期，第14—18页。
④ 参见滕昭宗：《尹湾汉墓简牍概述》，《文物》1996年第8期，第32—36页。王子今先生等提出此"春种树"在所谓"种宿麦"田亩数字之后，很可能是指与冬小麦种植对应的春季农作物种植。参见王子今、赵昆生：《尹湾〈集簿〉"春种树"解》，《历史研究》2001年第1期，第169—172页。

马、牛、羊、鸡、犬、豕顺序稍有不同。六畜以马为首,《日书》甲种《马禖》保存了完整的秦代祭祀马神的祷祠。① 河西汉简中马被称为"骓牡"。汉代的敦煌,位于西北前哨,既要沟通西域、抵御匈奴,又要保证邮驿顺畅,同时又有屯田中弥补耕牛数量不足的需要,所以马的需求量极大。② 悬泉置汉简显示,汉代对于马的饲养、管理都是相当完善有序的。《传马名籍》说明汉代的传马皆一一登记在册并详细记录。③ 马的饲料主要分为饲粮和饲草两类。饲粮类有谷、粟、麦、穬麦、菽、黍、稗等。饲草类则为刍稿、茭、茭豆、苜蓿等。④ 张家山汉简《二年律令》规定在使用饲料方面乘舆马与传马、使马及都厩马均有不同。刍与稿之类的草料或秸秆是乘舆马的主要食物,而粟与菽则作为传马、使马和都厩马的主要食物。传马、都厩马在饲料使用上的特殊性,亦可由敦煌悬泉置汉简给厩传马加食的记载来证明。⑤

牛耕是牛的基本用途,汉代已遍布中原南北,这一点从传世文献以及各地出土的汉画像石资料中都可得见。牛车是秦汉时期最常见的车,也是国家重要的战略资源。睡虎地秦简《秦律十八种》载有官牛车的管理规定。河西汉简中也多见牛车的记载,如居延、马圈湾等地。⑥

狗既可看门守户,参与田猎,亦可食用。睡虎地秦简《法律答问》的狡士,是掌管秦王狗的官职,分为"宫狡士"和"外狡士",

---

① 吴小强:《秦简〈日书〉与战国秦代农业经济生活》,《秦文化论丛》(第10辑),第211页。
② 陈功:《敦煌汉简中的农业》,硕士学位论文,兰州:西北师范大学文史学院,2012年,第29页。
③ 黄敬愚:《简牍所见西汉马政》,《南都学坛》2006年第3期,第1—7页。
④ 王世红、衣保中:《论简牍中所见秦时期马的饲料与饲养考察》,《中国农史》2016年第4期,第91—103页。
⑤ 赵岩:《由出土简牍看汉代的马食》,《农业考古》2009年第1期,第285—290页。
⑥ 郭俊然:《论秦汉时牛的数量与用途》,《五邑大学学报(社会科学版)》2017年第1期,第58—61页。

说明养狗有内外之分。六畜的管理规定，睡虎地秦简《仓律》"畜鸡离仓。用犬者，畜犬期足。猪、鸡之息子不用者，买（卖）之，别计其钱"。说的是管理仓库的官吏，在仓库管理的本身职责外，还有管理这些鸡、狗的额外工作。①

作为肉食，湖南沅陵虎溪山 M1 出土的《美食方》提及原材料有六畜即马、牛、羊、豕、犬、鸡外，另有牛肩掌、牛背臀、心、肺和膏等。② 汉代河西民众和吏卒食用的肉类品种主要有牛、马、猪、羊、狗等。当时牛、马主要用于运输和作战，而人们饲养猪、羊，就是为了满足肉食品消费的需要。羊是当时的主要食物，猪的饲养在河西也很普遍，狗肉亦是居民的肉食品种之一。汉酒泉边塞障燧中通常都养狗。汉简也记载有人们买狗、杀狗及狗的价钱等内容。③

据马王堆一、三号汉墓简文中所记，用陶土模制的畜类除了马、牛、羊、鸡、犬、豕等六畜外，还有其他一些野生禽类，如鸽、鹤、雁、凫等。周世荣先生指出六畜中的禽类并不局限于鸡。故禽类多野禽。④ 两汉时期河西饲养的有鸡、鸭、鹅等禽类，敦煌悬泉置遗址出土的《元康四年鸡出入簿》简册即记载有悬泉置在宣帝元康四年鸡的来源及用鸡招待来往官员和使者的情况。⑤

鱼在汉晋饮食生活中也占据重要地位。鱼骨在汉墓中亦不鲜见，如徐州翠屏山西汉墓即发现有鱼骨、鱼子和螃蟹等。许多庖厨宴饮画像中常见有鱼悬挂。捕鱼的画像也较多，淡水鱼的食用较为

---

① 李超：《秦汉养狗官制考》，《农业考古》2017 年第 1 期，第 172—177 页。
② 刘尊志：《浅论秦汉三国时期的食物品种》，《中原文化研究》2017 年第 1 期，第 113—120 页。
③ 孙占鳌、刘生平：《从出土简牍看汉代河西饮食》，《甘肃社会科学》2014 年第 6 期，第 90—94 页。
④ 周世荣：《从马王堆出土古文字看汉代农业科学》，《农业考古》1983 年第 1 期，第 81—90 页。
⑤ 孙占鳌、刘生平：《从出土简牍看汉代河西饮食》，《甘肃社会科学》2014 年第 6 期，第 90—94 页。

普遍。①睡虎地秦简《秦律十八种》的《田律》规定了入山捕捞幼小鱼鳖类水生动物的时间："毋……毒鱼鳖，置穽罔（网），到七月而纵之。"②

与《齐民要术》的记述相类，在汉代河西医药简文中，如居延、敦煌等地亦见有部分兽医方及与兽医相关联的内容，记录了牛、马等牲畜的疾病种类和治疗处方。③

四、货殖、酿造与博物

卷七为货殖、涂瓮各一篇、酿酒四篇。经济活动在简牍中较为常见，如算书的大量出现，本身即说明经济活动的发达程度。睡虎地秦简《日书》中已分别为"市""金钱"以及"人民（臣徒、臣妾）""禾粟（谷物）""马牛（六畜）"等交易物设置了"良日"，既体现出当时货币流通的广泛，又反映出农业社会中商品经济的繁荣景象。④河西汉简中狗、鸡亦多见买卖记录，如居延新简有"出百八十买鸡五只"。⑤高敏先生亦据嘉禾四年、五年《吏民田家莂》指出，对三国时期吴国的商品经济成分不可估计过低。⑥

酒，周家台秦简中用酒祭祀先农。里耶秦简政府对制漆业的

---

① 刘尊志：《浅论秦汉三国时期的食物品种》，《中原文化研究》2017年第1期，第113—120页。
② 参见侯旭东：《渔采狩猎与秦汉北方民众生计——兼论以农立国传统的形成与农民的普遍化》，《历史研究》2010年第5期，第4—26页。
③ 周祖亮：《汉简兽医资料及其价值述略》，《学行堂文史集刊》2011年第1期，第16—19页。
④ 吴小强：《秦简〈日书〉与战国秦代农业经济生活》，《秦文化论丛》第10辑，第213—214页。
⑤ 孙占鳌、刘生平：《从出土简牍看汉代河西饮食》，《甘肃社会科学》2014年第6期，第90—94页。
⑥ 高敏：《从嘉禾年间〈吏民田家莂〉看长沙郡一带的民情风俗与社会经济状况》，《中州学刊》2000年第5期，第129—133页。

管理规定中,超过任务的不但奖励有关官吏衣服,还奖给制漆工匠酒和肉。以酒作为奖品,鼓励农业发展的内容则出现在睡虎地秦简《厩苑律》中。周家台秦简、里耶秦简里还有关于药酒炮制的记载。① 北大秦简中有《酒令》,包括四首与饮酒行令有关的歌诗。② 河西汉简中还可见与酒有关的祝福语。此地居民的主要饮料也是酒。汉简中记载边境戍卒参加祭祀活动后,可分得酒肉并得以聚众宴饮。汉简中有很多记载居民买酒的简文,敦煌汉简也记有酒的价格"酒一石八斗,直二百七十"。③

酒类实行专卖制度。睡虎地秦简《田律》有"百姓居田舍者,毋敢酤酒,田啬夫、部佐谨禁御之,有不从令者有罪"。从秦简看,秦代已经开始了酒类专卖。④ 长沙走马楼吴简可见"盐""酒"同出于一条簿籍,内容似可能亦与"盐""酒"专营政策有关。⑤ 吴国通过"酒租具钱",在嘉禾六年(237)前实行了酒类专卖。⑥

马王堆汉墓简文中有"鞠一石布囊一";三号汉墓中有"鞠二石布囊一"。"鞠"就是酒麴,即曲。马王堆五彩漆食奁中盛有饼状物,当系酒麴(曲)之类。⑦ 河西汉简中亦有酿酒记录,如:"掌酒者,秫稻必齐,曲蘖必时,湛饎喜必絜,水泉香,陶器必良,火齐

---

① 张士伟:《从秦简看秦的酒文化》,《中原文物》2016年第6期,第45—48页。
② 李零:《北大藏秦简〈酒令〉》,《北京大学学报(哲学社会科学版)》2015年第2期,第16—20页。
③ 孙占鳌、刘生平:《从出土简牍看汉代河西饮食》,《甘肃社会科学》2014年第6期,第90—94页。
④ 张士伟:《从秦简看秦的酒文化》,《中原文物》2016年第6期,第45—48页。
⑤ 王子今:《关于走马楼简"盐""酒""通合"文书》,《盐业史研究》2016年第4期,第7—13页。
⑥ 蒋福亚:《走马楼吴简所见盐铁官营和酒类专卖》,《史学月刊》2011年第12期,第12—20页。
⑦ 周世荣:《从马王堆出土古文字看汉代农业科学》,《农业考古》1983年第1期,第81—90页。

必良，火斋必得，兼六物，大酉。"另有"曲四斗"的记载，①说明酿酒技术在汉代已较为普及。值得留意的是，《七录·术伎录》曾著录《食法杂酒食要方白酒并作物法》十二卷、《四时酒要方》一卷、《白酒方》一卷、《七日面酒法》一卷、《杂酒食要法》一卷、《杂藏酿法》一卷、《杂酒食要法》一卷、《酒并饮食方》一卷共十九卷有关酿酒和食用的方法，惜均未题撰者且已亡佚。②结合出土简牍，从中似可看出，酿酒技法在《齐民要术》成书之前的发展程度。

卷八、卷九亦讲酿造，还有腌藏、果品加工、烹饪、饼饵、饮浆、制糖及储存计二十二篇，此外有煮胶、制墨各一篇。酱，湖南沅陵虎溪山 M1 出土《美食方》记载的调味品，有肉酱汁、菽酱汁、醯酸等多种。马王堆 M1 出土竹笥中，有的盛有酱。江陵凤凰山 M167 出土的一些容器盛有肉酱、豆瓣酱等。③马王堆帛书《五十二病方》、江陵凤凰山 8 号汉墓、167 号汉墓及 169 号汉墓简文有"肉酱""豆酱""瓣酱"等不同记述。长沙马王堆 1 号汉墓出土遣策可见"肉酱一资"，反映了酱进入消费程序后的盛装方式。④

汉简记录的河西地区调味品亦有盐、酱、醋、豉、桂等。⑤酱在居延简中只发现一处，"……酱将置"。由此，此地的酱为麦或其他粮食作物做成的调味品，与"豆豉"功能一样。⑥

马王堆一号汉墓简文中书有"唐一笥"，竹笥木牌上又书有"糖

---

① 韩华：《由西北简看两汉河西地区的手工业》，《鲁东大学学报（哲学社会科学版）》2015 年第 4 期，第 73—77 页。
② 任莉莉：《七录辑证》，上海：上海古籍出版社，2011 年，第 390—391 页。
③ 刘尊志：《浅论秦汉三国时期的食物品种》，《中原文化研究》2017 年第 1 期，第 113—120 页。
④ 王子今：《秦汉名物丛考》，北京：东方出版社，2016 年，第 4—10 页。
⑤ 孙占鳌、刘生平：《从出土简牍看汉代河西饮食》，《甘肃社会科学》2014 年第 6 期，第 90—94 页。
⑥ 韩华：《由西北简看两汉河西地区的手工业》，《鲁东大学学报（哲学社会科学版）》2015 年第 4 期，第 73—77 页。

笥",三号汉墓简文中则写作"糖一笥",故确知"唐"即是"糖"。古代茶叶可作羹饮,在马王堆简文中多次提到"苦羹"。① 河西马圈湾简文则称茶叶制品为"膏饼"。②

卷十所记为北魏以外物产者一篇,以很大篇幅引载有使用价值的热带、亚热带植物。与之相类,阜阳汉简有《万物》篇,是我国目前所知最早的本草性质的古籍,其内容最多的是各种药物的效用。有矿物、动物及植物类药物七十余种,涉及植物类药物约四十余种。③

需要说明的是,虽简牍材料与《齐民要术》诸卷间有可相呼应处,但《齐民要术》作为留存至今的最早、最完整的综合性农业百科全书,其内容的系统性和丰富性仍是无可比拟的,其在中国农学史以及世界农学史上的地位和价值亦是举足轻重的,对于农学和农学史的研究有着无可估量的作用。

第三节 海昏竹书"容成阴道"与房中养生

海昏侯墓出土的万余件文物中,公认学术价值最高的是五千余枚竹简和近百版木牍,包括众多重要珍贵典籍和历史性文书档案,是我国学术史上的一次重大发现。墓葬发掘简报与相关公开展览图录中,④ 已经对简牍中包含的医书有初步介绍;2018 年《文物》第 11

---

① 周世荣:《从马王堆出土古文字看汉代农业科学》,《农业考古》1983 年第 1 期,第 81—90 页。
② 王子今:《秦汉名物丛考》,第 48—49 页。
③ 董源:《〈万物〉中部分植物名称古今考》,《中国科技史料》1995 年第 4 期,第 77—83 页。
④ 江西省文物考古研究所、南昌市博物馆、南昌市新建区博物馆:《南昌市西汉海昏侯墓》,《考古》2016 年第 7 期,第 45—62 页。江西省文物考古研究所、首都博物馆编:《五色炫曜:南昌汉代海昏侯国考古成果》,南昌:江西人民出版社,2016 年。

期又有进一步的系统概述,① 这里可就医书中保存相对完好的"房中"简再谈些初步认识。

"房中"书共约 60 枚竹简,简文多残断,完简字迹亦基本残泐,字数在 37 至 39 字之间。与《礼记·中庸》《曲礼》、《论语·述而》以及"祠祝""悼亡赋""六博"和《易占》等同出于一个竹笥。相较而言,其与"祠祝"、《易占》和"六博"相邻放置,与《易占》和"六博"存在叠压关系。前已介绍,"六博"多见三五枚竹简散见于《诗经》《礼记》类、祠祝礼仪类、《春秋》《论语》《孝经》类及诗赋、数术、方技等多类文献之中,姑且搁置再论。"祠祝"与《汉书·艺文志》中《数术略·杂占》的"祷祠书"有关;《易占》则似可归入《汉志》中《数术略·蓍龟》著录的《周易》,同属数术易。② "房中"书在《汉志》中收入《方技略》。《方技略》中把方技分为四类,即医经、经方、房中、神仙。前两类是医术,后两类是养生。房中在西汉时期和医术关系较大。李零先生说,数术和天地有关,方技和人体有关,二者的研究对象都是"自然科学"。③ 海昏简牍中这种相近性质文献相邻置放的问题,似可与北大藏秦简的堆叠情况合观,④ 有助于探究战国至秦汉时人对文献分类的"主位"认知。⑤

一、海昏"房中"书的篇章结构

"房中"书简文虽多残断,较完整的简存字亦多残泐,但值得注意的是,简文正文中不仅见有分章符号"·五""·八"等,

---

① 江西省文物考古研究院、北京大学出土文献研究所、荆州文物保护中心:《江西南昌西汉海昏侯刘贺墓出土简牍》,《文物》2018 年第 11 期,第 87—96 页。
② 李零:《兰台万卷:读〈汉书·艺文志〉(修订本)》,第 189—194 页。
③ 李零:《兰台万卷:读〈汉书·艺文志〉(修订本)》,第 173 页。
④ 杨博:《北大藏秦简〈田书〉初识》,《北京大学学报(哲学社会科学版)》2017 年第 5 期,第 63—68 页。
⑤ 杨博:《战国楚竹书史学价值探研》,第 43—45 页。

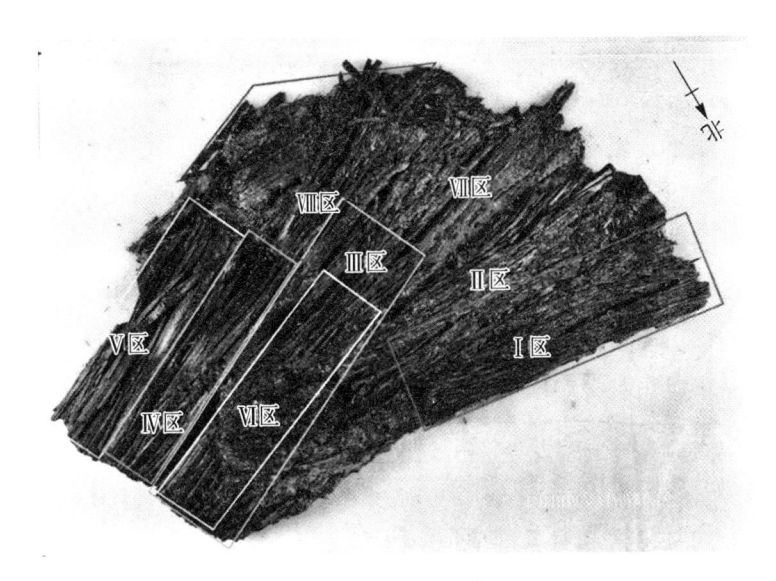

图二：M1:934 实验室清理分区

还有六枚上下相连带有目录性质的残简，内容记述诸章主题、次序，对其缀合整理，有助于对整篇叙述结构的推拟复原。如图二所见，"房中"书集中出土的 M1:934 Ⅴ区，位于漆盒的外侧边缘，出土时即发现该区部分竹简在墓葬中被椭圆形重物上下压断为两截，由此六枚残简上下可初步缀合为三支。如图三·1（第244页），缀合后的竹简形制一致，每支简长约23厘米，原有两道编绳，在上部约9至10厘米处上下断开。竹简上半部分残存简文可如表15所示。

六枚残简的下半部分简文中又有"请言七损七""容成曰不智八""八益九""充林十"等字迹较为完整清晰，由此可推知其原始记述结构当如表16所示。

表15：海昏"房中"书"目录"简上半部分

·请言十□三	·请言十□二	·黄帝一□
请言□	容成曰□	
3	2	1

4 3 2 1

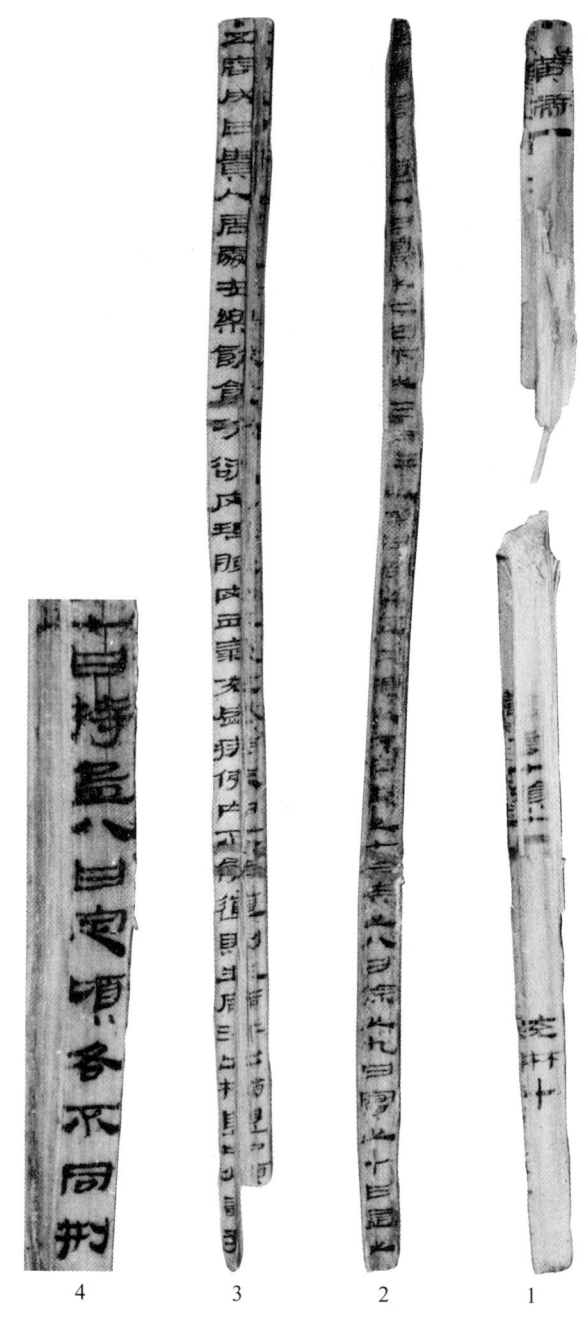

图三：海昏"房中"书竹简

第四章 简牍所见战国秦汉时期的社会生活

表16：海昏"房中"书"目录"简结构复原

三	二	一
六	五	四
九	八	七
十二	十一	十
3	2	1

由上表，可知每简原有四栏，简首有墨点标示起始，由于竹简残断，文字可辨者仅存三栏。根据简文内容，似可推知"房中"书全篇原分有十二章，以下分别叙述。

如图三·1，开篇首章即前曾介绍过的"·黄帝一"章题。马王堆《十问》的前四问"黄帝问于天师""黄帝问于曹熬""黄帝问于大成""黄帝问于容成"，均是用相互问答的形式来叙述的。①海昏房中书中的"黄帝"与之类似，也是采用问答的形式，只是问答的对象仅为黄帝与容成。

"·请言十□二""·请言十道三"，第二章主题字尚不明确，正文中依稀可辨有"□二、请言十势，一曰虎游，二曰蝉付，三曰□"，似可初步判断其主题为"十势"。第三章主题为"十道"，其正文如图三·2，即《五色炫曜》和发掘简报中曾公布过的"·三、请言十道，一曰高之，二曰下之，三曰左之，四曰右之，五曰深之，六曰浅之，七曰疾之，八曰徐之，九曰实之，十曰虚之。"②

第四章主题与正文内容均缺，第五章"容成曰□"，第六章"请言□"，均在竹简残断处。由正文内容，即图三·3简文所见"·五、

---

① 湖南省博物馆、复旦大学出土文献与古文字研究中心编，裘锡圭主编：《长沙马王堆汉墓简帛集成》第6册，中华书局，2014年，第139—146页。
② 江西省文物考古研究所、首都博物馆：《五色炫曜：南昌汉代海昏侯国考古成果》，江西人民出版社，2016年，第188页；江西省文物考古研究所、南昌市博物馆、南昌市新建区博物馆：《南昌市西汉海昏侯墓》，《考古》2016年第7期，第60—61页。

容成曰：贵人居处安乐，饮食次（恣）欲，皮理腕（曼）宓，血气充盛，疾使内不能道（导），则生病，汗出楙（喘）息，中烦气乱"，可知第五章主题。

第七至九章的主题就是"七损八益"，即如简文"请言七损七""容成曰不智（知）八""八益九"，与之相应，正文中亦见有"·八、容成曰：不智（知）用八益，不智（知）去七损，行年卅阴气自半，五十而衰，六十耳目不匆（聪）明，下苦（枯）上涗（脱），阴阳不死""·九、请言八益，一曰治□（气），二曰致□（味），三曰□□，四曰智时，五曰道（导）之，六曰和治，七曰持盈，八曰定顷，各不同刑"。

第十章谈"充林"。"充林"，正文中作"用林"，其云"何胃（谓）用林？盛坚即，即上……"用即"痈"。《医心方·至理第一》引《玄女经》云："故男感坚强，女动辟张。二气交精，流液相通。男有八节，女有九宫。用之失度，男发痈疽，女害月经，百病生长，寿命销亡。"又云："人复不可都阴阳不交，则生痈瘀之疾。故幽闭怨旷，多病而不寿。任情恣意，复伐年命。唯有得节宣之和，可以不损。"[①] 林为"痳"，即"淋"，《本草求真·凉血》有"肝胃血燥，乳痈淋闭"。[②] 马王堆《五十二病方》中的《㾜病》即是治疗女子淋病的处方，《睢（疽）病》的处方与"痈"相关。[③] 是故本章主题似在于讨论由于"阴阳不交"而导致的男"痈"女"淋"。第十一、十二章还是着落到黄帝与容成的问答上，"黄帝曰智（知）□十一""□（容）成曰十二"。

[①] ［日］丹波康赖撰，王大鹏等校注，王耀廷等审定：《医心方》卷二八《至理第一》，上海：上海科学技术出版社，1998年，第1137—1140页。

[②] ［清］黄宫绣：《本草求真》卷七《凉血》，王淑民校注，北京：中国中医药出版社，2008年，第296页。

[③] 周一谋、萧佐桃：《马王堆医书考注》，天津：天津科学技术出版社，1988年，第116、168页。湖南省博物馆、复旦大学出土文献与古文字研究中心编，裘锡圭主编：《长沙马王堆汉墓简帛集成》第5册，北京：中华书局，2014年，第266—270页。

如前所述，海昏"房中"书全篇似由十二章组成，其与马王堆《天下至道谈》有关章节的叙述顺序对比，①亦列为表17：

表17：海昏"房中"书与马王堆《天下至道谈》相关章节顺序比较

马王堆《天下至道谈》	相当于海昏"房中"书章节
不能用八益、去七孙（损）君子居处安乐	容成曰不智（知）八
	容成曰☑［□□五］
八益	八益九
七损	请言七损七
十势	·请言十□（势）二
十修	待考
八道	·请言十道三

海昏简文的"十修"尚不能明确章节，上表可见《天下至道谈》"十势""十修"与"十道"连言，海昏简中亦有残文"十修、十势……可以治身"云云，由此可推测海昏"房中"书第四章的主题或当为"十修"。

由《天下至道谈》可见，海昏"房中"书第五至九章的主题与"七损""八益"有关。马王堆房中书中，"七损""八益"理论支撑是"生理之气"。海昏简文的"不智（知）用八益，不智（知）去七损，行年卌阴气自半，五十而衰，六十耳目不叴（聪）明"，阐述的也是年老气衰导致疾病的问题。马王堆《十问》的第四问，黄帝问容成"民始蒲淳溜刑，何得而生？溜刑成膿（体），何失而死？何臾（犹）之人也，有恶有好，有夭有寿。欲闻民气赢屈施（弛）张之故。"蒲，可读为敷、布。淳通醇，和也。溜刑，比喻胚胎始

---

① 湖南省博物馆、复旦大学出土文献与古文字研究中心编，裘锡圭主编：《长沙马王堆汉墓简帛集成》第6册，第163—171页。

表18：海昏"房中"书"目录"简推拟复原

3	2	1
请言十道三	请言十▢（势）二	黄帝一
请言▢[▢▢▢]六	容成曰▢[▢▢▢]五	▢[▢▢▢四]
八益九	容成曰不智（知）八	请言七损七
▢成曰十二	黄帝曰智（知）▢十一	充林十

结。①黄帝论述的实质是人从胚胎始结、成体，均得气而生，失气而死。世人因为气盈虚张弛不同，故有恶有好，有夭有寿。所以他向容成提问"民气赢屈施（弛）张"的原因。黄帝的问题可以看作四个设问，答案均与"气"有关。②值得注意的是，对导致"有恶有好，有夭有寿"迥异后果之"气"的权威解释权，也在容成的手中。这样海昏简文第六章的主题应与"气"有关，类似"▢而疾者其气一死九生""▢而疾者其气三死七生""▢阵▢者其气五死五生""驰而疾者其气九死一生"之类简文或即属于此部分。③

综上所述，似可如表18所示，初步推拟恢复海昏竹书"房中"书的"目录"及篇章结构。值得重视的是，海昏"房中"书独有的"目录"简，一方面较之马王堆《天下至道谈》《十问》诸篇更有助于明确其与《容成阴道》的关系；另一

---

① 湖南省博物馆、复旦大学出土文献与古文字研究中心编，裘锡圭主编：《长沙马王堆汉墓简帛集成》第6册，第143—144页。
② 朱越利：《马王堆帛书房中术的理论依据（上）》，《宗教学研究》2003年第2期，第1—9页。
③ 马王堆《天下至道谈》篇尾有女阴诸部位名称的记述，海昏简牍M1∶933漆盒内的医书中亦有残简简文与之相类，目前可明确有"三曰赤朱……六曰麦齿……八曰俞鼠……"等，在记述顺序、名称上与《天下至道谈》似有所区别。

方面又与马王堆《五十二病方》、北大汉简医方①以及胡家草场医书"医方""杂方"等医方文献所见之"目录"一道,②揭示出早在刘向组织校书以前,至迟在西汉早中期养生乃至医书类文献已较普遍地存在"条其篇目,撮其旨意"的目录学工作。③

二、"八益""七损""十势""十修"与"十道"

据目前所见简文的释读情况,"房中"书的内容多可与马王堆汉墓简帛《天下至道谈》《合阴阳》等相对应,"至道"一词见于《汉书·艺文志》,其云"房中者,情性之极,至道之际",④可见这类书均是主要讲房中术的养生书。海昏简文格式齐整,分别讲到"八益""七损""十势""十修"与"十道"等。

表19:"七损""八益"相关记述比较

海 昏 简	马王堆《天下至道谈》	《素问·阴阳应象大论》
不智(知)用八益,不智(知)去七损	气有八益,有(又)有七孙(损)。不能用八益、去七孙(损)	能知七损,八益,则两者可调,不知用此,则早衰之节也
行年卌阴气自半	则行年卌而阴气自半也	年四十,而阴气自半也,起居衰矣
五十而衰	五十而起居衰	年五十,体重,耳目不聪明矣
六十耳目不[充](聪)明	六十而耳目不葱(聪)明	年六十,阴痿,气大衰,九窍不利,下虚上实,涕泣俱出矣

---

① 李家浩、杨泽生:《北京大学藏汉代医简简介》,《文物》2011年第6期,第88—89页。
② 李志芳、蒋鲁敬:《湖北荆州市胡家草场西汉墓M12出土简牍概述》,《考古》2020年第2期,第21—33页。
③ 详参拙作《战国秦汉简帛所见的文献校理与典籍文明》,《中国社会科学》2022年第9期,第183—203页。
④ 陈国庆:《汉书艺文志注释汇编》,北京:中华书局,1983年,第231页。

续 表

海 昏 简	马王堆《天下至道谈》	《素问·阴阳应象大论》
下［苦］上［涗］（脱），［㑿］泣留（流）出……	七十下枯上涗（脱），阴气不用，㑿泣留（流）出	
今尚可，合（何）复壮，必去七损，以振其病，即用八益以实其气，耳目充（聪）明……	令之复壮有道，去七孙（损）以振其病，用八益以贰其气，是故老者复壮，壮［者］不衰	

《天下至道谈》的"八益""七损"："气有八益，有（又）有七孙（损）。不能用八益、去七孙（损），则行年卌而阴气自半也，五十而起居衰，六十而耳目不葱（聪）明，七十下枯上涗（脱），阴气不用，㑿泣留（流）出。令之复壮有道，去七孙（损）以振其病，用八益以贰其气，是故老者复壮，壮［者］不衰。"① 海昏简文与之类似，相关内容如表19所示，简文用"容成曰"的形式讲"不智（知）用八益，不智（知）去七损，行年卌阴气自半，五十而衰，六十耳目不［充］（聪）明，下［苦］上［涗］（脱）"，相邻的另一只简亦可辨"［㑿］泣留（流）出，今尚可，合（何）复壮，必去七损，以振其病，即用八益以实其气，耳目充（聪）明……"二者存在细微差别，如《天下至道谈》讲"七十下枯上涗（脱）"，简文不见"七十"；《天下至道谈》"用八益以贰其气"，简文作"实其气"等。

细微差别之外，值得注意的是简文与《天下至道谈》在章节叙述次序与叙述内容上均有不同。上引《天下至道谈》简文之后"君子居处（处）安乐，饮食次（恣）欲，皮奏（腠）曼密，气血充赢（盈）……"段，海昏简文以分章符号"·五"将其隔在第五章，而"不智（知）用八益，不智（知）去七损"则同样以分章符号

---

① 湖南省博物馆、复旦大学出土文献与古文字研究中心编，裘锡圭主编：《长沙马王堆汉墓简帛集成》第6册，第165页。

"·八"落在第八章，此前文已有讨论，兹不赘言。

表20："八益"相关记述比较

来源次序	海昏简"八益"	《天下至道谈》"八益"	《养生方》"四益"	《天下至道谈》"十修"
一	治［气］	治气	定味	致气
二	致沫	致沫	致气	定味
三		智（知）时	劳实	治节
四	智（知）时	畜气	时（侍）节	劳（劳）实
五	道（导）之	和沫		必时
六	和治	窃气		通才
七	持盈	寺赢（盈）		微瞳（动）
八	定倾	定顷（倾）		侍盈
九				齐生
十				息刑（形）

又如"八益"的叙述次序，如表20所示，《天下至道谈》是"一曰治气，二曰致沫，三曰智（知）时，四曰畜（蓄）气，五曰和沫，六曰窃气，七曰寺赢，八曰定顷（倾）。"① 海昏简文中却是"智（知）时"第四，"和治"第六。捎带一提的是"寺赢"，周一谋、萧佐桃二先生曾指出，寺当作待或持讲。赢，盈也。即等待盈满或保持盈满之意。② 王志平先生曾据《国语·越语下》《越绝书》中"持盈、定倾"连用的文例，指出此处亦当为"持盈"，③ 是说得到了海昏

---

① 湖南省博物馆、复旦大学出土文献与古文字研究中心编，裘锡圭主编：《长沙马王堆汉墓简帛集成》第6册，第166页。
② 周一谋、萧佐桃主编：《马王堆医书考注》，第425页。
③ 王志平：《简帛丛札二则》，中国社会科学院简帛研究中心编：《简帛研究》第3辑，南宁：广西教育出版社， 年，第131-132页。

简本的验证（图三·4，第244页）。

如表21、表22，海昏简文与《天下至道谈》中的"十势""十修"，在叙述顺序上亦有差别。如简文"十势"中的"七曰青（蜻）令（蛉），八曰胆（詹）诸"势、"十修"中的"五曰微动，六曰劳实，七曰治节"等；《天下至道谈》中的"十势"相应则是"七曰瞻（詹）诸，八曰兔务（骛），九曰青（蜻）灵（蛉）""十修"相应为"三曰治节、四曰劳实……七曰微动。①"

表21："十势"相关记述比较

来源次序	海昏简十势	《天下至道谈》十势	《合阴阳》十节	《养生方》
一	虎游	虎流	虎游	麊（麊）觟（角）
二	蝉付	蝉伏（附）	蝉柑（附）	爰（猿）据
三		尺（扝）蠖	斥（尺）蠖	蝉傅
四		囷（䴥）暴（角）	囷（䴥）桷（角）	蟾者（诸）
五	蝗柘（磔）	黄（蝗）柘（磔）	蝗磔	鱼察（嚼）
六	爰（猿）据	爰（猿）居	爰（猿）捕（搏）	蜻□
七	青（蜻）令（蛉）	瞻（蟾）诸	瞻（蟾）诸	
八	瞻（詹）诸	兔务（骛）	兔骛	
九	鱼[嚼]	青（蜻）灵（蛉）	蜻（蜻）令（蛉）	
十			鱼嚼	

---

① 湖南省博物馆、复旦大学出土文献与古文字研究中心编，裘锡圭主编：《长沙马王堆汉墓简帛集成》第6册，第168页。

表 22："十修"相关记述比较

海昏简	《天下至道谈》	海昏简	《天下至道谈》
一曰［致］气	一曰致气	六曰劳（劳）实	六曰通才
二曰必时	二曰定味	七曰治节	七曰微嬗（动）
三曰定［味］	三曰治节	八曰［持］盈	八曰侍盈
［四曰］□□	四曰劳（劳）实	九曰齐［青］（精）	九曰齐生
［五曰］微动	五曰必时	十曰［思（息）刑］	十曰息刑（形）

墓葬发掘简报与简牍概述中均已介绍过，海昏简文的"青（请）言十道：一曰高之，二曰下之，三曰左之，四曰右之，五曰深之，六曰浅之，七曰疾之，八曰徐之，九曰实之，十曰虚之"，与《天下至道谈》的"八道"明显不同。值得留意的是，上述"十势""十道"，马王堆汉墓竹简《合阴阳》分别名之为"十节""十修"，所述顺序、内容同样与简文存在一些差别，如《合阴阳》中的"十修"则作"一曰上之，二曰下之，三曰左之，四曰右之，五曰疾之，六曰徐之，七曰希之，八曰数之，九曰浅之，十曰深之"。①

表 23："十道"相关记述比较

来源 次序	海昏简十道	《合阴阳》十修	《天下至道谈》八道	《养生方》
一	高	上	高	高
二	下	下	下	下
三	左	左	左	左
四	右	右	右	右

---

① 湖南省博物馆、复旦大学出土文献与古文字研究中心编，裘锡圭主编：《长沙马王堆汉墓简帛集成》第 6 册，第 155 页。

续　表

次序＼来源	海昏简十道	《合阴阳》十修	《天下至道谈》八道	《养生方》
五	深	疾	深	深
六	浅	徐	浅	浅
七	疾	希	疾	兔敄（鹜）
八	徐	数	徐	
九	实	浅		
十	虚	深		

相较马王堆《天下至道谈》《合阴阳》诸篇，海昏简文在提出"八益""七损""十势""十修"与"十道"等概念之后，另可见其各自以"何胃（谓）治气？""何胃（谓）泄？""何胃（谓）蝉付？""何胃（谓）必时？"及"何胃（谓）高下？"的设问语式来分别解释上述概念的具体涵义，此即对研究相关概念名称、内涵意义重大。简文的发现，证明了《天下至道谈》并非孤本，特别是为有关"七损八益"问题的讨论，提供了新的宝贵资料。

三、"容成阴道"与房中养生

马王堆帛书《养生方》《杂疗方》两种、竹简《十问》《合阴阳》《天下至道谈》三种，其内容皆以房中术为主体。《十问》中有黄帝问于天师、大成、容成、曹熬，尧问于舜，王子乔父问彭祖，帝盘庚问于耇老等，大抵抄录诸家"阴道"而成，而《养生方》《杂疗方》则似与《养阳方》《有子方》有关。重要的是，海昏简文是以黄帝、容成君臣问答的形式来阐述上述内容的，如"七损八益"，简文是以"容成曰"的形式展开的，"容成曰：不智（知）用八益，不智（知）去七损"。"容成曰：贵人居处安乐，饮食次（恣）欲，……"

（图三·3，第244页）马王堆汉墓竹简《十问》亦有"黄帝问于容成曰"，但与简文内容相关者不多。① 《天下至道谈》则是以"黄帝问于左神曰"的形式阐述的。②

《汉书·艺文志》记有《容成阴道》二十六卷。李零先生指出，"阴道"是"合阴阳"之道，即男女交接之术。汉代房中家有专门传授容成术的一派，魏晋道教的《房中七经》中就有《容成经》，可惜均已失传。③《后汉书》记有东汉时传授容成术的一派房中家，《方术列传下》云："冷寿光、唐虞、鲁女生三人者，皆与华佗同时。寿光年可百五六十岁，行容成公御妇人法。"李贤等注引《列仙传》："'容成公者，能善补导之事，取精于玄牝。其要谷神不死，守生养气者也。发白复黑，齿落后生。'御妇人之术，谓握固不泻，还精补脑也。""甘始、东郭延年、封君达三人者，皆方士也。率能行容成御妇人术。"④王应麟《汉书艺文志考证》以冷寿光，姚振宗《汉书艺文志条理》以甘始、东郭延年、封君达三人，行容成"御妇人"术。⑤《博物志》卷五《辨方士》所引魏文帝曹丕《典论》提到还有左慈："王仲统云：甘始、左元放、东郭延年，行容成御妇人法。"⑥ 相较而言，西汉时期的情况则有些晦暗不明，《汉武故事》中倒是见载："上好容成道，信阴阳书。时宫女数千人，皆以次幸。"⑦但其"所言亦多与《史记》《汉书》相出入，而杂以妖妄之语"，⑧不足凭信。

---

① 湖南省博物馆、复旦大学出土文献与古文字研究中心编，裘锡圭主编：《长沙马王堆汉墓简帛集成》第6册，第143页。
② 湖南省博物馆、复旦大学出土文献与古文字研究中心编，裘锡圭主编：《长沙马王堆汉墓简帛集成》第6册，第163页。
③ 李零：《兰台万卷：读〈汉书·艺文志〉（修订本）》，第208页。
④《后汉书》卷八二《方术列传下》，第2740、2741、2750页。
⑤ 陈国庆：《汉书艺文志注释汇编》，第230页。
⑥ ［晋］张华：《博物志》卷五《辨方士》，上海：上海古籍出版社，2012年，第26页。
⑦ ［汉］刘向：《汉武故事》，北京：中华书局，年，第2页。
⑧ ［清］永瑢等：《四库全书总目提要》卷一四二《子部·小说家类三》，北京：中华书局1965年，第1206页。

海昏简牍的发现，提供了西汉时期"容成经"的可能面貌，对于明确马王堆汉墓竹简《天下至道谈》等与"容成阴道"这类书的联系，研究马王堆汉墓竹简"房中"书的学派性质，均有着不可替代的重要价值。

四、"蛊"与"房中"

海昏竹书中的医书，简报中原介绍有"房中""养生""医方"等，① 现在看"房中""养生"应为一种，笔者前面的初步讨论，怀疑简本与《汉书·艺文志》所记载的《容成阴道》可能存在密切联系。下面拟就简报中提及的"医方"部分再作简单介绍，以供师友同好批评。

简报所说的"医方"，出土于存简2350余枚的最大的漆箱M1∶933之内，其与出土"房中"书的M1∶934分属两个不同的漆箱。② 简文多残断不能通读，就目前所见残文来看，一是现有一枚断简，残存"□祝方"几字，二是见有简文"□□蛊之头而折蛊之脊，蛊自溃"，"蛊"字又在此处的几十枚残简中数见，如"闻蛊""断蛊"等，故简报云其内容与祛除蛊虫的方法有关。值得注意的是，这部分简文还见到"君子""闻之因而大怒"等语。

"蛊"，唐人王焘《外台秘药方》云："凡蛊毒有数种，皆是变惑之气，人有故造作之，多取虫蛇之类，以器皿盛贮，任其自相啖食，唯有一物独在者，即谓之为蛊，便能变惑，随逐酒食，为人患祸。……凡中蛊病，多趋于死，以其毒害势甚，故云蛊毒。"③ 马王堆

---

① 简报称作"方技类"，参见江西省文物考古研究院、北京大学出土文献研究所、荆州文物保护中心：《江西南昌西汉海昏侯刘贺墓出土简牍》，《文物》2018年第11期，第87—96页。
② 管理、胡胜、杨博：《出土简牍的现场及室内清理保护》，朱凤瀚主编，柯中华副主编：《海昏简牍初论》，第43—59页。
③ ［唐］王焘撰，高文铸等校注：《外台秘药方（校注研究本）》卷二八《中蛊毒方二十一首》，北京：华夏出版社，1993年，第540页。

帛书《五十二病方》中的"□蛊者"即与祛除蛊病相关。相较而言，海昏简文与马王堆帛书《五十二病方》中以"乌雄鸡一、蛇一，并置瓦赤䰞中，即盖以□，为东向灶炊之，令鸡、蛇尽燋，即出而治之"的治蛊原理类似，① 是由毒物出发以毒攻毒的疗法，而不仅是依靠祝由术。②

《左传》昭公元年记有秦人"医和论晋平公蛊症"事，医和认为"近女室疾如蛊"，对赵孟言蛊是"淫溺惑乱之所生也"，并引《周易》云"女惑男，风落山，谓之蛊"对蛊做了详细解说。③ 医和认为晋平公的病因是由于贪恋女色过度所引起的。针对晋平公"女不可近"的问题，医和提出要节制，并通过论述为什么要节制女色，首倡六气病因学说。④ 这里医和还强调国君"至于淫以生疾，将不能图恤社稷，祸孰大焉？"⑤ 君主若是陷于"蛊"，是对国家社稷最严重的祸害，这种警告即含有治国理政的意味。加之这部分简文的出土号大致在 M1∶933 Ⅳ 区的 1047～1180，与之相邻的简文内容多为"诗赋""政论"等。笔者近来多有关注简牍典籍出土位置与其内容之间的正面联系，⑥ 在此意义上讲，海昏简文所见"君子""闻之因而大怒""而圂闻蛊""不死今……"等，均显示其性质不能排除与"政论"有关。沉湎女色曰"蛊"，这与简文所见"房中"书的情况也是

---

① 湖南省博物馆、复旦大学出土文献与古文字研究中心编，裘锡圭主编：《长沙马王堆汉墓简帛集成》第 5 册，第 295 页。
② 王化平：《鬼神信仰与数术——〈五十二病方〉中所见祝由术的解读》，《中医药文化》2016 年第 5 期，第 4—10 页。
③ 《春秋左传正义》卷四一昭公元年，[清]阮元校刻：《十三经注疏（清嘉庆刊本）》，第 4396—4398 页。
④ 李经纬：《古代职业医师的出现——医和、医缓与扁鹊》，《中国中医药报》2016 年 2 月 1 日第 8 版。
⑤ 《春秋左传正义》卷四一昭公元年，[清]阮元校刻：《十三经注疏（清嘉庆刊本）》，第 4397 页。
⑥ 杨博：《北大藏秦简〈田书〉初识》，《北京大学学报（哲学社会科学版）》2017 年第 5 期，第 63—68 页；《由篇及卷：区位关系、简册形制与出土简帛的史料认知》，《史学月刊》2021 年第 4 期，第 5—17 页。

相合的。

长期沉溺于女色即为"蛊",M1933 之内亦存有数枚残简,其内容也与"房中"有关,保存最好的一枚,即 M1933 Ⅴ区 1892,似可初步隶定如下:

> 四□徐之发,一曰□□,二曰几□,三曰赤朱,四曰封纪,五曰琴弦,六曰麦齿,七曰□□,八曰俞鼠,九曰……

笔者前面曾简要讨论过海昏"房中"书的篇章结构,由于简文残断,第四章的章题、内容一直阙如,这枚简文起首的"四",是否即为"房中"书缺失的第四章,值得深入探究。①

马王堆《天下至道谈》的篇尾有女阴诸部位名称的记述,类似的记述亦见于《养生方》及其后附的"女阴图"。马继兴先生曾以《天下至道谈》的部位名称、顺序为据将诸种古籍所见女阴部位名称整理对照、汇于一表,②而海昏简文中提到的"琴弦""麦齿""俞鼠"等名称,正与这些部位相合。因此,似亦可将海昏简文补入,列为下表:③

表 24:文献所见女阴诸部位名称对照

出处序号	天下至道谈	养生方	养生方女阴图	玄女经佚文	海昏简文
1	笄光	云石	笄光	谷实	□□
2	封纪	拈瓠	□鼠	中极	几□

---

① 就目前简文来看,二者系联存在的问题在于,一是"发""曰"诸字写法不一,二是分属不同漆盒,且简长有约 0.6 厘米之差。
② 马继兴:《中国出土古医书考释与研究(下卷)》,上海:上海科学技术出版社,2015 年,第 750 页。
③ 表中《养生方》《天下至道谈》的释文,分别据湖南省博物馆、复旦大学出土文献与古文字研究中心编,裘锡圭主编:《长沙马王堆汉墓简帛集成》第 6 册,第 6264、169 页。

续　表

出处序号	天下至道谈	养生方	养生方女阴图	玄女经佚文	海昏简文
3	調瓠	耀昏	□□	臭鼠	赤朱
4	鼠妇	伏□	麦齿	赤珠	封纪
5	谷实	赤剄	谷实	婴女	琴弦
6	麦齿		赤朱	昆石	麦齿
7	婴女		琴弦	琴弦	□□
8	反去		付□		俞鼠
9	何□			麦齿	
10	赤繳				
11	赤毀				
12	磏石				

　　明代的《素女妙论·浅深篇》记述："女子阴中有八名，又名'八谷'：一曰琴弦，其深一寸，二曰菱齿，其深二寸，三曰妥溪，其深三寸，四曰玄珠，其深四寸，五曰谷实，其深五寸，六曰愈阙，其深六寸，七曰昆户，其深七寸，八曰北极，其深八寸。"①菱齿，当即麦齿。②

　　值得一提的是，海昏简文以"琴弦""麦齿"相连，《医心方》卷二八《房内》多见，如《施泻第十九》引《洞玄子》有"男须浅拔，游于琴弦、麦齿之间"；《治伤第二十》云"至琴弦，麦齿之间，正气还，邪气散去"，又有"阴阳之和，在于琴弦，麦齿之间""裁

---

① 洪都、全天真校：《素女妙论》卷三《浅深篇》，[荷兰]高罗佩著，杨权译：《秘戏图考·秘书十种·卷中（2005）》，广州：广东人民出版社，　年，第320页。
② 湖南省博物馆、复旦大学出土文献与古文字研究中心编，裘锡圭主编：《长沙马王堆汉墓简帛集成》第6册，第170页。

至琴弦，麦齿之间"等等。① 李零先生曾将马王堆简帛与《医心方》卷二八《房内》引文进行比较，又与上引《素女妙论·浅深篇》相较，② 所得与海昏简文对应似可列为表 25，由此看来，应该说李零先生的考证与海昏简文的序次是可以基本对应的。

表 25：女阴诸部位深浅、名实考证

名实		文献	马王堆简帛	医心方·房内	素女妙论·浅深篇	海昏简文
浅	阴蒂		赤毁	赤珠	红球	赤朱
	阴唇		封纪			封纪
	阴道	一至二寸	琴弦	琴弦	琴弦	琴弦
			麦齿	麦齿	菱齿	麦齿
		三寸	笄光	俞鼠	妥溪	俞鼠
深		四寸	婴女	婴女	玄珠	
		五寸	谷实	谷实	谷实	
极深		六寸	臭鼠	臭鼠	愈阙	
		七寸	碌石	昆石	昆户	
		八寸	中极	中极	北极	

综上所述，海昏简牍原简报所说的"医方"，不排除为"政论"性质文献的可能，而新见与女阴部位名称有关的内容，也为进一步的研究提供了参照。海昏简牍医书特别是"房中"书的整理尚在初步阶段，简序、篇目等具体情况还不完全清楚，以上简论，难免疏误，希望能在下一步的整理研究工作中细化与修正。

---

① ［日］丹波康赖撰，王大鹏等校注，王耀廷等审定：《医心方》卷二八《房内·施泻第十九》《治伤第二十》，第 1158、1160、1161 页。
② 李零：《中国方术正考》，北京：中华书局，2006 年，第 321—339 页。

第四节 海昏竹书与六博棋游戏

六博是战国秦汉时期盛行的一种棋盘游戏，当时人们不仅用六博来娱乐，还用博局图来辟邪、用六博来占卜。现存较早的六博资料出自湖北江陵雨台山战国楚墓 M314①及荆州纪城一号楚墓等战国墓葬中。②六博起源已然无稽，但是传世文献中有大量关于六博及其相关事件的记述，另有棋具、博局纹镜、画像石、六博俑和博镇等种类丰富、数量繁多的考古实物资料不断涌现。③出土文献中亦可见记载随葬有六博的遣册，如湖北云梦大坟头一号汉墓出土木牍、江陵凤凰山八号汉墓竹简、湖南长沙马王堆三号汉墓遣册、广西贵县罗泊湾一号南越墓简牍等。近年来，又有尹湾汉墓简牍《博局占》和北京大学藏西汉竹书《六博》等以"博局占"为主要内容的竹书公布。遗憾的是专门记述六博游戏方法的文献尚所见不多，北大秦简《隐书》中第二个谜语的谜底即是六博，此外的材料则较为零散。

六博是学界长期以来关注的热点问题，成果众多，如杨宽先生利用传世文献对六博的研究、④傅举有先生对出土秦汉博具的整理、⑤曾蓝莹先生对博局设计和行棋顺序的研究、⑥黄儒宣先生对博局的

---

① 湖北省荆州地区博物馆：《江陵雨台山楚墓》，北京：文物出版社，1984年，第103—104页。
② 湖北省文物考古研究所：《湖北荆州纪城一、二号楚墓发掘简报》，《文物》1999年第4期，第4—17页。
③ 李零：《中国方术正考》，第132页。
④ 杨宽：《六博考》《六博续考》，《杨宽古史论文选集》，上海：上海人民出版社，2003年，第441—448页。
⑤ 傅举有：《论秦汉时期的博具、博戏兼及博局纹镜》，《考古学报》1986年第1期，第21—42页。
⑥ 曾蓝莹：《尹湾汉墓〈博局占〉木牍试解》，《文物》1999年第8期，第62—65页。

分类，① 李零先生对六博的系统研究等。② 近来刘丽婷、③ 周小钰、④ 金银、⑤ 桂志恒诸先生又分别对传世及出土文献所见六博材料进行了系统而翔实的整理。⑥

六博的游戏方法已经失传，惟《西京杂记》记许博昌所传"行棋口诀"云："方畔揭道张，张畔揭道方，张究屈玄高，高玄屈究张。"又曰："张道揭畔方，方畔揭道张，张究屈玄高，高玄屈究张。"⑦ 尹湾汉墓简牍《博局占》发现以后，李学勤先生即根据《博局占》讨论了一些关于六博的基本问题，指出许博昌的口诀就是指博局上的九种位置。⑧ 李零先生也对《博局占》提到的九个位置进行过详细的分析。⑨ 博局上的九种位置就是博戏中棋子行走的路线，又可称为博道。北大汉简《六博》与《博局占》在博道命名、占卜事项和卜问结果等方面颇为相似。海昏竹书中亦有"六博"发现，⑩ 更是出土文献中"六博棋谱"的首次发现，⑪ 可惜海昏简牍出土时整体保存情况较差，绝大部分简牍残碎、腐朽，⑫ 存在诸多病害，剥离完

---

① 黄儒宣：《六博棋局的演变》，《中原文物》2010年第1期，第52—60页。
② 李零：《中国方术正考》，第132—139页。
③ 刘丽婷：《汉代六博及相关问题研究》，硕士学位论文，南京：南京大学历史学院，2017年。
④ 周小钰：《先秦秦汉六博材料整理及相关问题研究》，硕士学位论文，上海：复旦大学中国语言文学系，2018年。
⑤ 金银：《战国至秦汉时期六博棋具研究》，硕士学位论文，西安：西北大学文化遗产学院，2018年。
⑥ 桂志恒：《战国秦汉六博资料的整理与研究》，硕士学位论文，长春：吉林大学古籍研究所，2018年。
⑦ ［晋］葛洪撰，周天游校注：《西京杂记》，西安：三秦出版社，2006年，第204页。
⑧ 李学勤：《〈博局占〉与规矩纹》，《文物》1997年第1期，第49—51页。
⑨ 李零：《跋中山王墓出土的六博棋局——与尹湾〈博局占〉的设计比较》，《中国历史文物》2002年第1期，第8—15页。
⑩ 王楚宁、杨军：《海昏侯墓竹书〈五色食胜〉为"六博棋谱"小考》，复旦网，2016年10月7日。
⑪ 江西省文物考古研究院、北京大学出土文献研究所、荆州文物保护中心：《江西南昌西汉海昏侯刘贺墓出土简牍》，《文物》2018年第11期，第87—96页。
⑫ 管理、胡胜、杨博：《出土简牍的现场及室内清理保护》，朱凤瀚主编，柯中华副主编：《海昏简牍初论》，第43—59页。

毕的五千余枚竹简,完简不足什一,①《六博》亦不例外。可暂定名为《六博》的千余枚竹简散布在全部五个漆箱、竹笥之内,几无完简,简文残断不能缀连成局,所见篇题亦多残泐。以下仅就目前所见作一初步揣测,以供学界批评。

一、海昏竹书《六博》的博道

海昏六博简文可粗分为两类,一类记述的似是开局时或其他特定情况下的棋盘局势;另一类是在此局势之后的具体行棋步骤。前者以"青先行·""白先行·"起始,后者以"·青不胜""·白不胜"结尾。

宽式隶定(括号内编号为出土号,下同)第一类如:

（1）青先行·青立左诎、有内専内长、白立右専、立右曲、卧右张、有内张（933Ⅴ区2077）

（2）……内専内长、白伏左方、伏右方、立右诎、立右高、卧右诎、有内长……（933Ⅴ区2067）

（3）……青出道,白出道,青皮长内専,白皮长内専,青入张出曷,白入张出☐（934Ⅷ区163）

第二类如:

（4）……専皮长,白诎下张,青诎出道,白下曷下専,青诎,白归曲,青下左道下曷·白不胜。（934Ⅷ区066）

（5）青下専皮长,白诎出道,青诎,白诎,青下道,白归曷,青入道皮长,白归曲下曷,青食下道·白不胜。（934Ⅷ区071）

---

① 杨博:《给海昏简牍"治病"》,《人民日报》2019年12月28日第5版(文化遗产)。

263

（6）白下専出曷，青下専皮长，白居，青居，白垂长反曷，白下张诎，青外诎出専・白不胜。（934 Ⅷ区 175）

（7）青反曲，白下専，青下曷上张，白皮长，青高下道，白居，青入道归曷，白反曲皮长，青食长，白反食曲，青皮长，白入道下専，青下曷，白两道，青归曲・白不胜。（933 Ⅴ区 1898）

（8）食，青居下曷，白居入道，青上曲・白不胜。（933 Ⅴ区 2090）

（9）青居下専，白下曷垂长，青居，白反道出専，青反道，白高，青入道下张，白入道诎・青不胜。（933 Ⅴ区 2102）

（10）……反曲，青上张，白出曷，青皮长，白居上曲，青☐☐长，白诎高，青归曷皮长，白下道下张・青不胜。（933 Ⅴ区 2159）

如前所述，学者已注意到许博昌"行棋口诀"与《博局占》、北大汉简《六博》所载博局博道的对应，为便于说明问题，可总结为下表：

表 26：六博棋道用字对照表

文　献	博　道							
许博昌	方	畔	揭	道	张	究	屈	玄	高
《博局占》	方	廉	楬	道	张	曲	诎	长	高
北大《六博》	方	兼	揭	道	张	曲	诎	长	高
海昏六博			曷	道	张	曲	诎	长	高

据发掘简报与《五色炫曜——南昌汉代海昏侯国考古成果》一书公布的《六博》残简，王楚宁、杨军先生释读简文为"白诎内道青高下专白食青白"，最早提出此与《六博》有关，判断"诎""道""高"等为六博相应的棋道位置当无疑义。"专（專）"字为团（團）之省文，意可与训为界的"畔"相通。周小钰先生则指

出,"专"字很可能是"尃",读为"博",即"六博"之"博",并认为有待材料的进一步公布后方可定论。① 应该说周小钰先生强调不可单凭一枚残简立论是有其道理的。

也正如周先生指出的那样,所谓"专"也很可能是"尃"。为便利讨论这一问题,笔者将简文所见有关字形汇为下表:

表 27:简文中所谓"尃"与"专"字的写法

尃	尃	尃	尃	尃	尊	尊	尃
尊	尊	尃		尃	尊		尃
尃	尊	尃					尊
尊	尊	尃					尊
	尃	尊					
	尊						

""尃""专"两字传世与出土文献中有很多相混的例子,汤余惠先生曾提出战国时期"专"上从"叀",字上呈正三叉形,与"尃"上从"甫"正斜互见有别。② 周先生已经提到过"叀"旁省作"宙"也延续到汉隶中,因此两字的区别主要还是观察字的上部。"专"字上部一律是横竖两直笔,如马王堆帛书的"専"、武威汉简的"専"。③ "尃"字的字形稍复杂,有作两直笔,如北大简《六博》的"博"写作"博";④ 也有作"父"形如马王堆帛书的"尃"。

---

① 周小钰:《先秦秦汉六博材料整理及相关问题研究》,第 142—146 页。
② 汤余惠:《战国铭文选》,长春:吉林大学出版社,1993 年,第 79 页。
③ 徐无闻主编:《秦汉魏晋篆隶字形表》,北京:中华书局,2019 年,第 209 页。
④ 北京大学出土文献研究所编:《北京大学藏西汉竹书(伍)》,上海:上海古籍出版社,2015 年,第 197 页。

此外马王堆的"専"字有作" "，"博"写作" "。① 这样看来海昏《六博》简文之字当为"専"而非"专"。

回到简文语境中，以上字形似均指同一个博道，以目前所见出现频率看该字似释为"専"更妥。值得注意的是，海昏《六博》简文的字体不少于三种，推测书手当有多人，简文中"左"字亦常见讹作"在"，"居"有写作"层"的。故不能排除由于书手书写习惯不同而致讹混的可能。

另需注意的是由简文中限定博道位置的词语，亦可证明"専"为一个博道用字。其在尚待清洗保护处理的残简中也大量得见，为便于讨论，可先将目前所见全部海昏《六博》简文有关博道位置列为下表：

表28：海昏《六博》棋道用字限定表

博道 方位	居	方	専 （畔）	曷 （揭）	道	张	曲 （究）	诎 （屈）	长 （玄）	高
左	左居	左方	左専	左曷	左道	左张	左曲	左诎	左长	左高
右	右居	右方	右専	右曷	右道	右张	右曲	右诎	右长	右高
两	两居		两専	两曷	两道	两张	两曲	两诎		两高
内	内居		内専	内曷	内道	内张	内曲	内诎	内长	
外	外居	外方	外専	外曷	外道	外张		外诎	外长	外高

首先，如图五（第270页）所示，完整的博局，每种博道均有四个位置上下，"専"同样见有左、右、内、外四种位置。"两"的含义是指左右、内外抑或是其他有待索解之义。惟表28可见诸道亦多有左、右、内、外等限定，笔者猜测这样是为了明确其在博局中的唯一位置，以便于对局者、旁观者甚或书手的抄写描述。

其次，"専"为鱼部字，尹湾汉简《博局占》、北大简《六博》的"廉""兼"均为谈部字。谈鱼通转的情况，孟蓬生先生着力尤多，几

---

① 陈松长：《马王堆简帛文字编》，北京：文物出版社，　　年，第12488页。

可定论。①"尃"是敷纽，唇音，而"廉"是来纽，"兼"为见纽，一在舌头，一在舌根。魏建功先生"鼻通相转"例曾指出"古唇音明纽与喉音晓纽相通""盖闭唇自鼻出为明，开唇自口出为晓，虽曰两位，初民实以开闭相对"，②由是则唇音和喉音相通似比较清楚。此外，鱼部字对应的声纽中确实存在唇音和牙音相通的例子，李家浩先生《读郭店楚墓竹简琐议》中所举的五个例子，基本上都是鱼部字，如《穷达以时》中的"告故"，裘锡圭先生认为当读作"造父"，"故"为见纽鱼部字，"父"为非纽鱼部字，则鱼部的牙音同唇音字有相通的可能。③如是，海昏简牍的"尃"字似可为鱼部的牙音同唇音相通提供新的例证。

另简文"白出尃""青出尃""白下尃""青下尃"与"白出曲""青出道""青下曷""白下道"的语句相类。"尃"的位置，由上引简（4）"白下曷下尃"、简（7）"白入道下尃"、简（9）"白反道出尃"来推测，其似应与"道""曷"相邻，这样看"尃"理解为"畔"的可能性更大。④

上述两类简文，另有一个显著的区别是"方"仅在第一类简中出现，⑤在记述具体行棋步骤的第二类简文中完全不见"方"道。个

---

① 参见王志平、孟蓬生、张洁：《出土文献与先秦两汉方言地理》，北京：中国社会科学出版社2014年，第182—204页。
② 魏建功：《古音系研究》，北京：中华书局，1996年，第204页。
③ 李家浩：《读〈郭店楚墓竹简〉琐议》，《郭店楚简研究》（《中国哲学》第20辑），第354—355页。
④ "尃"为鱼部，"畔"为元部，韵部可以相通，声纽都是唇音，是两字亦可通读。"尃"为"敷"之古字，清钱大昕《古无轻唇音》中明指"敷"古读"滂"。"畔"通"泮"，《卫风·氓》"隰则有泮"，郑笺云"泮，读为畔"。"泮"滂纽元部，"滂"滂纽阳部，声纽相同，韵部可通。然而六博棋道用字，尹湾《博局占》与北大《六博》近同，二者又同属出土材料，没有传抄问题；惟《西京杂记》的作者，或谓刘歆，或谓葛洪，其中所引许博昌口诀，历经近二千年传抄翻刻，不排除有讹误之可能，故笔者倾向于"尃"与"廉""兼"相通（当然由"张""道""方"押韵来看，讹误可能并不算大）。若"畔"字传抄不误，"廉""畔"均有表边缘义，《仪礼·乡饮酒礼》"设席于堂廉"，郑玄注："侧边曰廉。"畔，《说文·田部》"田界也"。二者在博局中应即指中间方框的四条边。"尃""廉""畔"理解为义近关系似更稳妥。
⑤ 可惜此类竹简残损严重，需要修复后再行处理。

中缘由虽亦需要简册进一步整理后索解，但若循此揣测，行棋步骤中并无棋道"方"，似乎是说"方"道在行棋中被有意绕开。

问题在于"方"虽原意可能是指博局中间的方框，如尹湾汉简《博局占》（图四），但从《孔子家语·五仪解》王肃注"此具博三十六道也",①以及博局占的干支排布来看，博局中应该有四个名"方"的棋道。上引海昏简文（2）也见到了"左方""右方"，简文中还见有"外方"，在北大汉简《六博》和尹湾汉简《博局占》中，"方"位的干支排列也是在中间方框四边的中点上。

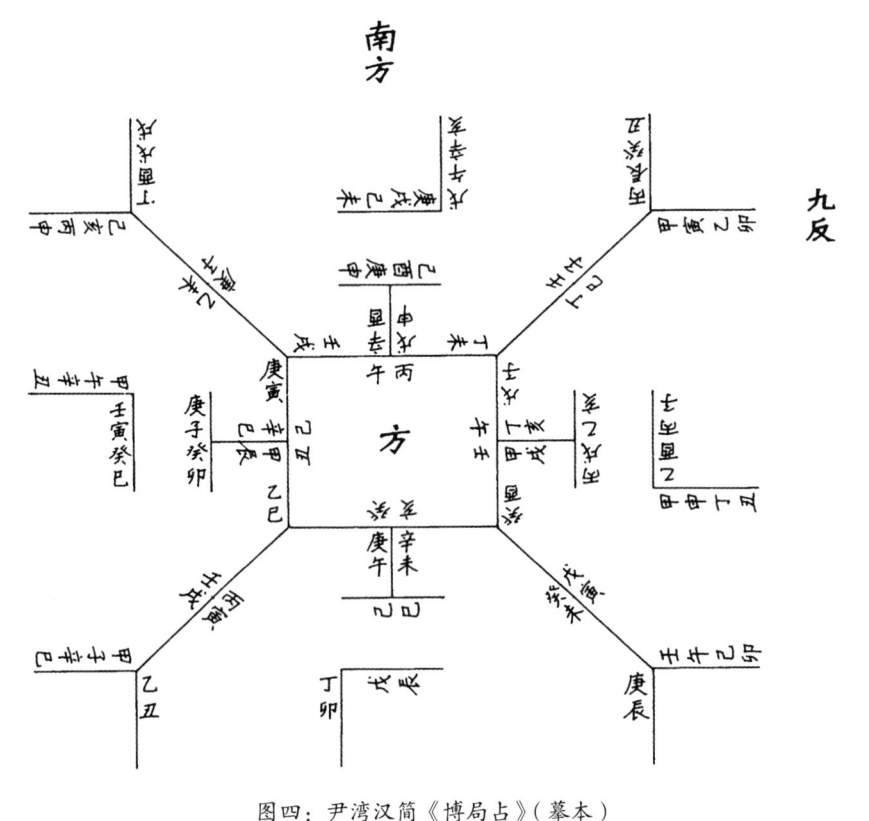

图四：尹湾汉简《博局占》（摹本）

---

① 杨朝明、宋立林主编：《孔子家语通解》卷一《五仪解》，济南：齐鲁书社，2013年，第67页。

由上述，这里还可以提出的一个假设是，"居"近似于"方"，是记述行棋步骤简文中的一个博道。与其他博道相同，简文中亦可见有对"居"左、右、内、外、两的限定，此其一。其二，简（8）（9）"青居下曷"、简（8）"白居入道"等来推测，"居"与"曷""道"相邻，似以近"方"道为妥。另外《楚辞·卜居》蒋骥注："居，谓所以自处之方。"①"方"还有表"处所"义，《易·系辞上》"卦之德方以知"，韩康伯注："圆者运而不穷，方者止而有分。"孔颖达疏："言'方者止而有分'者，方谓处所，既有处所，则是止而有分。"②"居"亦可表"处所"，《诗·唐风·蟋蟀》"职思其居"，孔颖达疏："居谓居处也。"③

其次，居，见母鱼部，兼，见母谈部，谈鱼通转，这样看居似亦有兼（畔）道之可能。窒碍在于上引简文（2）"……内專内长，白伏左方、伏右方、立右诎、立右高、卧右诎、有内长……"，"專""方"复现，而"居""專"又均应各自作为一个独立的博道，目前所见简文中只有"居""方"互斥，是故居（方）、專（兼、畔）似仍为较合理的看法。

当然，另有一种可能即居并不是"方"。"居""家"为同源字，前引《六博》简文中表示具体行棋步骤的简文用字，如"立、伏、卧、有、上、下、出、入、归、反、垂、皮、食"等，④多见于《孙子兵法》《尉缭子》《六韬》等兵书，笔者前文也提到过《六博》与兵书的关系。⑤由此看，"居"的"家"义或可理解为两军对垒的本

---

① ［清］蒋骥：《山带阁注楚辞》卷五《卜居》，于淑娟点校，上海：上海古籍出版社，2019年，第152页。
② 《周易正义》卷七《系辞上》，［清］阮元校刻：《十三经注疏（清嘉庆刊本）》，第168—169页。
③ 《毛诗正义》卷六·一《唐风·蟋蟀》，［清］阮元校刻：《十三经注疏（清嘉庆刊本）》，第766—767页。
④ 诸字容笔者下文详细讨论。
⑤ 江西省文物考古研究院、北京大学出土文献研究所、荆州文物保护中心：《江西南昌西汉海昏侯刘贺墓出土简牍》，《文物》2018年第11期，第87—96页。

阵。《论语·季氏》"丘也闻有国有家者",[①] "家"即为卿大夫的采邑。这从第一类简文中首先需要排列本阵棋子中亦可见一斑。可为此说佐证的是,简文中有残损的篇题简"☐☐☐☐环方布☐·青先行"(963 Ⅱ区 625),"环方"是否即言青、白双方摆阵结束之后,对博阶段的三十六道中,并无方道,即有可能类似图五的形式。

由上所述,海昏竹书《六博》对博阶段的博道用字似当为居、尃(畔)、曷(揭)、道、张、曲(究)、诎(屈)、长(玄)、高。

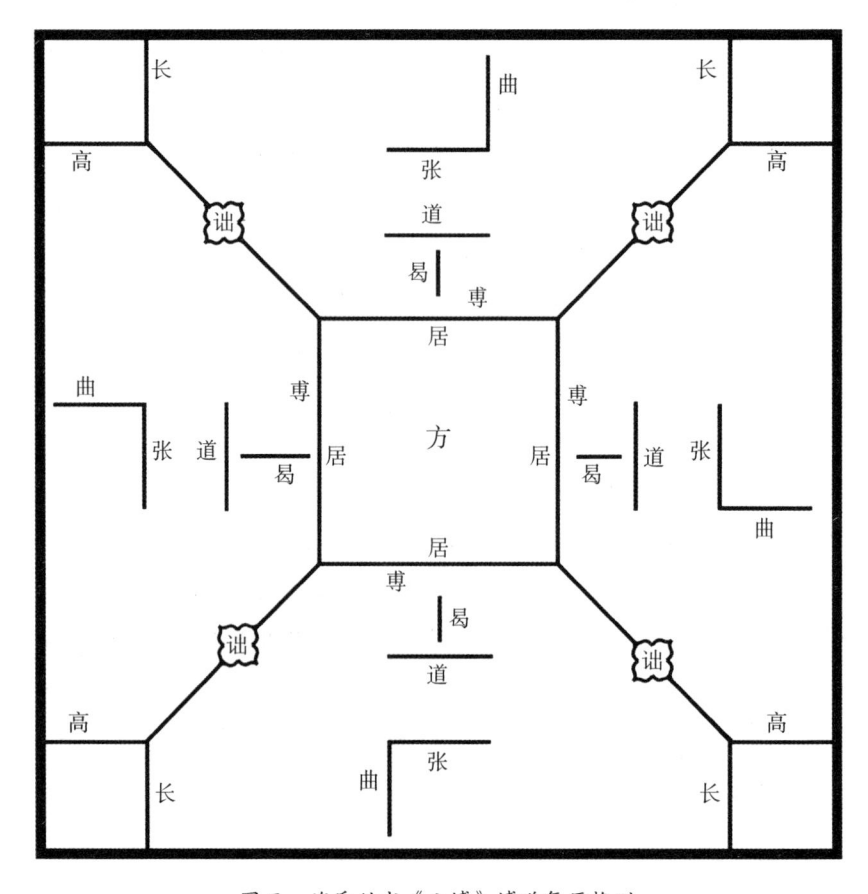

图五:海昏竹书《六博》博道复原推测

---

① 《论语注疏》卷一六《季氏》,[清]阮元校刻:《十三经注疏(清嘉庆刊本)》,第5476页。

二、海昏竹书《六博》的棋局排布

简文中表示行棋步法的词语亦有一定之规,两类竹简中也存在一些差异。首先,第一类竹简中以立、伏、卧、有为专用词语,如表 29 所示其记述方式一般是在博道前加有左、右、内、外的限定,此似亦说明其意在博局局势的描述而非具体的行棋步法。

其次,就上表所见仔细观察,步法与博道的对应关系似为:

立:专、曷、道、曲、诎、高;

伏:方、专;

卧:专、曷、张、曲、诎;

有:专、张、长。

若变换角度,博道与步法的对应则为:

方:伏;

专:立、伏、卧、有;

曷:立、卧;

道:立;

张:卧、有;

曲:立、卧;

诎:立、卧;

长:有;

高:立。

因为目前统计取样尚不完善,是否可以确认"方"→"伏"、"长"→"有"、"高"→"立"等博道与行棋术语间存在对应关系,是值得注意的问题。

第三,左、右、内、外的区位限定,博局青白双方均可使用,如青、白均是既能"卧左诎",又可以"卧右诎"。毋庸赘言,博局中的棋道本身即是双方均可落棋的。这也从侧面提醒我们注意推究

表 29：海昏《六博》第一类竹简行棋步法统计表

博道	步法	立 青	立 白	立 不详	伏 青	伏 白	伏 不详	卧 青	卧 白	卧 不详	有 青	有 白	有 不详
方	外				伏外方		伏外方						
方	左	立口尊				伏左方	伏左方						
方	右					伏右方	伏右方						
尊	内												
尊	外								卧外尊				
尊	左	立右内尊	立右尊		伏左尊						有内尊	有内尊	
尊	右		立右曷										
曷	左		立左曷						卧左曷				
曷	右		立右曷										
道	右		立左道										
张	外							卧外张			有内张	有内张	有内张

续　表

博道\步法	立 青	立 白	立 不详	伏 青	伏 白	伏 不详	卧 青	卧 白	卧 不详	有 青	有 白	有 不详
张　左							卧左张					
张　右							卧右张		卧右张			
曲　左	立右曲							卧左曲				
曲　右		立诎										
诎　外		立外诎										
诎　内		立内诎										
诎　左	立左诎	立左诎	立左诎				卧左诎	卧左诎				
诎　右		立右诎					卧右诎	卧右诎				
长　内										有内长	有内长	
高　外	立外高											
高　右		立右高	立左高									

第四章　简牍所见战国秦汉时期的社会生活

简文记述所反映的观察者视角。

若更进一步推测，尹湾汉简《博局占》（图四，第268页）上标南方，则是否记录者北边坐，青的本阵是"左"边，白的本阵是"右"边，靠近裁判的"内"边是北，远离的"外"边是南。是故在起始布阵时，如简（ ）（2）所见，青棋布阵以"左"为主，白棋在"右"。

三、海昏竹书《六博》的行棋步法

第二类简文中表示具体行棋步法的术语，上引简文中可不惮繁缛罗列如次：

简4()：皮、下、出、归；

简5()：下、皮、出、归、入、食；

简6()：下、出、皮、垂、反；

简7()：反、下、上、皮、归、食、入；

简8()：食、下、入、上；

简9()：下、垂、反、出、入；

简10)：反、上、出、皮、归、下。

汇总来看，所见有上、下、出、入、归、反、垂、皮、食等九字。其中"食"字，《楚辞·招魂》"呼五白些"，王逸注："射张食棋，下兆于屈，故呼五白，以助投也。"[①] 学者多已注意到此句说的是当棋子成为枭棋之后，恰好走到张道就能吃掉对方的棋子，得到倍胜的结果。[②] 此外，马王堆三号汉墓出土的博具盒中有除十二枚大棋子外，还有二十枚长2.9厘米、宽1.7厘米、厚1厘米的小棋子，遣册记载为"象直食其（棋）廿"，[③] 可以证实六博行棋中有"食"，"食"即是指吃掉对方棋子的步骤。

---

① ［宋］洪兴祖：《楚辞补注》卷九《招魂》，第212页。
② 周小钰：《先秦秦汉六博材料整理及相关问题研究》，第24页。
③ 傅举有、陈松长1992《马王堆汉墓文物》，长沙：湖南出版社，　　年，第76页。

第四章 简牍所见战国秦汉时期的社会生活

垂，《说文·土部》："远边也。"① 长道确实处在博局的"远边"。《尔雅·释诂下》："疆、界、边、卫、圉，垂也。"②《荀子·臣道》"边境之臣处，则疆垂不丧"，杨倞注："垂与陲同。"③《庄子·逍遥游》"其翼若垂天之云"，崔注"垂，犹边也。"④ 故这里的"垂"意为边。

问题在于"皮"字，皮、罢音同，均为并母歌部，此类简牍中常见将繁写字简写的，如上举"居"写作"层"。罢，《说文·网部》："遣有罪也。"段玉裁注："引伸之为止也。"⑤《论语·子罕》："夫子循循然善诱人，博我以文，约我以礼，欲罢不能，既竭吾才。"⑥ 又通"疲"，有疲乏之义，《左传》成公七年："余必使尔疲于奔命以死。"⑦ 因博局尚待恢复，其具体含义有待进一步探究。

需要说明的是，除上述术语外，简文中常见分别以青、白直接系联博道的，如青居、白居、青尃、白尃等。一个值得注意的现象是，青居、白居，青诎、白诎，青高、白高，即居、诎、高三道目前简文中在百余次左右，其余尃、曷、道、张、曲、长等六道直接系以青、白的一般不超过五次，以二、三次最为常见。这与表30中术语的使用频率恰相对应。上居、出居，下诎、反诎，下高、出高的用法也是青、白分别仅见一、两次。这似乎说明简文对于这些术语的使用是有一定之规的。

若循此推究，可能的解释是"居"若果为"方"，则其与"高"均为博局中两处由张起始的最远道，"诎"更值得注意，上引《楚

---

① ［清］段玉裁：《说文解字注》十三篇下《土部》，第693页。
② 《尔雅注疏》卷二《释诂下》，［晋］郭璞注，［宋］邢昺疏：《尔雅注疏》，［清］阮元校刻：《十三经注疏（清嘉庆刊本）》，第5602页。
③ ［清］王先谦：《荀子集解》卷九《臣道》，第251页。
④ ［清］郭庆藩：《庄子集释》卷一上《内篇第一逍遥游》，第23 页。
⑤ ［清］段玉裁：《说文解字注》七篇下《网部》，第356页。
⑥ 《论语注疏》卷九《子罕》，［清］阮元校刻：《十三经注疏（清嘉庆刊本）》，第5409页。
⑦ 《春秋左传正义》卷二六成公七年，［清］阮元校刻：《十三经注疏（清嘉庆刊本）》，第4132+4133 页。

表30：海昏《六博》第二类竹简行棋步法统计表（后附数字为目前所见频次）①

博道 步法	居	尃	曷	道	张	曲	诎	长	高
上 230	上居 1	上尃 12	上曷 4	上道 8	上张 111	上曲 56		上长 6	
下 728		下尃 170	下曷 142	下道 85	下张 92	下曲 101	下诎 4	下长 4	下高 6
出 555	出居 1	出尃 165	出曷 109	出道 103	出张 15	出曲 60		出长 3	出高 2
入 290			入曷 10	入道 93	入张 113	入曲 2		入长 40	
归 179		归尃 21	归曷 59	归道 9	归张 9	归曲 42		归长 1	
反 643		反尃 6	反曷 42	反道 48	反张 41	反曲 96	反诎 4	反长 23	
垂 135								垂长 111	
皮 164								皮长 141	

辞》"呼五白些"，王逸注"五白，簙齿也。言己棋已枭，当成牟胜，射张食棋，下兆于屈，故呼五白，以助投也。"说的似乎是我方棋子已成"枭"棋，需要投出"五白"的花色，方能射到"张"道，吃（食）掉对方的棋子。屈即诎，"下兆于屈"更是指明我方"枭"棋预先停留在"屈"道。这样来看，"居""高""诎"均为博局中的重要位置。

上述八字术语，惟有长全部使用，特别是垂、皮二字，次数均在百次以上，与上、下、出、归等数量悬殊。其他诸道中，下尃、

---

① 步法统计总数包含残简，是故与分数的总和无法对应。

下曷、出道、入张、下曲的使用频次最高。此外上下、出入、归反、垂皮与左、右、内、外是否存在联系，也是值得探究的问题。

小　　结

　　北大藏秦简《田书》与秦人田亩与田租征收关系密切，为研究战国至汉初"税田""取程"等问题提供了新的资料，似说明江汉平原的地理环境下秦人田亩之划分可能是以广、纵四十、六十及三十、八十等二百四十的整数约数来进行的；或与秦汉时期每户田宅不在一处有关，当时每块土地的面积在百亩以下的情况较为常见；田租是通过划定"税田"的方式按亩征收的。"税田"是应纳税的总土地面积的十二分之一，其缴纳全部产量作为总土地面积应缴纳的田租。"程"是计算田租的基本单位，表述为"若干步一斗"。以其为标准，可将"税田"换算成若干程，程数与一斗之积即为需缴纳的总田租数量。而记述方式为以"取程"求得"税田"田租的卷八《田书》，其性质与田租"取程"文书或存在关联。

　　出土战国秦汉魏晋简牍中，不乏有关农业的内容，虽然资料零散，但却提供了汉晋时期社会生活中对农业经济的重视和田亩租税，乃至农业礼俗方面的生活背景与社会氛围，在有关农、林、牧、副等农产品种植与农业科技等具体层面的内容也不可忽视。将其与我国留存至今的最早的完整农书《齐民要术》诸卷所述主要内容相照，均可找到二者相应或相类之内容。这不仅显示出贾思勰编撰此书时社会现实与文献的丰厚积淀，亦体现了出土简牍对研究秦汉时期社会生活的重要价值。

　　海昏简牍的发现，提供了西汉时期"容成经"的可能面貌，不仅对于明确马王堆汉墓竹简《天下至道谈》等与"容成阴道"这类书的联系，研究马王堆汉墓竹简"房中"书的学派性质；而且对于房中家在西汉时期的流布普及情况，均有着不可替代的重要价值。六博游戏的繁盛是两汉天下一统、国家富强、人民康乐的反映，海昏竹书《六博》是六博棋谱类文献在出土文献中的首次发现。明确六博博道的专属用字是恢复六博游戏方法的关键步骤。通过初步整理，可推测海昏竹书《六博》的博道或为居、専（畔）、曷（揭）、道、张、曲（究）、诎（屈）、长（玄）、高。

后 记

这是笔者的第三本小书。2015年博士研究生毕业后，我进入北京大学考古文博学院博士后流动站继续北京大学藏秦、汉简牍等方面的研究，在朱凤瀚、信立祥、李零、赵化成、雷兴山、胡东波等多位师长的关爱、指导下，幸运地获得整理海昏侯墓出土简牍的机会。2017年出站后进入中国社会科学院历史研究所（现古代史研究所）秦汉史研究室工作，古代史所和研究室的诸位同仁，给笔者学习、生活提供了宽松、温馨而又愉悦的环境。在这些得天独厚的条件下，以北大简和海昏简为中心，我得以对自己感兴趣的问题进行一些初步的思考。期间，蒙朱凤瀚、邬文玲、韩建业、宁镇疆等先生提携，有机会参与一些重大课题的研究。同时也获得了国家社科基金青年项目，冷门绝学研究专项学者个人项目，教育部、国家语委甲骨文等古文字研究与应用专项重点项目，中央宣传部、教育部、国家语委等八部门"古文字与中华文明传承发展工程"规划项目，贵州省2019年度哲学社会科学规划国学单列课题以及院创新工程课题的资助。

2022年10月，我调整到先秦史研究室工作。宁镇疆先生曾多次建议，或许可以将过去7年间发表的与"古书成书、类型"有关的篇目汇成一编。检视过去这些"不入流"的成果，确实在"古书成书"的主题之外，剩下的多与"出土简牍与战国秦汉社会"有些关联。前者已经被宁镇疆先生纳入重大课题成果丛书计划出版，后者承上海古籍出版社毛承慈女士、张世霖先生不弃，汇成小书，惶恐地提交诸位读者审阅。

小书几乎全部章节均曾在期刊或其他论著上发表：

第一章第一节：《出土战国秦汉简牍典籍的史料特点》，邬文玲、戴卫红主编：《简帛研究》（二〇二〇春夏卷），广西师范大学出版社，2020年6月；

第一章第二节：《由篇及卷：区位关系、简册形制与出土简帛的史料认知》，《史学月刊》2021年第4期。

第二章第一节：《清华竹书〈系年〉所记战国早期战事之勾勒》，《宁波大学学报（人文科学版）》2018年第3期；《战国早期的"四战之地"——清华简〈系年〉所记战国史事》，《文史知识》2015年第3期；

第二章第二节：《"六王五伯"与"九州十二国"——出土文献所见战国时人的史、地认知》，牛鹏涛、苏辉主编：《中国古代文明研究论集》第1辑，科学出版社，2018年4月；

第二章第三节：《楚竹书与战国时期的古史撰述》，《湖南社会科学》2020年第3期；

第二章第四节：《战国楚竹书早期儒、道"治世"学说的相互关系》，方勇主编：《诸子学刊》第20辑，上海古籍出版社，2020年4月；

第二章第五节：《战国楚竹书与儒家"理想社会"构建》，《南昌大学学报（人文社会科学版）》2019年第1期；《楚竹书君子"治世"思想与战国秦汉社会》，《宁波大学学报（人文科学版）》2020年第4期。

第三章第一节：《〈海昏侯国除诏书〉初探》，朱凤瀚主编，柯中华副主编：《海昏简牍初论》，北京大学出版社，2020年12月；《西汉海昏侯刘贺墓出土〈海昏侯国除诏书〉》，《文物》2021年第12期；

第三章第二节：《海昏侯墓出土简牍与儒家"六艺"典籍》，《江西社会科学》2021年第3期；

第三章第三节：《出土简牍与西汉中期以前流传的"礼"书形

态》，《中州学刊》2022 年第 8 期；

第三章第四节：《出土文献视野下的〈论语〉文本形态演进》，《孔子研究》2023 年第 4 期。

第四章第一节：《北大秦简〈田书〉与秦代田亩、田租问题新释》，《中国农史》2020 年第 2 期；《"簿籍"与"取程"：北大藏秦简〈田书〉性质再探》，《农业考古》2018 年第 4 期；

第四章第二节：《出土简牍所见〈齐民要术〉渊源考略》，《农业考古》2019 年第 4 期；

第四章第三节：《西汉海昏侯刘贺墓出土"房中"简初识》，《文物》2020 年第 6 期；《海昏"房中"书篇章结构的推拟》，中国文化遗产研究院编：《出土文献研究》第 19 辑，中西书局，2020 年 12 月；《海昏简牍中的"蛊"与"房中"》，中国文化遗产研究院编：《出土文献研究》第 20 辑，中西书局，2021 年 12 月；

第四章第四节：《海昏竹书〈六博〉初识》，朱凤瀚主编，柯中华副主编：《海昏简牍初论》，北京大学出版社，2020 年 12 月；《海昏竹书〈六博〉的博道》，《中国文字》二〇二一年夏季号。

可以说，这本小书能够完成和以上刊物编辑老师的关照是分不开的。在此谨以这本不成熟的小书，向所有教导、批评和帮助过我的师友表示诚挚的感谢！

最后还要感谢我妻子王琳多年来的陪伴，上述小文摘要的英文翻译，多出自她手；小书的核校，也有赖于她在繁重的教学、管理工作中抽出时间。七年间，小儿若木已经从小婴儿成长为一名小学生。他的存在，不仅使我感到身上沉甸甸的责任，也是我研究中的灵感来源和生活中的快乐所在。希望今后的日子里，我们相互陪伴，一同进步，一起去探索更广阔的天地。

2023 年 11 月 29 日改定于潘家园东里 9 号楼
中国地方志工作办公室

图书在版编目(CIP)数据

史之阙文:出土简牍与战国秦汉社会/杨博著.——上海:上海古籍出版社,2024.3 (2025.3重印)
ISBN 978-7-5732-1058-6

Ⅰ.①史… Ⅱ.①杨… Ⅲ.①简(考古)-研究-中国②中国历史-研究-战国时代-秦汉时代 Ⅳ.①K877.5②K232.07

中国国家版本馆CIP数据核字(2024)第060621号

史之阙文:出土简牍与战国秦汉社会
杨 博 著
上海古籍出版社出版发行
(上海市闵行区号景路159弄1-5号A座5F 邮政编码201101)
(1)网址:www.guji.com.cn
(2)E-mail:guji1@guji.com.cn
(3)易文网网址:www.ewen.co
常熟文化印刷有限公司印刷
开本635×965 1/16 印张18.25 插页3 字数237,000
2024年3月第1版 2025年3月第2次印刷
印数:2,051—3,100
ISBN 978-7-5732-1058-6
K·3557 定价:88.00元
如有质量问题,请与承印公司联系